Facebook pour les nuls

Nouvelle édition

Carolyn Abram

F1RST
INTERACTIVE

Facebook Nouvelle édition pour les Nuls

Titre de l'édition originale : ***Facebook For Dummies***
Pour les Nuls est une marque déposée de Wiley Publishing, Inc.
For Dummies est une marque déposée de Wiley Publishing, Inc.

Collection dirigée par Jean-Pierre Cano
Traduction : Philip Escartin
Mise en page : Marie Housseau

Edition française publiée en accord avec Wiley Publishing, Inc.

Éditions First, un département d'Édi8
12 avenue d'Italie
75013 Paris
Tél. : 01 44 16 09 00
Fax : 01 44 16 09 01
E-mail : firstinfo@efirst.com
Web : www.editionsfirst.fr

ISBN : 978-2-412-04511-4
Dépôt légal : 1er trimestre 2019

Imprimé en France

Sommaire

Introduction

Vous souhaitez établir un contact avec vos amis, vos parents, vos collègues, voire rencontrer des artistes, des personnes qui partagent vos valeurs et vos centres d'intérêt, vous souhaitez faire connaître votre activité professionnelle, eh bien sachez que Facebook est fait pour vous ! Ce réseau social permet de communiquer et de garder contact avec des personnes partout dans le monde. Il facilite vos relations en ligne pour vous aider à les améliorer dans le monde réel. Surtout, Facebook vous met en relation avec les personnes que vous connaissez par le biais de contenus qui sollicitent votre curiosité. Que vous préfériez prendre des photos et des vidéos ou plus simplement les regarder, raconter votre vie par écrit ou lire l'actualité de vos amis, Facebook est conçu pour vous. Que vous vouliez partager des actualités et des sites Web, jouer à des jeux, organiser des événements, former des groupes ou promouvoir votre entreprise, Facebook vous le permet.

Facebook vous donne la possibilité de communiquer et de partager des informations grâce à des fonctionnalités puissantes. Vous disposez d'un contrôle absolu sur ce que vous exposez dans votre espace communautaire. La grande majorité des données que vous divulguez et les divers moyens de communication mis à votre disposition sur Facebook disposent de paramètres de confidentialité vous permettant de partager et de communiquer comme (et avec qui) vous voulez.

Facebook accueille tout le monde : étudiants, professionnels, petits-enfants (à condition qu'ils aient au moins 13 ans), parents, grands-parents, personnes actives, célébrités, amis lointains, colocataires, *etc.* Qui que vous soyez, utilisez Facebook pour enrichir votre vie. Vous ne serez pas déçu !

À propos de Facebook pour les Nuls

La première partie de ce livre vous présente les bases pour vous lancer et vous inscrire sur Facebook. Elle est idéale pour découvrir la puissance de Facebook. Les deuxième et troisième parties explorent tous les outils disponibles pour partager tous types d'informations avec les personnes que vous appréciez. La quatrième partie vous propose de découvrir comment tirer profit des relations étroites qui existent entre Facebook et le reste du Web.

Voici quelques actions que vous pouvez réaliser avec ce livre :

- **Découvrir comment vous représenter en ligne.** Vos amis vous voient sous un certain angle, votre famille sous un autre, vos collègues vous voient différemment encore, les amis de vos amis autrement, *etc.* Facebook vous permet d'adapter votre image aux différents publics visés.
- **Entrer en contact et communiquer avec les personnes que vous connaissez.** Que vous cherchiez des amis proches ou perdus de vue, des membres de votre famille, des contacts professionnels, des coéquipiers ou des célébrités, Facebook vous met en relation. Ne dites plus jamais « adieu », à moins que vous vouliez définitivement couper les ponts.
- **Découvrir comment les outils en ligne peuvent améliorer vos relations dans le monde réel.** Les outils visant à organiser des événements ou créer des groupes, à partager des photos et à communiquer directement ou de manière passive vous permettent d'avoir une vie sociale active dans le monde réel.
- **Retrouver vos contacts Facebook sur le reste du Web.** Grâce à la plateforme Facebook et aux possibilités de connexion, beaucoup de services que vous utilisez déjà sont encore plus puissants quand ils sont associés à vos amis Facebook.
- **Présenter son entreprise à ses clients, acteurs de son succès.** Un public engagé et une publicité bien ciblée contribuent à ce que votre message soit entendu.

Suppositions

Dans ce livre, nous supposons que :

- Vous avez au moins 13 ans.
- Vous avez accès à Internet et possédez une adresse e-mail ou un numéro de téléphone mobile.
- Vous connaissez des gens avec qui vous aimez communiquer.
- Vous maîtrisez la langue dans laquelle ce livre est écrit.

Conventions de ce livre

Pour améliorer la lisibilité de cet ouvrage, nous adoptons quelques conventions simples. Dès que vous devez entrer du texte, nous le mettons en gras. Les éléments dans cette *police de caractères* correspondent à des adresses e-mail ou des URL de sites Web. Quand un terme est en *italique*, sa définition n'est pas bien loin. Les fonctions Facebook et les commandes commencent par une majuscule, par exemple Paramètres généraux du compte. Les listes numérotées vous indiquent l'ordre des étapes à respecter pour accomplir une tâche. En revanche, il n'y a pas d'ordre pour lire les listes à puces. Lisez de bas en haut ou de haut en bas !

Enfin, nous, les auteurs, affirmons souvent nos opinions. Même si nous travaillons ou avons travaillé pour Facebook, les opinions que nous énonçons dans ce livre sont les nôtres et non celles de ce réseau social. Nous sommes des utilisateurs assidus de Facebook et l'étions bien avant d'intégrer l'entreprise. Pendant l'écriture de cet ouvrage, nous avons ôté notre « casquette d'employé » et l'avons remplacée par celle « d'utilisateur » pour être des guides irréprochables et partager objectivement notre passion pour le site.

Ce qu'il est inutile de lire

Ce livre s'adresse aux nouveaux utilisateurs Facebook mais aussi à tous ceux qui ne s'y retrouvent plus dans ses nouvelles fonctionnalités. Certaines informations ciblent ceux qui souhaitent utiliser Facebook pour lancer ou développer une entreprise ou une activité. Si vous souhaitez vous inscrire sur Facebook avant tout pour rester en contact avec votre famille et vos amis, n'hésitez pas à faire l'impasse sur ces sections.

Comment ce livre est organisé ?

Facebook pour les Nuls est divisé en quatre parties. Inutile de les lire les unes après les autres, ni même de lire certaines sections qui ne vous intéressent pas. Le premier chapitre de chaque partie vous offre un aperçu du réseau social ou de la fonctionnalité traitée dans la partie, ainsi qu'une description des lecteurs ciblés. Si vous n'êtes pas sûr qu'une partie vous intéresse, lisez le premier chapitre. Si le doute persiste dans le chapitre suivant, lisez son introduction et prenez une décision.

Ce livre traite les sujets dans l'ordre suivant : des fonctions les plus couramment utilisées aux moins utilisées. Nous vous conseillons de vous familiariser avec les fonctions de la première partie avant de passer à la suivante, *etc.* Au fil du livre, nous aborderons des fonctionnalités de plus en plus spécifiques, qui risquent d'intéresser seulement une catégorie de lecteurs.

N'oubliez pas la table des matières et l'index. Utilisez-les pour trouver rapidement les informations dont vous avez besoin. Voici le descriptif de chaque partie :

Première partie : Entrer dans l'univers Facebook

Le Chapitre 1 vous présente Facebook et vous offre un aperçu des méthodes les plus populaires et pratiques que différents types de personnes utilisent pour intégrer Facebook dans leur vie. Dans les quelques chapitres qui suivent, nous vous aidons à définir votre profil et à prendre vos marques dans le site. Enfin, nous vous présentons tous les outils de confidentialité et vous donnons des conseils de sécurité nécessaires pour contrôler votre compte Facebook. Si chacun se sent en sécurité, toute la communauté Facebook en profite.

Deuxième partie : Partager sa vie sur Facebook

Une fois que vous êtes à l'aise avec les fonctions de base, la deuxième partie vous aide à créer un profil honnête, à être interactif et à entrer en contact avec les personnes que vous connaissez dans la communauté Facebook qui ne cesse de s'agrandir. Nous vous présentons les outils Facebook les plus couramment utilisés, notamment l'application Photos, et vous expliquons comment exploiter le système pour l'adapter à vos besoins.

Troisième partie : Le sens de l'organisation

La troisième partie vous indique comment Facebook peut vous aider à rester connecté avec les personnes que vous connaissez et proche d'elles. Nous vous expliquons également les différences entre communication publique et privée, interaction active et passive. Elles visent à satisfaire différentes exigences dans des situations sociales variées. Dans cette partie, vous découvrirez aussi comment les gens restent en contact grâce à l'utilisation des applications Groupes et Événements de Facebook.

Quatrième partie : Dans les entrailles de Facebook

Hormis enrichir la vie privée des utilisateurs, Facebook peut aussi aider les entreprises à se connecter avec leurs clients grâce à des méthodes spécifiques. Avec la plateforme Facebook, les messages de votre entreprise peuvent atteindre les consommateurs de manière ciblée et les interpeller.

Icônes utilisées dans ce livre

Qu'est-ce qu'un livre *Pour les Nuls* sans ses fameuses icônes chargées d'aider et de guider le lecteur ? Dans cette section, nous décrivons brièvement les icônes utilisées dans ce livre.

L'icône Truc désigne une information pratique visant à vous conseiller.

L'icône N'oubliez pas marque un point intéressant et pratique qu'il faut retenir.

L'icône Attention indique un danger. Avec cette icône, nous vous mettons en garde et vous demandons d'être prudent.

Par quoi commencer ?

Que vous utilisiez Facebook depuis des années ou que vous soyez novice, nous vous conseillons de commencer par le Chapitre 1 qui prépare le terrain pour tout le reste du livre. Dans cette nouvelle édition, vous constaterez que Facebook a énormément évolué, et que bon nombre de fonctions ne se trouvent plus aux mêmes endroits de l'interface, et ne peuvent pas être retrouvées de manière intuitive. Après avoir lu ce premier chapitre, vous saurez quels sujets vous intéressent et pourrez vous diriger vers les chapitres correspondants. Toutefois, nous recommandons à tous les lecteurs de prendre le temps de lire le Chapitre 5 qui traite de la confidentialité sur Facebook. Facebook représente une communauté en ligne. Il est donc important que chacun sache comment agir au sein de la communauté afin de garantir un environnement sécurisé, amusant et pratique.

Si vous débutez sur Facebook et si voulez l'utiliser pour améliorer vos relations personnelles, nous vous conseillons de lire ce livre de la première à la troisième partie. Si vous êtes plus que débutant et n'êtes pas persuadé que Facebook s'adresse à vous, vous trouverez des réponses à vos questions dans le Chapitre 1. Tant pis si le suspens est gâché, mais sachez que, qui que vous soyez, Facebook est fait pour vous.

Peut-être que Facebook vous est familier. Dans ce cas et parce que Facebook est en constante évolution, nous vous conseillons de vous munir de cet ouvrage pour en savoir plus. Les troisième et quatrième parties vous permettront certainement d'avoir une longueur d'avance.

Trêve de bavardages, il est temps de se lancer à la conquête de Facebook! Feuilletez les pages d'une main, prenez votre souris de l'autre et ouvrez votre esprit à un outil révolutionnaire visant à améliorer et enrichir vos relations dans le monde réel.

Entrer dans l'univers Facebook

« Voilà la partie de notre vie qui n'est pas sur Facebook. »

DANS CETTE PARTIE...

Saluons le pouvoir de persuasion de notre introduction qui a su guider votre lecture jusqu'au titre de cette première partie du livre. La danse de satisfaction que nous venons d'entamer sous les yeux de nos conjoints respectifs médusés est aussi jouissive pour nous qu'inquiétante pour les autres. Dans la mesure où vous débutez dans le monde des réseaux sociaux ou que, malgré votre bonne volonté, vous ne parvenez pas à vous y retrouver dans le labyrinthe Facebook qui ferait pâlir de jalousie celui du Shining de Stanley Kubrick, nous imaginons les questions simples et tarabiscotées qui doivent traverser votre esprit néophyte et/ou désordonné :

- Qu'est-ce que Facebook ?
- Suis-je trop vieux pour Facebook ?
- Comment utiliser Facebook efficacement ?
- Je veux utiliser Facebook, mais par où commencer ?

Eh bien sachez que ces questions sont plutôt saines et avisées car elles permettent d'envisager Facebook sous le bon angle, c'est-à-dire celui qui dicte les différentes parties, chapitres et sections composant le meilleur ouvrage, que vous avez entre les mains, consacré au réseau social le plus célèbre du monde. Nous commencerons par vous dévoiler un secret (eh ouais !), celui qui consiste à savoir démasquer l'utilisateur Facebook typique. Après cette révélation qui risque d'avoir un impact irréversible sur votre existence, nous envisagerons la phase essentielle de l'accession à un réseau social, nous voulons bien entendu parler de votre inscription ou, si vous préférez, de l'ouverture d'un compte. Rassurez-vous, vous n'aurez pas besoin de déposer une somme d'argent aussi modeste soit-elle pour exister, enfin exister, dans l'univers autant adoré que décrié qu'est celui de Facebook. À vous les joies de la création d'un profil et la recherche d'amis disposant déjà d'une existence facebookienne. Vous imaginez bien que nous ne manquerons pas de vous apprendre à naviguer sur ce site Web d'un caractère particulier, mais aussi de vous expliquer comment protéger vos données.

Chapitre 1

Tout ce que vous avez toujours voulu savoir sur Facebook

DANS CE CHAPITRE :

- **À la découverte de Facebook.**
- **Les possibilités et les impossibilités de Facebook.**
- **Ce qui différencie Facebook des autres réseaux sociaux.**
- **Les différentes manières d'utiliser Facebook.**

Imaginez que vous tentiez de sauter 6 mètres en hauteur, mais sans utiliser de perche ni tapis de réception. Malgré un entraînement intensif, vous risquez non seulement une grande déconvenue en ne décollant que d'un mètre, mais aussi de vous faire très mal à l'atterrissage. Le dur retour à la réalité n'est pas toujours très agréable.

Tout cela pour vous dire que se lancer dans Facebook sans en connaître les enjeux risque de transformer votre expérience du réseau social en véritable cauchemar. Pourtant, Facebook est un outil qui peut simplifier les tâches quotidiennes tout en les rendant ludiques. Ce réseau social permet de gérer, maintenir et améliorer vos relations avec les autres, mais aussi de faire de nouvelles connaissances qui partagent vos centres d'intérêt. Réfléchissez aux moyens nécessaires pour accomplir les tâches suivantes :

- Obtenir le numéro de téléphone d'un vieil ami.
- Savoir ce que deviennent vos amis.

- Trouver un contact dans la ville dans laquelle vous déménagez ou dans l'entreprise dans laquelle vous postulez.
- Planifier un événement, gérer la liste des invités et la mettre à jour en cas de modifications.
- Collecter des fonds pour une œuvre de charité.
- Récolter des avis sur des films, livres et restaurants.
- Partager les photos et des vidéos de vos dernières vacances.
- Lancer des séances vidéo.
- Informer vos proches et amis de vos derniers succès, leur montrer vos photos, vos films, ou simplement leur témoigner votre affection.
- Vous souvenir de la date d'anniversaire de vos proches.
- Utiliser Facebook comme un blog.
- Faire part d'évènements artistiques (ou autres) importants.
- Jouer avec des amis.
- Lancer des sondages.

Cette liste est involontairement non exhaustive car Facebook est un réseau social en perpétuelle évolution qui introduit régulièrement de nouvelles fonctionnalités tout en améliorant les anciennes.

La grande prouesse de Facebook est de vous donner un certain nombre d'outils pour simplifier et améliorer vos relations sociales. Une prouesse comparable à celle d'un mixeur capable de préparer un repas de sept plats en moins de six minutes, d'un médicament capable de procurer les abdominaux de Chuck Norris et les jambes de Raquel Welch sans exercice, d'une recette pour devenir millionnaire en six étapes. Toutefois, Facebook est quelque peu différent, au moins sur trois points. Premièrement, la prise en main n'est pas forcément évidente et se familiariser avec Facebook nécessite un peu de travail (ce dont vous êtes conscient, sinon vous ne vous lanceriez pas à la conquête de ces pages). Deuxièmement, Facebook ne coûte rien, et si vous n'êtes pas satisfait, vous pouvez être remboursé à 100 % ! Enfin, contrairement au mixeur ou aux médicaments, Facebook aura probablement un impact fondamental sur vos habitudes et vos échanges en les multipliant et en rendant, d'une certaine manière, votre vie plus agréable, plus divertissante, plus simple et plus drôle (désolés de nous répéter, mais c'est tellement vrai quand on comprend comment utiliser intelligemment Facebook !).

Vous entendrez des personnes se plaindre de Facebook, de sa superficialité, prétextant alors qu'ils n'ont pas de compte sur ce réseau social car ils ne voient pas l'intérêt d'y raconter leur vie. Mon Dieu, qu'ils sont drôles ! Facebook ne vous oblige ni à raconter votre vie, ni à être superficiel. Malgré quelques restrictions visant à un fonctionnement serein du réseau, vous être libre d'écrire des choses intelligentes. De plus, avec les paramètres de confidentialité, seules des personnes triées sur le volet pourront accéder à vos publications. Vous n'êtes donc pas obligé de divulguer des informations à tout le réseau social. Vous verrez d'ailleurs que le bon sens dicte la protection de vos données personnelles, exactement comme dans la réalité. Vous verrez également que Facebook ne vous isole pas ! Bien au contraire. Si vous saviez le nombre de personnes que nous avons rencontrées dans la vie réelle après être entrés en contact *via* Facebook. Comme souvent, il y a bien plus de peur et d'ignorance que de réel danger.

Qu'est-ce que Facebook ?

Réfléchissez un peu à la journée que vous venez de passer. Avec qui avez-vous communiqué ? Peut-être avez-vous acheté le journal ce matin et parlé avec votre voisin ? Peut-être avez-vous demandé à vos enfants à quelle heure ils comptaient rentrer ce soir, et avez négocié avec votre conjoint pour déterminer qui s'occuperait du dîner. Il se peut que vous ayez passé la journée à échanger avec vos collègues et que vous ayez déjeuné avec un ami. En soirée, vous avez peut-être envoyé un e-mail à un ancien colocataire, appelé un proche pour lui souhaiter son anniversaire ou planifié votre week-end entre amis. Pour finir la journée, vous vous êtes éventuellement posé devant la télévision pour vous tenir informé de l'actualité des politiciens, athlètes, hommes d'affaires et célébrités qui vous intéressent (ou pas). Chaque jour, vous échangez avec de nombreuses personnes, de différentes manières. Vous partagez des informations : « Tu as regardé les infos ce matin ? ». Vous appréciez la compagnie des autres : « Qui a une bonne blague à raconter ? ». Vous profitez des petits plaisirs de la vie : « Je t'ai préparé une petite surprise à l'école. » Tout au long de la journée, la plupart des décisions que vous prenez et les actions que vous faites dépendent ou sont liées à quelqu'un que vous connaissez.

C'est une vision rapprochée du monde dans lequel vous évoluez. Si vous élargissez un peu le champ, vous constaterez que toutes les personnes avec lesquelles vous interagissez (la famille, les amis, le facteur, la dame de la cantine, votre chanteur préféré et même les personnes qui ont écrit ce livre) sont au cœur de leur propre réalité. Il en va de même pour chaque personne qu'elles connaissent. Les relations entre chaque individu dans le monde s'entremêlent, interagissent et s'imbriquent pour former un réseau social. Ce réseau vivant, rythmé, changeant et croissant de relations humaines est l'un des concepts les plus géniaux et puissants de ces dernières années.

La puissance du réseau social réside dans la fiabilité et la vitesse de l'échange des informations entre les personnes connectées les unes aux autres. L'objectif de

Facebook est de rendre le réseau social accessible, c'est-à-dire d'aider les gens à garder une trace et à rester en contact avec leurs connaissances. Il vise aussi à permettre à chacun de profiter de la puissance du réseau en leur offrant la possibilité de communiquer et d'échanger des informations avec n'importe qui ou toute personne de confiance.

Le réseau social de Facebook présente un autre avantage : il se construit et se gère lui-même. Chaque membre définit sa place dans le réseau. Quand vous créez un compte sur Facebook, vous commencez par rechercher les profils des personnes que vous connaissez et déterminez les liens virtuels qui vous y rattachent. En tant qu'utilisateur Facebook, vous avez tout intérêt à mettre à jour votre part du réseau aussi souvent que possible et à tisser un ensemble de liens avec les personnes que vous connaissez. Facebook peut devenir votre seul point d'accès pour vos connaissances et est donc plus utile quand vous trouvez exactement les personnes que vous connaissez. En raison de la structure de Facebook, vous n'êtes pas la seule personne capable de créer des liens avec ceux que vous connaissez (imaginez le plus grand jeu de cache à cache au monde). Une fois que vous avez établi quelques contacts, d'éventuels amis communs sont automatiquement informés de votre présence sur le site et peuvent chercher à entrer en contact avec vous. Rappel : c'est aussi dans leur intérêt de tenir à jour leur liste de contacts.

Les possibilités offertes par Facebook

Maintenant que vous savez que Facebook est un moyen de rester en contact avec les personnes qui comptent pour vous, mais aussi de faire de nouvelles connaissances, vous vous poserez certainement la question de savoir comment procéder. Cette interrogation est si pertinente que nous allons utiliser le reste de cet ouvrage pour y répondre. Mais avant toute chose, commençons par vous donner un aperçu de cette procédure.

La création d'un profil

La création d'un compte Facebook n'a de sens et d'intérêt que si, dans la foulée, vous donnez corps à un *profil*. Sur Facebook, le profil est une sorte de CV social, une page vous concernant, que vous tenez à jour avec toutes les informations que vous voulez partager.

Facebook sait que si vous deviez distribuer des CV dans le monde réel, vous donneriez des documents différents à vos divers interlocuteurs. Votre CV social peut contenir votre numéro de téléphone, vos citations préférées et les photos de cette soirée endiablée qui s'est déroulée où vous savez, avec qui vous savez. Votre CV destiné à un éventuel employeur contiendrait sans doute le détail de votre parcours scolaire et professionnel. Pour votre famille, votre CV présenterait certainement votre adresse privée ainsi que les photos de vos dernières vacances et des informations sur les changements qui ont eu lieu dans votre vie. Bref, votre CV sera le reflet des informations que vous jugez utile de présenter aux personnes avec qui vous établissez un lien social sur Facebook.

Vous partagez différents aspects de votre vie et de votre personnalité avec diverses personnes et un profil Facebook, représenté dans la Figure 1.1, vous permet (ou plutôt vous *encourage*) à agir ainsi. C'est pourquoi votre profil dispose de toutes sortes de paramètres de confidentialité qui vous invitent à spécifier *qui* peut consulter *quelles* informations. Certaines personnes n'hésitent pas à ajouter toutes les informations possibles dans leur profil et à préciser les moindres détails. La règle la plus sûre pour gérer votre profil consiste à partager les informations que vous échangeriez avec quelqu'un dans la vraie vie et de n'y donner accès qu'aux personnes de confiance. Par conséquent, ne partagez pas les informations que vous ne dévoileriez pas dans le monde réel. Au Chapitre 2, nous reviendrons plus en détail sur les profils Facebook. Pour l'heure, considérez le profil comme une page Web personnelle, une sorte de blog, avec des paramètres de confidentialité pour chaque information. Cette page vous représente très précisément, donc mieux vaut distribuer un CV social adapté à chaque personne.

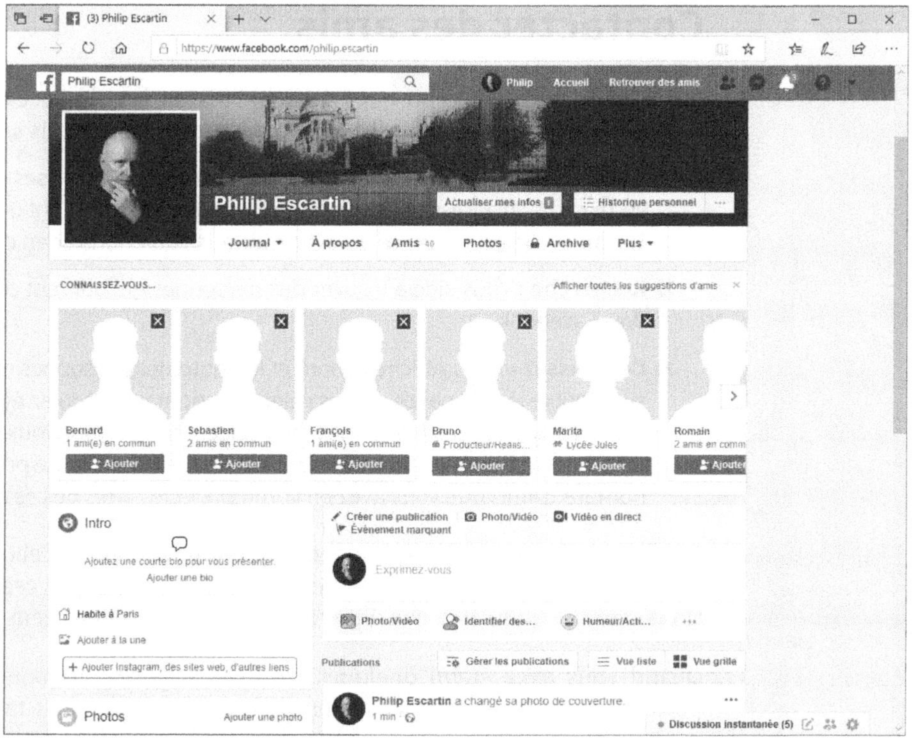

FIGURE 1.1 : Un profil Facebook.

Les motivations pour créer un profil sur Facebook sont doubles. Tout d'abord, un profil permet aux personnes qui vous connaissent dans la vie réelle de vous localiser et de vous contacter sur Facebook. Chacun agit (ou tente d'être efficace) pour garder la trace des personnes qu'il connaît. Si votre nom est relativement commun, comme Jean Martin ou Caroline Dupont, il peut être difficile de vous identifier précisément sans indication supplémentaire. Des informations telles que le nom de votre ville, votre parcours ou vos photos aident tout un chacun à trouver le Jean et la Caroline qu'ils cherchent.

La deuxième raison (plus sympa) pour créer un profil fidèle est l'économie de travail que cela représente. Avec un profil détaillé et précis, votre famille et vos amis disposent toujours des informations les plus récentes sur le lieu où vous vivez, les personnes que vous connaissez et sur vos activités. Plus besoin de dicter votre numéro de téléphone à quelqu'un pendant qu'il tente désespérément de trouver un stylo ou les contacts de l'application de son smartphone ! Dites-lui juste qu'il est disponible sur Facebook. Si un cousin veut vous envoyer un cadeau d'anniversaire, il ne gâchera pas la surprise en vous demandant votre adresse. Quand votre profil est à jour, les conversations qui commençaient par l'interminable « Comment ça va ? » passent directement à l'essentiel : « J'ai vu tes photos de vacances la semaine dernière. Raconte comment tu t'es retrouvé avec cette tenue en noix de coco ! ».

Contacter des amis

Après avoir créé un compte sur Facebook, testez sa puissance en recherchant des personnes que vous connaissez. Facebook propose les outils suivants :

- **Retrouver des amis :** Vous permet de consulter les adresses e-mail dans votre carnet d'adresses pour trouver les personnes qui sont déjà sur Facebook. Sélectionnez celles avec qui vous voulez entrer en contact.
- **Recherche :** Vous aide à trouver des personnes qui utilisent certainement déjà Facebook.
- **Connaissez-vous :** Affiche le nom et la photo des personnes que vous êtes susceptible de connaître ou des célébrités dont vous voulez éventuellement suivre l'actualité. Ces personnes sont sélectionnées pour vous sur la base de différents indicateurs comme votre lieu de résidence, votre profession, le nombre d'amis que vous avez en commun, et les amis de ces amis.

Les libellés de ces sections changent régulièrement sur Facebook et sont affichés de manière aléatoire. Par conséquent, si vous ne voyez pas ces zones d'informations, ne vous inquiétez pas. Elles apparaîtront régulièrement sur votre compte.

Quand vous avez établi quelques contacts, utilisez-les pour trouver d'autres personnes que vous connaissez en recherchant des noms familiers dans leurs contacts. Nous expliquons comment trouver des personnes que vous connaissez sur Facebook dans le Chapitre 4.

Communiquer avec des amis Facebook

Plus Facebook se popularise, plus la probabilité augmente que la personne avec qui vous tentez de communiquer soit joignable. De nos jours, il est fort probable de retrouver une personne rencontrée à un dîner, à un festival quelconque, un ancien professeur de lycée ou un ami d'enfance perdu de vue, voire une personne avec qui vous avez joué en réseau depuis votre smartphone. En principe, renouer contact avec quelqu'un exigerait de passer plusieurs coups de fil, de consulter l'annuaire (à condition d'en savoir assez sur la personne pour identifier les bonnes informations) ou d'envoyer un e-mail à une adresse qui risque de ne plus être valide. Les différentes méthodes qui existent pour joindre les gens dépendent de la manière dont vous avez rencontré les personnes et des informations dont vous disposez à leur sujet.

Facebook simplifie la recherche et la prise de contact avec des gens dans un forum fiable. Si la personne que vous cherchez est active sur Facebook, vous pouvez la contacter, quel que soit l'endroit où elle vit ou le nombre de fois qu'elle a changé d'adresse e-mail.

S'exprimer

Sûr que vous avez quelque chose à dire. Ça se lit sur votre visage ! Peut-être êtes-vous simplement fier de votre famille, ou alors vous vous réjouissez pour samedi soir ou bien vous n'en revenez toujours pas de ce que vous avez vu ce matin sur le chemin du bureau ? Tout au long de la journée, nous vivons des événements qui nous donnent envie de nous tourner vers nos amis et de leur dire : « Tu sais quoi ? Eh bien... ». Facebook vous fournit la scène et un public à l'écoute. Au Chapitre 6, nous vous expliquons comment rédiger des articles plus ou moins courts sur les événements qui se produisent autour de vous et comment ils sont distribués à vos amis, de manière simple et non intrusive.

Partager ses photos/vidéos

Depuis l'invention de l'appareil photo numérique, tout le monde s'écrie « Cheese ! » en chœur. Les photos et les vidéos sont idéales pour se créer de véritables albums de souvenirs.

Facebook offre trois possibilités pour charger, organiser et publier vos photos/vidéos :

» **Facebook fournit un emplacement facile d'accès pour toutes vos photos/vidéos.** Diriger toutes les personnes intéressées vers votre profil Facebook est plus simple que d'envoyer vos photos/vidéos à chacun par e-mail, d'indiquer un lien compliqué vers un site de photos et/ou de vidéo, ou bien d'attendre la prochaine réunion de famille pour montrer vos photos ou vos vidéos.

» **Chaque photo/vidéo chargée peut être associée aux profils des personnes y figurant.** Exemple : vous chargez des images de vous et de votre sœur et vous les associez à son profil. Dès que quelqu'un visite son profil, il voit ces éléments sans forcément vous connaître. C'est plutôt sympa puisque les photos et les vidéos ont une longévité inimaginable par le passé. Tant que des gens visitent le profil de votre sœur, ils peuvent voir ces images fixes ou mobiles. Désormais, les albums photo peuvent être consultés des années après leur création.

» **Facebook permet de déterminer qui peut ou non accéder à vos photos/vidéos.** Dès que vous chargez une photo, une vidéo ou créez un nouvel album photos sur Facebook, vous décidez si tout le monde pourra y avoir accès, seulement vos amis ou juste certains amis. Vous pouvez même exclure une ou plusieurs personnes en particulier. Par exemple, vous pouvez partager vos photos et vos vidéos de mariage avec tous vos amis et en sélectionner quelques-unes de votre lune de miel. Ce paramètre vous permet de réduire votre public aux amis susceptibles d'être les plus intéressés. Tous vos amis apprécieront vos photos d'enfance, tandis que les photos/vidéos de votre dernière soirée entre collègues risquent de n'intéresser que les personnes concernées.

Cerise sur le gâteau, il sera possible aux personnes autorisées de télécharger les photos qui les intéressent.

Facebook s'est récemment enrichi d'une fonction appelée Séance vidéo qui permet une diffusion temporaire d'un programme contenant plusieurs vidéos que vous avez antérieurement publiées sur ce réseau social.

Planifier un événement, adhérer à un groupe

Tout ce que vous faites qui implique d'autres personnes est plus simple sur Facebook... sauf les câlins ! Facebook ne vise pas à remplacer les contacts directs, mais à faciliter les interactions ou à simplifier la planification des contacts directs quand ils ne sont pas possibles. À cet effet, les deux outils Facebook les plus intéressants sont Événements et Groupes.

Les *groupes* sont des pages Web auxquelles les gens peuvent souscrire ou *adhérer*. Un groupe peut être intime, à l'image de cinq amis qui prévoient des activités communes. Un autre groupe peut être pratique, par exemple, les membres d'un club de golf. Certains groupes collectent des fonds comme des associations, *etc.* D'autres encore existent pour des raisons de solidarité et permettent aux personnes de se rassembler pour une même cause ou un même objectif. En fonction des paramètres du groupe, les membres peuvent charger des photos ou des vidéos, inviter d'autres personnes dans le groupe, recevoir des messages et consulter l'actualité et les mises à jour.

Les *événements* sont identiques aux groupes à la différence qu'ils sont datés. Plutôt que d'adhérer, les utilisateurs répondent à des événements, ce qui permet aux organisateurs de les planifier en conséquence et aux participants de recevoir des rappels. Les événements Facebook sont souvent utilisés pour organiser des petites rencontres, comme un dîner ou des événements à plus grande échelle comme une manifestation. Parfois, les événements sont plus notionnels que physiques. Par exemple, un événement peut être créé pour la Journée du vélo et sensibiliser les gens en espérant que l'invitation se diffuse bien (par des amis et des amis d'amis). Au QG de Facebook, les événements sont utilisés pour planifier des réunions professionnelles, des apéritifs entre amis, des séjours au ski, *etc.* Reportez-vous au Chapitre 10 pour en savoir plus sur les groupes et les événements Facebook.

Facebook et le Web

Les photos, les vidéos, les groupes et les événements Facebook ne sont qu'un petit exemple de la façon d'utiliser ce réseau social pour être en contact avec vos connaissances.

Les exemples de sites Web et d'applications créés par d'autres entreprises englobent des outils qui vous aident à traiter vos photos, créer des diaporamas, jouer à des jeux avec vos amis partout dans le monde et échanger des avis sur des films, de la musique, des livres et des restaurants. Une fois que vous êtes à l'aise avec les bases de Facebook, testez l'une ou l'autre des milliers d'applications et sites Web qui vous permettent d'interagir avec vos amis Facebook *via* leurs services.

Promouvoir son entreprise

Imaginons que vous ayez un objet à vendre ; un mixeur, par exemple. Comment attirer l'attention d'éventuels acheteurs ? Vous n'allez certainement pas vous rendre dans un parking désert et crier « Mixeur à vendre, mixeur à vendre ! ». Ça n'aurait aucun sens. Mieux vaut aller là où vous trouverez du monde, c'est-à-dire sur Facebook. Même si tout le monde peut (et devrait) utiliser Facebook pour communiquer avec ses amis et sa famille, de plus en plus de personnes l'utilisent pour échanger avec leur patron, leurs fans ou leurs supporteurs. En plus de leur profil privé, nombreux sont ceux qui créent des profils supplémentaires pour promouvoir leur groupe, entreprise, marque, produits, services ou eux-mêmes s'il s'agit de célébrités ou de politiciens. Ce type spécifique de profil Facebook est appelé Page, avec un P majuscule. Les Pages sont semblables aux profils utilisateurs dans la mesure où il s'agit de Pages Facebook visant à :

- Représenter un élément du monde réel.
- Fournir des informations fiables et nécessaires destinées à promouvoir cet élément.

Les Pages diffèrent des profils utilisateurs, car les rapports sont essentiellement unilatéraux. Par exemple, vous pouvez contacter une grande chaîne de boutiques alimentaires, mais elle n'aura pas de véritable relation avec vous. C'est pourquoi les Pages présentent un certain nombre de fonctionnalités, différentes de celles des profils, qui visent à faire la promotion d'une entreprise ou d'une célébrité.

Comme les utilisateurs Facebook entrent des informations détaillées sur eux-mêmes (et que leurs actions dévoilent quelque peu leur personnalité), Facebook peut fournir une plateforme publicitaire incomparable qui permet aux vendeurs de cibler un public en se basant sur la personnalité et les goûts des personnes.

La page permet de créer un profil pour une personne morale, ce qui n'est le cas des comptes Facebook standard. En effet, si vous souhaitez promouvoir un groupe de musique par exemple, comme « Les Hirsutes » (pure invention), vous risquez d'être ennuyé par Facebook qui demande, dans ses conditions d'utilisation, un nom et un prénom. La création risque alors d'être complexe car vous devrez indiquer « Les » comme prénom, et « Hirsutes » comme nom. Si « Hirsutes » passera pour le nom, Facebook considérera que « Les » n'est pas un prénom, et fermera votre compte tant que vous n'aurez pas indiqué un vrai prénom. Dans ce cas, il est conseillé de créer une page Facebook (et non un compte) qui autorise l'utilisation de n'importe quel nom (enfin, un nom qui ne trouble pas l'ordre public).

Facebook propose aussi un autre type de ciblage, le *ciblage social*. Pour de nombreux produits commerciaux, nous avons tendance à acheter ceux que d'autres personnes nous recommandent ou qui sont proposés par des entreprises avec lesquelles les gens ont eu de bonnes expériences. Quand Facebook affiche une publicité, l'utilisateur sait si l'un de ses amis a déjà utilisé le produit ou service. En fait, si cette personne a un ami qui a interagi avec une publicité, elle a plus de chance de consulter cette publicité que quelqu'un dont aucun ami n'a interagi avec la publicité en question. Ce type de publicité ciblée est un procédé gagnant-gagnant pour les entrepreneurs et les consommateurs. Les premiers ne gaspillent pas d'argent et ne diffusent pas leurs messages à des personnes peu susceptibles d'acheter leurs produits. Les seconds consultent des publicités au sujet de produits qui risquent fort de les intéresser ou du moins qui leur fournissent des informations sur les habitudes de consommation de leurs amis.

Les interdictions édictées par Facebook

Facebook est conçu pour représenter de vraies personnes et de vraies associations et surtout pour être fiable. La plupart des règles de Facebook visent à assurer ces deux objectifs.

Remarque : Certaines actions, autres que celles citées ici, sont impossibles sur Facebook. Vous ne pouvez pas rejoindre le réseau d'une école que vous n'avez pas fréquentée (ou le réseau d'une entreprise dans laquelle vous ne travaillez pas). Aussi, vous ne pouvez pas changer de la paille en or ! Ces règles influent sur la manière dont vous utilisez Facebook, mais pas sur la *possibilité* de l'utiliser. Nous présentons les quatre règles dans cette section, car si l'une d'elles vous pose problème, vous n'irez certainement pas plus loin dans la lecture de cet ouvrage.

Interdit de mentir

Bon, vous pouvez mentir, mais vous ne devriez pas, notamment au sujet de vos informations personnelles. Mentir sur son identité représente une violation des conditions d'utilisation de Facebook et peut conduire à la désactivation de votre profil. En d'autres termes, vous pouvez être radié. Même si beaucoup de personnes tentent de mentir, Facebook ne permet pas à n'importe qui de créer un compte avec un faux nom, comme un nom de célébrité, par exemple. Ceux qui ont essayé de mentir ont été découverts et leur compte a été désactivé.

Certains faux comptes ont survécu longtemps sur Facebook avant d'être détectés, car l'équipe de modération se concentre en priorité sur ceux qui enfreignent gravement les règles de sécurité. Donc, si vous pensez créer un faux profil pour vérifier ce que nous avançons, n'hésitez pas à trouver une autre occupation. Pourquoi pas le Frisbee ?

Lorsque vous avez l'impression qu'un compte est faux, vous pouvez le signaler à Facebook. Après enquête, si vos soupçons s'avèrent exacts, le compte sera désactivé.

Interdit d'avoir moins de 13 ans

Ce n'est pas une blague ! Facebook prend très au sérieux la loi américaine qui interdit aux mineurs de moins de 13 ans de créer un profil en ligne pour eux-mêmes. Cette règle de sécurité, visant à protéger les mineurs, est une priorité pour la modération Facebook. Si vous avez moins de 13 ans ou connaissez un utilisateur de cet âge (ou moins), désactivez (ou incitez-le) votre/son compte sans attendre. Si vous êtes dénoncé à la modération Facebook, votre compte est immédiatement supprimé et l'équipe Facebook ne sera pas contente du tout

(Carolyn et John non plus !). Facebook veille à tenir les mineurs à l'écart du site donc, si vous avez moins de 13 ans, gare à vous si votre entourage est aussi sur Facebook. Si vous avez plus de 13 ans et recherchez ceux qui en ont moins, lisez la prochaine section pour découvrir une autre règle à ne pas transgresser.

Interdit de harceler

Nous ne le répéterons jamais assez et le mettre en gras ne suffit vraiment pas. Peut-être devrions-nous le souligner, mettre en gras, en italique et en majuscules pour bien insister. Voyons voir :

INTERDIT DE HARCELER

Facebook concerne des personnes et des contacts réels. C'est une chose de s'envoyer des messages entre amis ou de contacter occasionnellement une personne dont le profil indique qu'elle est ouverte à celles qui ont les mêmes centres d'intérêt. En revanche, si les personnes que vous contactez se plaignent de vous, car vous leur envoyez trop de messages indésirables, votre compte est signalé, voire désactivé si vous ne cessez pas.

Imaginez que vous alliez dans un bar et que vous abordiez tous les clients alors qu'ils veulent juste boire leur café tranquillement. C'est ainsi que nous nous représentons l'envoi de messages indésirables sur Facebook. Dans ce cas, la modération Facebook risque de réagir comme un serveur en colère et de vous mettre à la porte.

Interdit de charger du contenu illégal

Facebook se doit de respecter la loi américaine, quelle que soit sa position sur la pornographie (les mineurs y ont accès), les œuvres protégées, les propos haineux, les descriptions de crimes et autres contenus offensants.

Cette règle entre dans la lignée des valeurs de Facebook qui se présente comme un site sûr et agréable pour tout le monde (à condition d'avoir au moins 13 ans). Ne pensez surtout pas qu'il s'agit de censure ; Facebook est un espace dédié à la liberté d'expression et à l'expression de soi, mais dès lors que la sécurité de quiconque est mise en danger ou qu'une loi est transgressée, des mesures disciplinaires s'imposent.

Les différences entre Facebook et les autres réseaux sociaux ?

Parallèlement à Facebook, d'autres sites tentent d'aider les gens à rester en contact. Les plus connus sont Instagram, Twitter, Google+, MySpace, hello, LinkedIn, ou Viadeo.

Pour certains, l'objectif est différent de celui de Facebook. LinkedIn et Viadeo, par exemple, sont des outils permettant de mettre en relation des personnes afin de créer un réseau professionnel. Au départ, MySpace a été conçu pour aider les petits groupes locaux à se faire connaître sans passer par la redoutable industrie musicale, mais simplement en créant un espace d'échange pour les personnes avec les mêmes goûts musicaux. Sinon, d'autres sites ont le même but que Facebook, mais des stratégies différentes. MySpace permet aux utilisateurs de personnaliser l'aspect et la convivialité de leur profil, tandis que Facebook conserve la même apparence et invite les utilisateurs à varier leur profil en chargeant un contenu unique. À l'inverse, Twitter permet à ses membres d'échanger des petits morceaux de texte, tandis que Facebook offre plus de flexibilité en permettant l'échange de photos, vidéos, *etc.* Aucun modèle n'est mieux qu'un autre ; les différents sites s'adressent à un public varié.

Qui utilise Facebook ?

À l'origine, Facebook a été créé pour que les étudiants de différentes universités américaines puissent communiquer. Lors du lancement de Facebook, seules les personnes qui possédaient une adresse e-mail d'université valide pouvaient créer un compte.

Suite au succès qu'a rencontré le modèle réservé aux universités, Facebook a ouvert ses portes aux étudiants des grandes écoles américaines. Or, les étudiants de ces grandes écoles n'ont pas d'adresse e-mail attestant de l'établissement qu'ils fréquentent. C'est pourquoi Facebook dispose d'un système relativement complexe basé sur une vérification mutuelle des étudiants avant de pouvoir accéder à un réseau spécifique de grande école.

Facebook a pris une telle ampleur dans les grandes écoles qu'il s'est ensuite étendu aux réseaux professionnels. Les réseaux professionnels se sont basés sur le même modèle que les réseaux d'universités : pour créer un compte, il fallait s'identifier avec une adresse e-mail valide, d'une entreprise spécifique dans ce cas. C'est pourquoi les réseaux sociaux existaient seulement pour les entreprises assez grandes pour fournir des adresses e-mail à leurs employés. C'était notamment le cas de Microsoft, Apple, Amazon et d'autres.

Finalement, à l'automne 2004, plutôt que d'ouvrir des portes supplémentaires, Facebook a simplement abattu ses murs. Aujourd'hui, toute personne possédant une adresse e-mail peut prendre part à la grande aventure Facebook.

Les utilisateurs ont la possibilité de limiter la visibilité de certaines parties de leur profil ou de dévoiler leur profil entier à tous. Maintenant que Facebook est utilisé par plus d'un milliard de personnes, le jeu consiste à contrôler et faire des choix. Vous pouvez partager beaucoup ou peu avec le nombre de personnes que vous voulez. Verrouillez les parties de votre profil que vous *ne souhaitez pas* partager avec tout le monde. Le Chapitre 5 explique comment protéger votre intimité et vos données.

Les deux raisons suivantes expliquent pourquoi Facebook a franchi le pas entre *réseaux approuvés* (ceux qui exigent une sorte de preuve d'identité, comme une adresse e-mail, pour s'y inscrire) et la possibilité pour tous de partager avec quiconque.

» **Facebook fournissait un grand nombre d'outils aux personnes qui y avaient accès.** Avant l'ouverture au grand public, 85 % des utilisateurs inscrits s'identifiaient au moins une fois par mois et 75 % de ces personnes s'identifiaient quotidiennement. De tels chiffres étaient la preuve que les créateurs de Facebook tenaient entre leurs mains quelque chose de spécial et que d'autres utilisateurs (en plus des étudiants et des employés des grandes entreprises) pouvaient tirer profit de leur accès à Facebook.

» **Facebook prend toute son ampleur quand beaucoup de personnes différentes sont actives sur ce réseau.** Cette raison explique de manière un peu moins évidente pourquoi Facebook s'est ouvert à tous. C'est pourquoi nous vous proposons d'examiner l'exemple suivant :

  Imaginons qu'un étudiant d'une université du Colorado veuille organiser une fête d'anniversaire. Au lycée, il utilisait Facebook pour planifier ses événements et gérer sa liste d'amis, mais à présent, certains de ses amis sont plus âgés, et ils n'étaient déjà plus au lycée lorsque Facebook est devenu populaire. En créant l'événement sur Facebook, sa liste d'invités risque d'être incomplète. S'il choisit de ne pas utiliser Facebook, il doit utiliser un moyen de communication moins efficace, comme la messagerie électronique, ce qui implique qu'il recherche l'adresse e-mail de chaque personne qu'il veut inviter et qu'il gère toutes les réponses au fur et à mesure de leur arrivée dans sa boîte de réception. Il peut aussi décider que ça n'en vaut pas la peine et n'inviter que les personnes qui sont sur Facebook. En fait, Facebook lui permet de créer un événement et de générer des invitations spéciales pour ceux qui ne sont pas sur le site, à condition de connaître leur adresse e-mail et de les entrer sur Facebook.

Facebook dispose d'outils intéressants pour organiser des informations, gérer des données et communiquer. Toutefois, leur utilité dépend de votre capacité à les exploiter pour joindre vos amis. Plus vous avez de contacts sur Facebook, plus ces outils sont utiles.

L'utilité du réseau social se mesure à sa fiabilité. Disposer d'une source unique pour trouver et interagir avec des amis, des connaissances, de la famille ou d'autres personnes avec les mêmes intérêts et croyances est la solution idéale pour effectuer la plupart des tâches quotidiennes les plus complexes. La gestion des relations avec les personnes que nous connaissons est le service que Facebook tente de fournir. Pour tous ceux pour qui Facebook est devenu la principale source d'informations et d'interactions, dès lors que quelqu'un n'est pas représenté sur Facebook, le service perd en puissance, car sa fiabilité pour trouver quiconque que vous recherchez est réduite. C'est pourquoi accueillir tout le monde sur Facebook était un moyen de valoriser le service pour ceux qui l'utilisaient déjà.

La majorité des utilisateurs Facebook ne sont pas et n'ont jamais été membres d'un réseau scolaire et Facebook s'est surtout développé au sein de la population, en dehors des universités et lycées. Dans la section suivante, nous évoquons comment les différentes populations utilisent Facebook. Notez que ces cas ne se limitent pas aux catégories dans lesquelles ils figurent. Les personnes appartenant à un réseau professionnel peuvent utiliser les mêmes paramètres et fonctionnalités que les étudiants, et les utilisateurs internationaux englobent les trois types de population. Ces sections révèlent simplement les tendances générales dans certaines populations et mettent en valeur certaines des différences qui les caractérisent.

Depuis bien longtemps, Facebook n'est plus réservé aux étudiants. Si vous avez entendu le contraire, c'est une information dépassée. Aujourd'hui, tout le monde, quelle que soit sa catégorie sociale, peut trouver un intérêt dans l'utilisation de Facebook.

Garder le contact avec la famille

De nos jours, les familles sont souvent dispersées aux quatre coins d'une région, d'un pays ou même du monde (oui je sais, le monde est plutôt sphérique mais il n'en a pas moins des coins !). Les enfants partent étudier, les parents voyagent pour des raisons professionnelles, les grands-parents prennent une retraite au soleil. Ces distances compliquent les interactions familiales et les limitent souvent à une réunion annuelle à l'heure des fêtes. Facebook offre aux familles un espace leur permettant virtuellement de se voir et d'interagir. Les parents peuvent télécharger les photos des enfants pour que chacun puisse les voir, les grands-parents peuvent écrire des articles pour donner de leurs nouvelles et les étudiants peuvent trouver du soutien pour une cause, organiser une soirée ou partager leur programme. Avec ces informations qui intéressent tous les membres de la famille, personne ne perd de temps à tenter d'avoir des nouvelles par d'autres moyens.

Les parents et les aînés de la famille disent souvent qu'ils auraient l'impression de faire intrusion dans la vie sociale de leur enfant s'ils étaient sur Facebook. Si vous êtes du même avis, nous vous conseillons de lire ces quelques commentaires :

- **Vous pensez que vos enfants ne veulent pas de vous dans leur vie sociale.** Si tel est le cas et que vous voulez le respecter, ne vous connectez pas avec eux sur Facebook. Évoluez dans votre propre réseau social sur Facebook et laissez-les vivre dans le leur. À aucun moment vous n'êtes obligé d'interagir avec eux. Ne pas aller sur Facebook parce que ses enfants l'utilisent équivaut à ne pas manger de glace parce que ses enfants en mangent. Bien évidemment, vous *pouvez* manger une glace ensemble (ou être connecté sur Facebook ensemble), mais vous n'y êtes pas obligé. Ne vous privez pas d'une bonne glace bien crémeuse juste parce que vos enfants risquent de s'offenser, car vous avez les mêmes goûts qu'eux.
- **Vous pensez à tort que vos enfants ne veulent pas de vous sur Facebook.** En fonction de l'âge et de la personnalité de vos enfants, il se peut qu'ils préfèrent que vous les rejoigniez sur Facebook. Certains enfants, notamment les étudiants, sont très occupés et actifs. Ils ne pensent pas toujours à appeler à la maison ou à passer un coup de fil à leurs grands-parents, oncles et tantes. Même s'ils le font, ils ne communiquent pas forcément sur leur vie sociale simplement parce qu'ils oublient (une hypothèse tirée de notre propre expérience). Ces relations peuvent être beaucoup plus fortes si toute la famille est sur Facebook. Chacun peut voir les dernières nouvelles et photos, même s'il n'y a eu aucun contact récent. Il est aussi possible de communiquer facilement entre deux coups de fil (voir Chapitre 9).
- **Les enfants sont très doués pour utiliser Facebook.** Si vous êtes connecté avec vos enfants sur Facebook et qu'ils chargent quelque chose que vous ne devez pas voir, ils savent exactement ce qu'il faut faire. Ils savent parfaitement comment être en contact avec vous, partager seulement les informations qu'ils souhaitent et cacher celles qui ne vous regardent pas. Si cela vous pose problème, nous vous conseillons d'en discuter avec vos enfants afin de déterminer comment cohabiter gaiement sur Facebook.

Retrouvailles Facebook

Les aléas de la vie font que vos amis à un moment de votre vie ne sont pas forcément ceux qui partagent votre vie à un autre moment. Les personnes que vous considérez comme les plus importantes dans votre vie s'effacent avec le temps, à tel point que vous avez du mal à vous rappeler leur prénom. La première raison qui explique ce vide est tout à fait légitime : une journée compte trop peu d'heures. Pendant que vous vous faites de nouveaux amis, d'autres s'éloignent, car il est impossible d'entretenir plusieurs relations intenses. Facebook est un outil très puissant, même s'il ne propose pas encore de solution pour allonger les journées. Cependant, Facebook peut réduire les dommages créés par la distance.

Comme Facebook assure la longévité des relations humaines, ceux qui commencent à utiliser Facebook tôt (13 ans minimum) peuvent, au fil des années, garder contact avec les personnes qu'ils ont côtoyées à un moment de leur vie. Ce concept extrêmement puissant modifie les comportements humains face aux relations sociales. Trente ans après votre dernière conversation avec quelqu'un, vous pouvez vous souvenir d'un fait marquant, avoir envie de partager un événement ou juste être curieux de savoir ce qu'est devenue cette personne. Si elle figure dans votre liste d'amis Facebook, vous pouvez rester en contact, même si l'un de vous déménage, change de numéro de téléphone ou se marie et change de nom. Si ce concept vous effraie, Facebook dispose également d'outils vous permettant de couper toute relation avec ceux que vous voulez éviter.

Comme Facebook a un peu plus de dix ans (et puisque vous lisez ce livre), toute votre histoire sociale n'est certainement pas construite. Peut-être serez-vous tenté de contacter toutes vos anciennes connaissances. Nous vous le déconseillons. Essayez plutôt de créer votre réseau en fonction de vos besoins ou des opportunités qui se présentent. Si vous voulez charger une photo de classe et taguer vos camarades, recherchez-les d'abord sur Facebook, devenez leur ami et taguez-les ensuite. Peut-être souhaitez-vous ouvrir un restaurant et contacter un ami du lycée qui s'est lancé dans cette voie après le bac. Peut-être n'avez-vous jamais osé dévoiler vos sentiments à votre moitié. Pour toutes ces raisons, placez votre curseur dans la zone de recherche de Facebook.

Sachez qu'on ne peut pas taguer sur une photo quelqu'un qui n'a pas de compte Facebook.

Nous recevons souvent des témoignages d'enfants adoptés qui reprennent contact avec leurs parents biologiques ou de fratries disloquées qui se retrouvent sur Facebook.

Former des groupes

Contrairement aux étudiants, les adultes n'ont pas toujours l'opportunité de participer à des événements organisés par d'autres personnes. Au lieu de cela, ils fréquentent des clubs de lecture et des groupes de cuisine ou se rassemblent pour des événements sportifs ou des dîners. Les groupes Facebook peuvent valoriser ces événements. En créant un groupe sur Facebook pour votre club de lecture, il est très facile d'indiquer chaque semaine aux membres l'heure, la date, le lieu, ce que chacun doit apporter et les ouvrages à lire pour la prochaine réunion. Chacun peut rejoindre ou quitter un groupe à sa guise et vous n'avez plus besoin d'informer ceux qui ont déménagé ou qui ne sont plus intéressés par le groupe.

Pour les réunions uniques comme un match de foot, les événements Facebook proposent une solution intéressante. Il suffit de compléter la liste des invités et de décrire l'événement ; le reste se fait tout seul. Trois jours avant l'événement, chacun reçoit un rappel sur sa page d'accueil Facebook. Ainsi, personne n'a d'excuse pour ne pas venir (à moins d'être invité ailleurs). Pour vous assurer que la liste des invités est exacte ou que personne n'oublie, envoyez un message à ceux qui ont répondu (J'y vais, Peut-être, ou Je n'y vais pas) ou qui n'ont pas répondu. Après l'événement, chargez des photos ou laissez des commentaires drôles sur le mur de l'événement. Le match de foot est immortalisé à jamais en ligne et toutes les personnes qui ont répondu ont un accès total.

LA NAISSANCE DU BOOK

Il y a une dizaine d'années, les étudiants de première année recevaient un petit livre (*book*) contenant le nom et la photo du visage (*face*) de tous les élèves de leur classe. Ces livres de visages (*face books*) étaient très pratiques pour connaître le nom des étudiants du campus. Cependant, ces *face books* posaient plusieurs problèmes. Si quelqu'un ne fournissait pas sa photo, ils étaient incomplets. Aussi, ils étaient dépassés dès la deuxième année, car chacun était très différent et ils ne représentaient pas les étudiants transférés ou d'autres classes. De plus, ils disposaient de peu d'informations sur chaque personne.

En février 2004, Mark Zuckerberg, un étudiant de deuxième année de Harvard, a lancé un « *book* » en ligne dans lequel chacun pouvait charger sa photo et saisir des informations privées ; un service qui a résolu beaucoup des problèmes précités. En l'espace d'un mois, plus de la moitié des étudiants du premier cycle de Harvard avait créé son propre profil. Zuckerberg s'est alors associé à d'autres personnes, dont Dustin Moskovitz et Chris Hughes pour étendre le site à d'autres écoles. L'auteur de cet ouvrage, Carolyn Abram, a été la première étudiante ne fréquentant pas Harvard à avoir un compte. Durant l'été de la même année, Zuckerberg, Moskovitz et un autre associé, Andrew McCollum ont déménagé à Palo Alto en Californie où le site et l'entreprise n'ont cessé de se développer. En décembre 2004, le site comptait déjà un million d'étudiants. Dès que Facebook s'ouvrait à une nouvelle population (lycée, professionnels puis tout le monde), les gens adhéraient au site de plus en plus vite. Fin 2006, le site comptait plus de 10 millions d'utilisateurs. En 2007, il dénombrait plus de 50 millions d'utilisateurs actifs (les *utilisateurs actifs* sont ceux disposant d'un compte unique et ayant accédé au site durant les 30 derniers jours). Fin 2009, Facebook comptait plus de 250 millions d'utilisateurs et 1 000 employés. Deux ans plus tard, ce chiffre a doublé pour franchir la barre des 500 millions d'utilisateurs actifs qui se connectent chaque mois. À la sortie de ce livre, c'est le milliard d'utilisateurs actifs de Facebook qui a largement été dépassé.

Le Facebook international

Facebook est né dans les universités américaines et s'est étendu aux lycées du pays. Par conséquent, ce n'est pas avant l'automne 2006 (quand Facebook s'est ouvert à tout le monde) que Facebook a commencé à se faire connaître dans d'autres pays. Quand Facebook est arrivé au Canada et au Royaume-Uni, le site a littéralement décollé. Beaucoup de gens supposent que Facebook a atteint une telle popularité dans ces pays (plus forte qu'aux États-Unis), car les habitants du Canada et du Royaume-Uni (et aussi de Norvège) ne pensaient pas, comme les Américains, que Facebook était destiné aux étudiants. Les Américains connaissaient le phénomène Facebook depuis deux ans alors que le site était réservé aux étudiants. Ce stigmate a véritablement perturbé la croissance de Facebook au sein des Américains plus âgés. Toutefois, ces dernières années, les plus de 35 ans constituent le groupe d'utilisateurs américains Facebook qui s'est développé le plus vite. De plus, l'idée que Facebook est réservé aux jeunes semble s'être estompée dans l'esprit de la population américaine.

Début 2008, Facebook a connu un autre pic de croissance, au moment où il est devenu possible de communiquer sur Facebook avec des personnes parlant une autre langue. Il est clair que Facebook est plus intéressant pour chacun quand tous ses amis utilisent le site. L'interface de Facebook, qui était exclusivement en anglais, était un frein pour beaucoup de personnes. C'est pourquoi Facebook a lancé l'application de traduction Facebook. Elle permet aux utilisateurs bilingues volontaires (anglais + autre langue) de Facebook de traduire Facebook en d'autres langues. Différents textes en anglais sont soumis aux volontaires qui peuvent proposer une traduction ou évaluer des traductions d'autres personnes.

Quand une traduction suggérée reçoit assez de votes, elle est validée comme texte de référence pour les personnes qui utilisent le site dans la langue cible. Il est possible de se créer un compte sur le site et d'opter pour la langue espagnole par exemple. Plutôt que de lire le texte en anglais, l'utilisateur dispose du texte espagnol suggéré et validé par les utilisateurs volontaires. Facebook a été traduit de cette manière en plus de 75 langues, en un peu plus de trois ans.

Chapitre 2

Votre compte Facebook

DANS CE CHAPITRE :

- » **Créer un compte et se lancer.**
- » **Rejoindre un réseau.**
- » **Créer son profil.**

Après avoir lu attentivement la longue présentation que nous avons faite de Facebook dans le premier chapitre de ce formidable livre, et dévoilé les raisons qui peuvent justifier l'ouverture d'un compte sur ce réseau social, l'heure est venue de créer le compte en question. Une fois cette opération réalisée, nous vous préparerons à ce nouvel univers qui pourrait, de prime abord, vous sembler abscons donc rebutant. Lorsque vous disposez d'un compte Facebook, il convient de garder les recommandations suivantes à l'esprit. Premièrement, pour que ce réseau présente un réel intérêt, multipliez-y les contacts afin de profiter d'un maximum d'amis. Ce n'est qu'à cette condition que Facebook vous sera utile et vous paraîtra amusant. Force est de constater qu'en l'absence d'amis, Facebook est aussi utile qu'une voiture sans essence. Deuxièmement, soyez patient, car plusieurs jours peuvent s'écouler avant que les personnes contactées ne vous acceptent en tant qu'ami sur Facebook. Si votre première expérience sur Facebook n'est pas aussi excitante que vous l'espériez, faites un deuxième essai dans les semaines qui suivent. Troisièmement, un compte Facebook est lié à une adresse mail ou à un numéro de téléphone mobile. Donc, si vous souhaitez créer plusieurs comptes, par exemple un compte personnel et un compte professionnel, vous devrez utiliser deux adresses mails différentes, deux numéros de téléphone différents, ou bien un numéro de téléphone pour l'un et une adresse mail pour l'autre.

Lors des premières éditions de ce livre, nous affirmions haut et fort qu'il ne fallait pas utiliser plusieurs comptes afin de respecter les autres utilisateurs en ne se faisant pas passer pour qui nous ne sommes pas. Cependant, le développement d'Internet et des réseaux sociaux avec toutes leurs dérives plaident aujourd'hui en faveur de la multiplicité des comptes, et cela sans pour autant chercher à berner les autres utilisateurs du réseau. Imaginez un artiste qui œuvre sous un pseudonyme et qui ne souhaite pas mélanger vie privée et vie professionnelle. Cette personne aura tout intérêt à utiliser deux comptes, chacun accessible à des personnes totalement différentes. Personnellement, j'ai ouvert deux comptes Facebook avec deux adresses mail différentes. Ainsi je dispose d'un compte pour mes activités professionnelles, et d'un autre compte pour mes amis et ma famille. Je fais alors en sorte qu'aucune interaction ne puisse exister entre les deux. C'est le meilleur moyen pour moi de préserver ma vie privée.

Ouvrir son compte Facebook

Officiellement, il suffit d'avoir une adresse e-mail valide ou un numéro de téléphone mobile pour créer un compte sur Facebook; *valide* signifie que vous devez pouvoir accéder facilement aux messages de ce compte ou que votre numéro de téléphone ne soit pas factice, car vous recevrez une confirmation d'adhésion par mail ou SMS. La Figure 2.1 représente la page d'inscription. Comme vous pouvez le voir, vous devez saisir quelques informations :

- **Nom et prénom :** Facebook est un espace fondé sur la véritable identité de chacun. Ainsi, les utilisateurs n'indiquent pas de faux nom ou de pseudonyme. Il existe différents paramètres visant à protéger vos données personnelles (voir Chapitre 5). Vous pouvez donc spécifier votre vrai nom sans crainte pour vous inscrire. Pour ouvrir un compte Facebook, indiquez un prénom et un nom de famille dans chacun des champs correspondants.
- **Numéro de mobile ou e-mail :** Saisissez ici votre numéro de téléphone mobile ou une adresse e-mail valide. Si vous voulez rejoindre automatiquement un réseau scolaire ou professionnel, utilisez votre adresse e-mail scolaire ou professionnelle. Saisissez une deuxième fois votre adresse e-mail pour la confirmer. Si vous optez pour le numéro de votre téléphone portable, un code de confirmation de votre inscription sur Facebook vous sera envoyé par SMS. Confirmez votre numéro de téléphone en saisissant le code ainsi reçu dans le champ Confirmer qui s'affiche au moment de vous connecter. Dans ce cas, vous comprenez que votre identifiant Facebook sera un numéro de mobile et non pas une adresse e-mail.
- **Mot de passe :** Comme pour tous les mots de passe, utilisez une combinaison de lettres et de chiffres pour créer votre mot de passe Facebook. Évitez d'utiliser le même mot de passe pour tous les sites auxquels vous adhérez et préférez un mot de passe unique pour Facebook.

Pour substituer les caractères du mot de passe aux points qui apparaissent lors de la saisie, cliquez sur la petite icône située sur le bord droit du champ Nouveau mot de passe.

» **Date de naissance :** Entrez votre date de naissance. Il est possible de masquer cette information sur votre profil.

» **Sexe :** Facebook utilise cette information pour construire les phrases vous concernant sur le site. Vous conviendrez que la phrase « Jennifer a ajouté une photo de lui-même. » n'est pas acceptable. Si vous voulez cacher votre sexe ou ne pas vous associer à l'un ou à l'autre, vous en aurez la possibilité après l'inscription. Activez le bouton radio Femme ou Homme selon le cas.

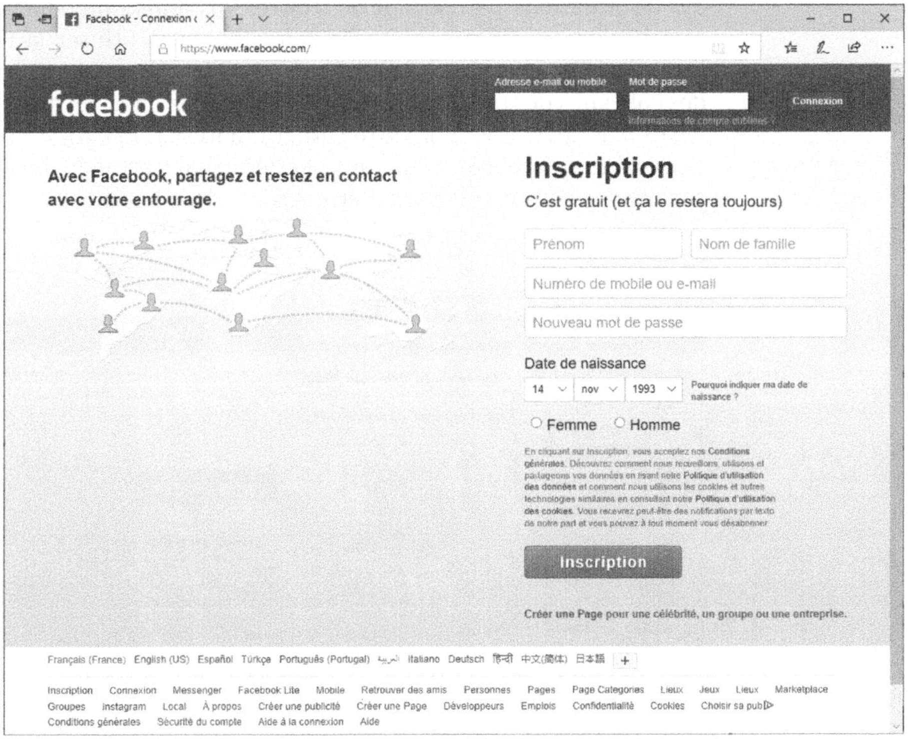

FIGURE 2.1 : Entrez vos données pour créer un compte Facebook.

Une fois que vous avez complété le formulaire d'inscription, cliquez sur le bouton Inscription. Pour y procéder immédiatement, cliquez sur le bouton Connexion à <nom de votre messagerie>. Une fenêtre apparaît. Elle affiche votre adresse mail utilisée pour ouvrir le compte Facebook. Cliquez sur Suivant. Dans l'étape suivante, saisissez le mot de passe de la messagerie (pas celui de votre compte Facebook, sauf si c'est le même), et cliquez de nouveau sur Suivant. Voilà. La page Facebook affiche le message Compte confirmé. Cliquez sur son bouton OK. Vous pouvez alors commencer à utiliser Facebook. Facebook utilise la *confirmation* pour s'assurer que vous êtes réellement la personne que vous prétendez être et que l'adresse e-mail que vous avez utilisée pour vous inscrire est vraiment la vôtre.

Il est également possible d'effectuer cette confirmation en relevant vos messages. Vous y trouverez un mail de Facebook qui vous fournit un code de confirmation. Cliquez sur le bouton Confirmer votre compte affiché dans le courriel. Si vous avez choisi de vous inscrire avec un numéro de mobile, reportez le code qui vous a été envoyé par texto.

Lors de votre première connexion, Facebook vous propose plusieurs étapes pour vous aider à bien démarrer et à trouver vos amis. Ces étapes consistent à entrer des informations permettant de trouver vos amis immédiatement ou ultérieurement. Par exemple, ces étapes vous invitent à utiliser la fonction Retrouvez les personnes que vous connaissez afin d'identifier des camarades de classe ou des collègues de travail. La fonction Recherchez dans votre boîte e-mail les amis déjà sur Facebook vérifie votre carnet d'adresses e-mail et associe les adresses aux comptes Facebook pour vous permettre sans attendre de demander aux personnes que vous connaissez d'être vos amis sur Facebook.

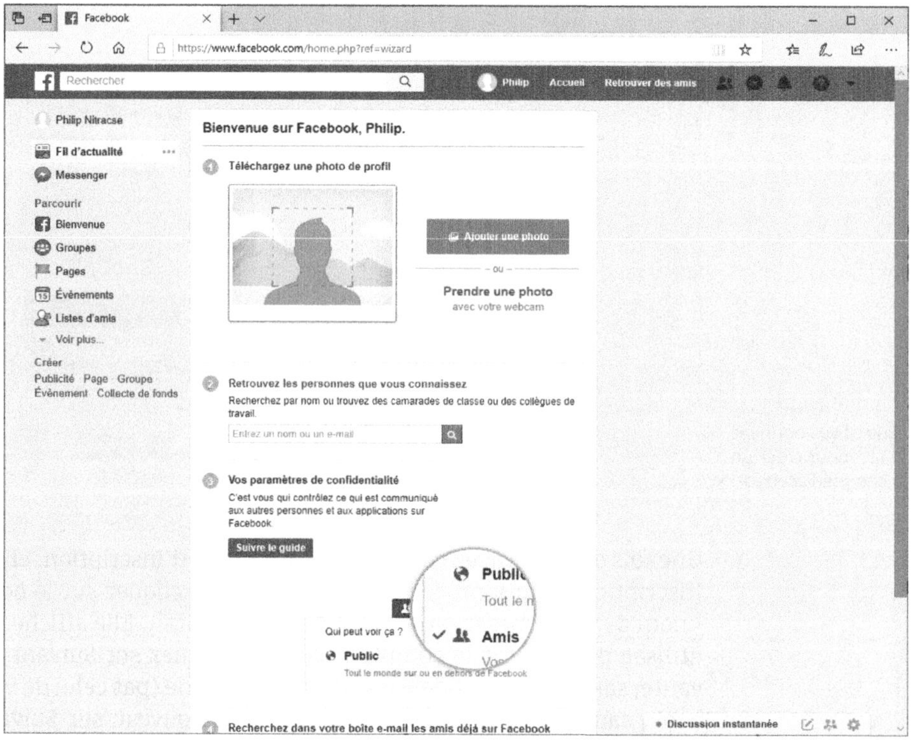

FIGURE 2.2 : Quatre étapes simples pour bien débuter sur Facebook.

L'assistant d'installation a tendance à changer en fonction du type d'adresse e-mail auquel vous vous associez et si un ami vous a invité à utiliser Facebook. Ainsi, au lieu de vous décrire tous les visages possibles de Facebook quand vous vous connectez pour la première fois, nous vous proposons de lire les sections « Centrer Facebook sur soi » et « Définir son profil », proposées plus loin dans ce chapitre. Ces concepts interviennent dans le processus d'installation, quand vous entrez vos données personnelles. Bien entendu, si vous ne souhaitez passer outre les quatre étapes de la section Bienvenue sur Facebook illustrées sur la Figure 2.2, il suffit de cliquer soit sur votre nom d'utilisateur Facebook, soit sur la mention Accueil tous deux situés dans la barre de titre bleu foncé du site.

En quatre étapes simples, Facebook permet de trouver des amis, et de définir la confidentialité.

TROP VIEUX POUR FACEBOOK ?

Non, certainement pas. Être trop vieux pour Facebook est une fausse idée que beaucoup de monde se fait, car Facebook était, à l'origine, exclusivement réservé aux étudiants. Même si c'est le cas, son utilité et sa nature ne se limitent pas aux besoins des étudiants.

Jeunes ou vieux, étudiants ou employés, nous disposons tous d'un réseau d'amis et de personnes avec qui nous interagissons au quotidien. Facebook tente d'associer ces connexions du monde réel pour faciliter le partage d'informations entre amis.

Si vous lisez cette section et pensez que vous êtes trop vieux pour utiliser Facebook, vous avez tort. De plus en plus de personnes d'un certain âge s'inscrivent sur Facebook chaque jour pour rester en contact avec d'anciens amis, partager des photos, créer des événements et prendre part à des organisations locales. La majorité des sujets que nous abordons dans cet ouvrage s'adressent à tous les âges.

Évidemment, chacun utilise le site en fonction de son âge. Plus vous utiliserez Facebook, plus les nuances vous apparaîtront clairement. De manière générale, vous pouvez être sûr que vous et vos amis pourrez communiquer et utiliser Facebook.

Plus d'un milliard de personnes utilisent Facebook, et il ne s'agit pas d'une « bande de jeunes ». Au contraire, c'est un échantillon de personnes de tous âges, tous pays et tous milieux.

Facebook… au final, c'est bien vous non ?

Dès que vous accédez à votre compte Facebook, et dans l'hypothèse où vous avez occulté les quatre étapes préliminaires, vous êtes invité à ajouter une photo de profil comme le montre la Figure 2.3.

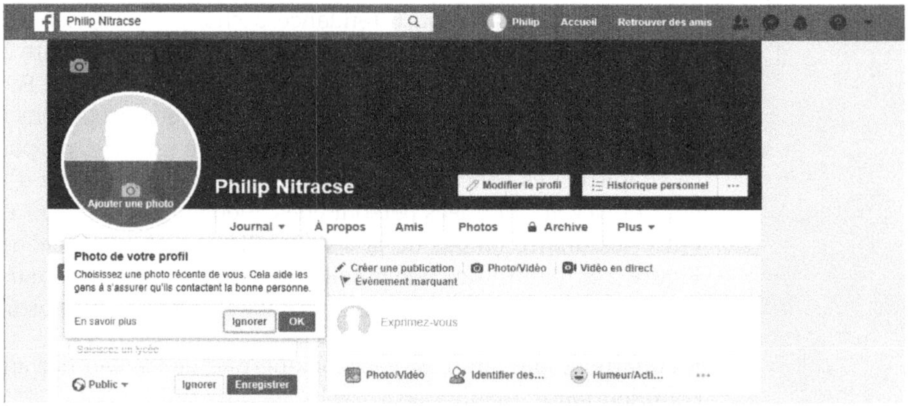

FIGURE 2.3 : Pour mieux être identifié sur Facebook.

Si vous ne souhaitez pas ajouter votre joli minois sur votre profil, cliquez sur le bouton Ignorer. Cela dit, rien ne vous empêche de mettre une tout autre photographie, comme celle de votre chat. Vous êtes libre ! Si vous ignorez cette étape, sachez que vous pourrez procéder au téléchargement d'une photo quand bon vous semblera. Mais dans ce cas, Facebook vous incitera immédiatement à ajouter une photo de couverture comme sur la Figure 2.4. Cela permet de changer la photo de couverture par défaut afin de la remplacer par une image correspondant à vos goûts. Là encore, cliquez sur OK pour changer cette image ou sur Ignorer pour y procéder ultérieurement.

FIGURE 2.4 : Une photo de couverture embellit votre profil.

Si vous ignorez, Facebook attirera votre attention sur Vos informations générales, c'est-à-dire la section À propos. Cliquez sur OK pour commencer à remplir l'ensemble des rubriques localisées sur le bord gauche de la fenêtre, comme sur la Figure 2.5. Une fois encore, rien ne vous oblige à renseigner ces champs. Vous pourrez le faire quand vous en sentirez le besoin et lorsque vous serez certain de vouloir utiliser Facebook.

À propos... de vous

Nous approfondissons le sujet « profil » et expliquons son concept au Chapitre 6. Pour l'heure, notez simplement qu'il est important de définir son profil pour que les personnes que vous trouvez et celles qui vous trouvent puissent vous identifier et sachent qu'il s'agit vraiment de vous. Les informations que nous précisons dans cette section permettent à autrui de déterminer qui vous êtes.

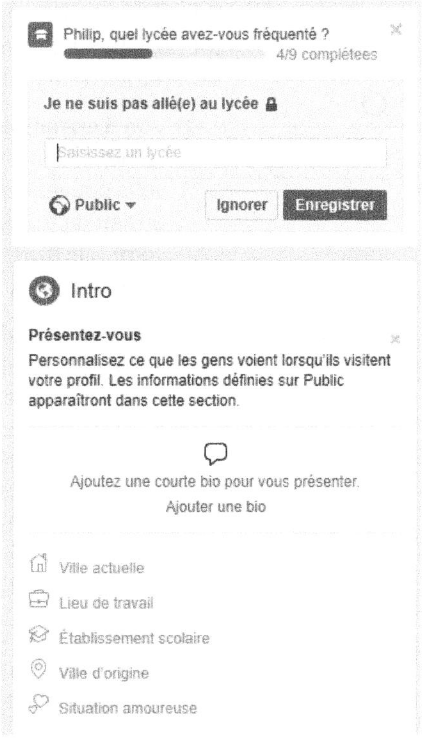

FIGURE 2.5 : Pour renseigner vos informations personnelles.

Pour préciser des informations sur votre profil dans une interface plus agréable et aux rubriques plus précises, cliquez sur l'onglet À propos sous votre nom complet. Vous accédez alors à la section Vue d'ensemble de la rubrique À propos. Vous vous demandez sûrement qui peut visualiser ces informations. Par défaut, tout le monde peut consulter les sections que nous présentons ici. Configurez la confidentialité pour personnaliser ces paramètres (voir Chapitre 5).

Par exemple, pour indiquer votre lieu de travail, commencez par activer la rubrique Emploi et scolarité, puis cliquez sur le lien (ou le bouton) Ajouter un lieu de travail. Vous accédez à une fiche de renseignement illustrée à la Figure 2.6.

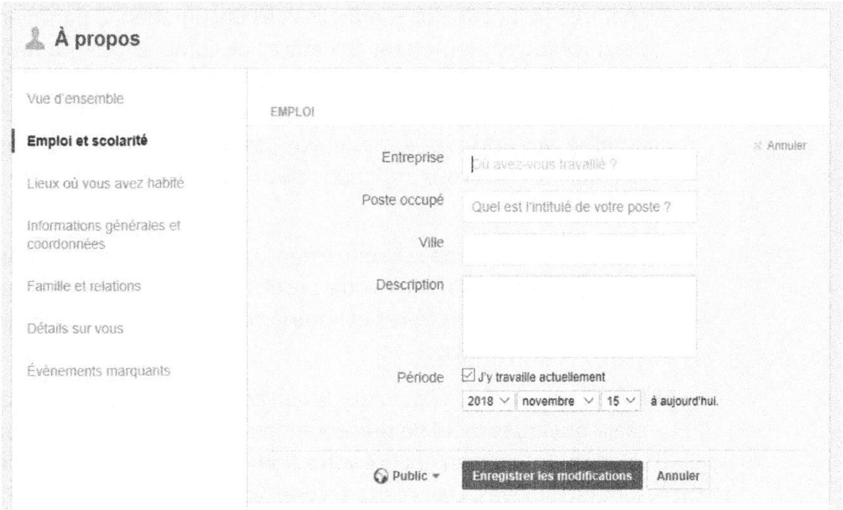

FIGURE 2.6 : Une fiche de renseignement Facebook standard.

Dans le reste de ce chapitre, nous détaillons quelques champs à remplir le plus tôt possible. Ici, nous décrivons les types de champs contenus dans chaque section (et les analysons plus en détail dans le Chapitre 6) :

- **Vue d'ensemble :** Regroupe une série d'informations utiles à votre identification par d'autres utilisateurs de Facebook. En d'autres termes, vous pouvez vous contenter de renseigner les rubriques suivantes : Ajouter un lieu de travail, Ajouter une école, Ajoutez votre ville actuelle, Ajoutez votre ville d'origine, Ajouter une relation. Si cela vous pèse d'entrer d'autres informations, limitez-vous à celles-ci.
- **Emplois et scolarité :** Cette section, qui parle d'elle-même, vous permet d'indiquer votre parcours scolaire et professionnel. Vous aidez ainsi les utilisateurs à se souvenir de vous quand vous demandez à être leur ami ou leur envoyez un message. Par exemple, si vous rencontrez quelqu'un à une conférence, votre profil parle pour vous et dit « Souvenez-vous, je suis celui qui écrit des livres Pour les Nuls ! ». De plus, si quelqu'un recherche les élèves d'une année spécifique dans l'école que vous avez fréquentée, vous apparaissez dans les résultats et d'anciens camarades de classe peuvent reprendre contact avec vous.
- **Lieux où vous avez habité :** Cette section permet d'indiquer vos lieux de résidence actuels et d'origine, ainsi que les lieux où vous avez vécu, en précisant la date de votre déménagement.
- **Informations générales et coordonnées :** Cette section contient plusieurs champs que vous voudrez sûrement partager avec autrui. Ces informations incluent des éléments allant de votre date de naissance au type de relations que vous enterriez actuellement ou que vous recherchez. Aucun de ces champs n'est obligatoire, mais ils vous encouragent à partager des détails biographiques permettant aux autres de comprendre qui vous êtes. Facebook est un carnet d'adresses étonnant. Comme le site permet de réduire la visibilité, vous pouvez partager facilement votre numéro de téléphone, votre adresse, vos adresses e-mail et vos pseudos de messagerie instantanée. Au Chapitre 5, nous vous indiquons comment régler le niveau de confidentialité de ces éléments.
- **Famille et relations :** On entre dans l'intime avec cette section qui peut être renseignée pour associer votre profil à celui de votre époux(se) ou concubin(e) et de vos parents et frères et sœurs. Vous indiquerez également où en est votre vie amoureuse.
- **Détails sur vous :** Cliquez sur le lien contenu dans cette section pour saisir quelques mots de présentation sur vous. Vous pouvez aussi ajouter un surnom, ou bien encore votre nom de jeune fille. Ces informations sont facultatives. Dans cette section, vous avez la possibilité d'ajouter des Citations favorites. Insérez ici vos expressions fétiches ou des mots d'esprit de célébrités qui vous tiennent à cœur.

» **Événements marquants :** Cette section résume votre vie sous forme de chronologie avec les dates marquantes que vous avez indiquées (années de naissance et d'obtention de diplômes, par exemple). Vous choisissez les événements dans une liste qui apparaît lorsque vous cliquez sur Ajouter un événement marquant. Chaque rubrique contient des sous-rubriques. Si aucune ne vous convient, optez pour Créez le vôtre, comme à la Figure 2.7.

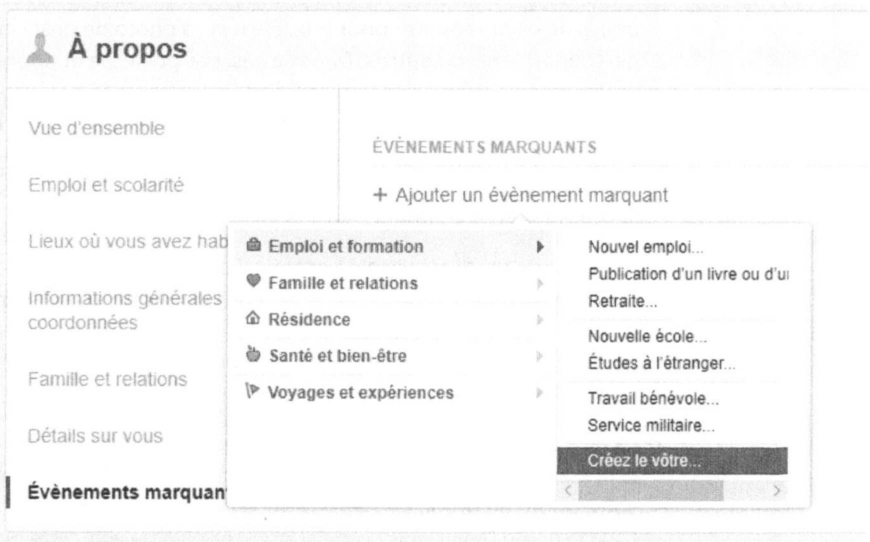

FIGURE 2.7 : Vos événements marquants.

Journal

Cliquez sur l'onglet Journal, situé sous le bandeau de couverture, pour afficher vos dernières activités sur Facebook. Une section située sur le côté gauche du journal affiche différentes informations tirées de l'onglet À propos, mentionné dans la section précédente. Cette zone propose un aperçu de votre personnalité. Après avoir complété l'onglet À propos, vous noterez que les données saisies s'affichent dans cette zone. Nous vous conseillons d'indiquer *au moins* votre lieu de résidence. C'est le meilleur moyen pour que d'anciens amis sachent qu'il s'agit vraiment de Charlotte du cours de gym ! Ces informations vous permettent d'indiquer à vos amis qui vous êtes et ce qui compte pour vous.

Image du profil

Située en haut à gauche de votre profil, cette image est un autre moyen de vous identifier, notamment si vous avez un nom très courant. Si votre photo de profil affiche une silhouette blanche sur fond gris, cliquez sur le bouton Ajouter une photo. Si vous avez déjà défini une photo de profil, placez le pointeur de la souris dessus, et cliquez sur Mettre à jour la photo du profil pour en changer. Vous trouverez de plus amples informations sur la photo de profil au Chapitre 6. Pour le moment, tenez-vous-en à ces considérations quand vous choisissez votre photo de profil :

- Faire bonne impression au premier coup d'œil. Votre photo de profil vous représente. C'est le premier élément visible dans votre profil. Généralement, les utilisateurs optent pour une photo plus ou moins flatteuse ou une photo de ce qui compte pour eux. Parfois, la photo de profil inclut d'autres personnes, amis ou autres. Dans ce cas, par politesse et pour éviter des problèmes de droit à l'image, demandez à ces personnes si cela ne les gêne pas de figurer sur votre photo profil. Quelquefois, c'est le lieu qui importe. Si la première photo que vous voyez représente quelqu'un à la plage, à une fête ou assis derrière un bureau, vous en tirez différentes conclusions. Quelle photo vous représente vraiment ?
- La photo de profil est visible par tous. Par défaut, votre photo de profil s'affiche dans les résultats de recherche visibles par tous les utilisateurs Facebook et peut être accessible par toute la population Internet. Ainsi, les personnes qui recherchent votre nom peuvent généralement visualiser cette photo. Assurez-vous qu'elle vous convient et que chacun peut la voir.
- La photo est remplaçable. Maintenant que nous avons réussi à vous mettre la pression par rapport à votre image et à la possibilité de vous identifier avec votre photo de profil, sachez que vous pouvez en changer à tout moment. C'est la fin de l'hiver et vous ne supportez plus de voir cette photo de vous sur la plage ? Pas de problème. Changez simplement votre photo de profil en cliquant sur le bouton Modifier la photo de profil qui s'affiche quand vous survolez l'image.

Il est possible d'ajouter un décor à la photo de profil, c'est-à-dire une fantaisie graphique comme des étoiles, qui sera définitif jusqu'à ce que vous changiez d'avis, ou affiché un laps de temps que vous définirez.

Couverture

Dans la zone supérieure de votre profil figure un bandeau pouvant contenir une image illustrative, appelée couverture. Cliquez sur le bouton Ajouter une photo de couverture. Si une incrustation apparaît, cliquez sur le bouton OK. Dans le menu local qui s'affiche ensuite, optez pour Sélectionner une photo afin d'utiliser une image que vous avez déjà publiée sur Facebook; ou sur Importer une photo afin de télécharger une image depuis le disque dur de votre ordinateur (par exemple). Une fois la couverture importée et enregistrée, le bouton Ajouter devient Modifier la photo de couverture. Considérez cette image comme la couverture de votre Journal, autrement dit, choisissez une image qui vous plaît ou vous correspond, donc pas forcément un portrait, mais plutôt un paysage, une nature morte, une photo d'événement familial ou personnel. Nous y reviendrons au Chapitre 6.

La commande Sélectionner une illustration donne accès à des images prédéfinies. Créer un collage permet de composer une couverture à partir de plusieurs images importées sur votre compte Facebook.

Question de confiance

Nous ne le répéterons jamais assez : Facebook est un site Web fondé sur la véritable identité et les personnes réelles. Pour protéger ce fait, Facebook dispose de systèmes permettant de détecter les faux profils. Il peut s'agir de blagues (par exemple, quelqu'un qui crée un profil pour son chien) ou de *spammeurs* (des robots qui créent des comptes afin d'envoyer des milliers de demandes de faux amis). Quoi qu'il en soit, les faux profils sont interdits sur le site.

Vous n'êtes ni une fausse personne, ni un spammeur. Comment Facebook peut-il le savoir ? Facebook le vérifie en vous contrôlant, mais aussi en se basant sur la délation. Faites-vous contrôler, ou cela risque de prendre du temps. Pour savoir si vous devez vous faire contrôler, lisez ce qui suit :

» Vous êtes-vous inscrit avec une adresse e-mail authentifiée ou avec votre numéro de mobile ? Tout le monde peut se procurer une adresse e-mail authentifiée. Par exemple, Google fournit des adresses e-mail à ses employés qui se terminent par un nom de domaine spécifique (dans ce cas, `@google.com`). Il est impossible d'avoir cette adresse si vous ne travaillez pas pour Google. La plupart des universités et entreprises ont des adresses e-mail authentifiées. Si vous vous êtes inscrit avec une telle adresse, vous êtes automatiquement approuvé.

» Vous n'avez pas d'adresse e-mail authentifiée. Vous devez être approuvé pour utiliser le site. Pour ce faire, continuez votre lecture.

» Vous avez usurpé l'identité d'un compte Facebook existant. Bon, j'avoue qu'il faut avoir l'esprit mal placé et de mauvaises intentions. L'usurpation d'identité est assez subtile et beaucoup d'utilisateurs se laissent avoir. De plus, comme vous êtes honnête, vous n'usurperez pas l'identité d'un ou d'une amie, mais vous risquez d'en être victime. Par conséquent, méfiez-vous lorsque vous recevez une demande d'ami de quelqu'un qui est déjà ami avec vous. Eh oui, sauf si vous vous êtes fâchés au point que la personne vous retire de sa liste ou que vous la retiriez de la vôtre, il n'y a aucune raison pour qu'une même personne vous demande une nouvelle fois comme ami avec le même compte. Dans ce cas, posez la question à cette personne avant de l'ajouter à votre liste d'amis et/ou consultez le compte qui vous sollicite. Là, vous constaterez plusieurs choses étranges. D'abord, le nom du compte comporte un caractère anormal qui indique qu'il y a usurpation. Par exemple, si votre ami se nomme Jean Delatour, le nom du compte sera peut-être Jean Dela̧tour (avec ce petit cercle sous le « a »). Ensuite, sa liste d'amis sera vide ou quasiment vide. Enfin, il n'y aura que très peu de photos publiées. 100 % de chances qu'il s'agit d'une usurpation d'identité. Dans ce cas, signalez-le à Facebook. Pour cela, depuis le compte suspect, cliquez sur l'icône des trois petits points (à droite de Message), et choisissez Évaluer ou signaler ce profil. Dans la boîte de dialogue qui apparaît, cliquez sur Usurpation d'identité et précisez la nature de l'escroquerie, comme le montre la Figure 2.8. Cliquez sur Envoyer. Facebook bloquera ce compte sans tarder.

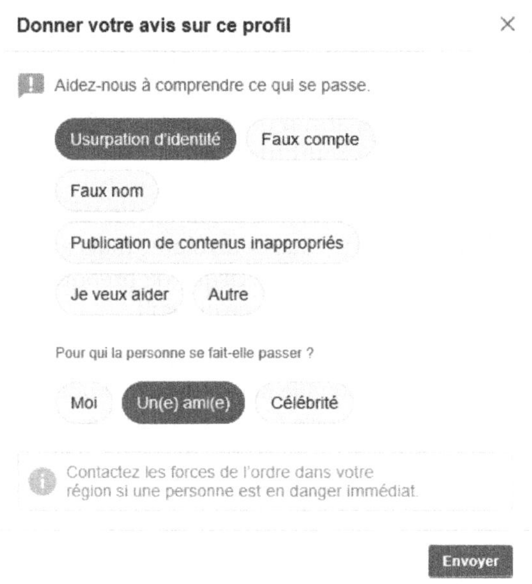

FIGURE 2.8 : Quand un compte ne vous paraît pas très catholique.

Si vous n'avez pas d'adresse e-mail authentifiée, Facebook considère le pire à votre sujet et imagine que vous êtes susceptible d'envoyer des spams ou du contenu indésirable aux autres utilisateurs de Facebook. C'est un comportement suspicieux et paranoïaque, mais l'unique but de cette série de tests est de vous faire confiance. Si vous ne confirmez pas votre compte au bout de trois jours en authentifiant votre adresse e-mail, vous ne pourrez plus accéder à votre compte.

Pour vous authentifier auprès de Facebook, ouvrez la messagerie associée à l'adresse e-mail utilisée pour vous inscrire, puis ouvrez le message envoyé par Facebook (avec un titre comme « Encore une dernière étape pour débuter avec Facebook »). Cliquez sur le bouton Confirmer votre compte de ce message pour parachever votre inscription, et indiquez éventuellement le code de confirmation fourni en en-tête et à la fin du message. Votre inscription est désormais confirmée !

Pour une inscription avec un numéro de mobile, reportez le code reçu par texto.

Une autre étape pour aller plus loin dans votre authentification auprès de Facebook consiste à faire vérifier votre compte avec votre numéro de téléphone. Elle n'a rien d'obligatoire, mais permet d'accéder à des fonctionnalités avancées de Facebook (comme l'enregistrement d'un nom d'utilisateur). Pour vérifier un compte, procédez ainsi :

1. **Rendez-vous à l'adresse** `https://www.facebook.com/confirmphone.php`**.**
2. **Tapez votre mot de passe Facebook, et cliquez sur Continuer.**

   Vous accédez à une page de saisie de votre numéro de téléphone, comme le montre la Figure 2.9.

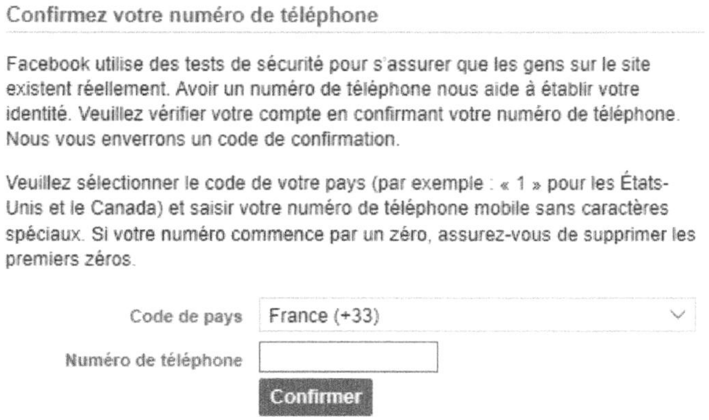

FIGURE 2.9 : Indiquez votre numéro de téléphone.

3. **Sélectionnez votre code de pays dans la première liste (+33 pour la France), puis renseignez le champ Numéro de téléphone.**

   Indiquez de préférence un numéro de téléphone portable, car vous allez recevoir un SMS.
4. **Cliquez sur le bouton Confirmer.**
5. **Vérifiez le SMS sur votre portable. Il contient un code.**
6. **Entrez le code dans le champ Code de la fenêtre Confirmez votre numéro de portable.**
7. **Cliquez sur Confirmer.**

Chapitre 3

Naviguer dans Facebook sans dériver

DANS CE CHAPITRE :

- **Naviguer dans Facebook.**
- **Explorer les éléments de la page d'accueil.**
- **Consulter le fil d'actualité et le télex.**

Vous rêvez d'être au centre d'un monde que vous auriez créé ? Alors Facebook est fait pour vous. Bon d'accord, tout ça est un peu exagéré. Disons que vous aurez l'impression d'être le centre de ce monde. En effet, la page d'accueil Facebook est entièrement orientée vers vous et *vos* amis. La colonne principale vous indique ce que vos amis ont fait récemment, et la colonne de droite affiche des informations clés telles que les événements à venir, les personnes avec qui vous n'êtes pas connecté et le contenu le plus intéressant que vos amis ont ajouté. Même les publicités de la colonne de droite sont ciblées vers vous et vos centres d'intérêt. Les barres de navigation se concentrent en haut et en bas de cette page et de chaque autre page du site. Ainsi, où que vous soyez, vous pouvez toujours retrouver votre chemin et basculer vers une page que vous connaissez.

Dans ce chapitre, nous détaillons tous les éléments que vous voyez dans la page d'accueil quand vous vous connectez et expliquons comment utiliser cette page pour accéder au reste du site.

La barre bleue de Facebook

John et Carolyn passent beaucoup de temps dans les cafés à travailler avec des écrivains, des étudiants, des chefs d'entreprise et des artistes en buvant un verre et en manipulant leur ordinateur portable. D'un coup d'œil sur la barre bleue située en haut de la page, il est possible de dire si quelqu'un navigue sur Facebook. La barre bleue héberge plusieurs liens de navigation importants sur Facebook. Quand vous maîtriserez la navigation avec la barre bleue, vous pourrez ôter vos chaussures et mettre vos doigts de pieds en éventail, car vous vous sentirez vraiment à l'aise sur Facebook! La Figure 3.1 représente la barre bleue dont les liens sont expliqués de gauche à droite.

FIGURE 3.1 : La barre bleue, détaillée lien par lien.

Voilà ce que vous devez savoir sur chaque lien :

- **Logo Facebook :** Le logo Facebook à gauche de la barre bleue vous rappelle que vous êtes bien sur Facebook. De facto, quelle que soit votre activité sur ce réseau social, il suffit de cliquer sur le logo pour revenir à la page d'accueil.
- **Rechercher :** Au Chapitre 4, nous abordons tous les détails de la recherche sur Facebook. Pour le moment, sachez que cette zone de recherche permet de retrouver des personnes, des groupes, des événements et des applications. Lors de la saisie d'un élément à rechercher, une liste de sujets vous est automatiquement proposée. Si la personne ou l'élément que vous recherchez y figure, faites défiler verticalement le contenu, ou bien utilisez la souris pour le sélectionner. Si vous appuyez sur la touche Entrée de votre clavier, vous accédez automatiquement au premier élément de la liste. Vous pouvez aussi utiliser la recherche pour voir ce que vos amis ou toute autre personne dans le monde publient sur un sujet particulier. Vous pouvez retrouver votre ami d'enfance perdu de vue depuis si longtemps, une application pour un jeu, l'opinion des utilisateurs sur les dernières élections, des avis sur un produit que vous pensez acheter ou même le score en temps réel d'un événement sportif.

  Lorsqu'une recherche échoue car elle ne permet pas de trouver ce que vous recherchez, cliquez sur l'icône du point d'interrogation. Tapez l'objet de votre recherche dans le champ En quoi pouvons-nous vous aider, puis sélectionnez un résultat dans la liste qui apparaît. Si vous ne trouvez pas votre bonheur, cliquez la croix x pour vider le champ de recherche, puis sur le lien Pages d'aide. Vous disposerez alors d'options d'aide plus conséquentes affichées dans une page dédiée.

- **Votre nom :** À côté de la zone de recherche, vous disposez d'un lien vers votre propre profil Facebook. Vous pouvez aussi accéder à votre profil en cliquant sur votre nom ou votre photo, où qu'ils figurent sur le site (voir Chapitre 2 pour en savoir plus sur le profil).
- **Accueil :** Ce lien a la même fonction que le logo Facebook. Où que vous soyez sur le site, lorsque vous cliquez sur ce lien, vous êtes redirigé sur la page d'accueil.
- **Retrouver des amis :** Ce lien vous permet de retrouver facilement des amis rencontrés au cours de votre vie à partir de vos différentes adresses e-mail.
- **Invitations :** Cette icône représente deux personnes censées être des amis. Lorsque vous cliquez sur cette icône, toutes les demandes d'amis en cours s'affichent ainsi que des suggestions d'amis. Il n'est plus nécessaire d'avoir des amis pour profiter de suggestions d'amis. Consultez des comptes, et vous ne tarderez pas à profiter des bonnes grâces de Facebook en matière d'amitiés. Cette icône permet aussi d'accéder aux différentes méthodes pour rechercher des amis. Dès que vous recevez de nouvelles demandes d'amis, ou que des amis ont accepté votre invitation, un petit chiffre rouge indiquant le nombre de demandes ou d'acceptations apparaît sur cette icône. Une fois que vous les avez consultées, la petite icône rouge disparaît, que vous ayez répondu ou non.
- **Messages :** Une icône représentant deux bulles de BD vous permet d'accéder à votre boîte de réception. Quand vous cliquez sur cette icône, Facebook affiche les extraits des cinq ou six messages les plus récents ainsi que des liens vous permettant d'envoyer un nouveau message ou d'accéder à votre boîte de réception. Comme pour les demandes d'amis, une petite icône rouge apparaît pour vous indiquer le nombre de nouveaux messages reçus. Lorsque vous cliquez sur ce chiffre pour visualiser les nouveaux messages, il disparaît.
- **Notifications :** Sur Facebook, si quelqu'un effectue une action en rapport avec vous ou votre profil, vous en êtes informé au moyen d'un petit chiffre sur fond rouge qui s'affiche sur l'icône suivante, en forme de cloche. Il se peut que quelqu'un vous ait tagué sur une photo, ait écrit quelque chose sur votre mur ou le mur d'un groupe auquel vous appartenez, vous ait offert un cadeau virtuel ou ait ajouté un commentaire à une de vos publications. Cliquez sur la cloche pour visualiser les notifications les plus récentes et afficher un lien vers les autres.
- **Aide rapide :** Cliquez sur l'icône du point d'interrogation afin d'accéder aux rubriques essentielles de Facebook. Ainsi, pour définir la confidentialité générale et particulière de Facebook, vous choisirez Raccourcis de confidentialité, comme à la Figure 3.2. Ils servent à définir la visibilité des informations de votre profil (voir Chapitre 5).

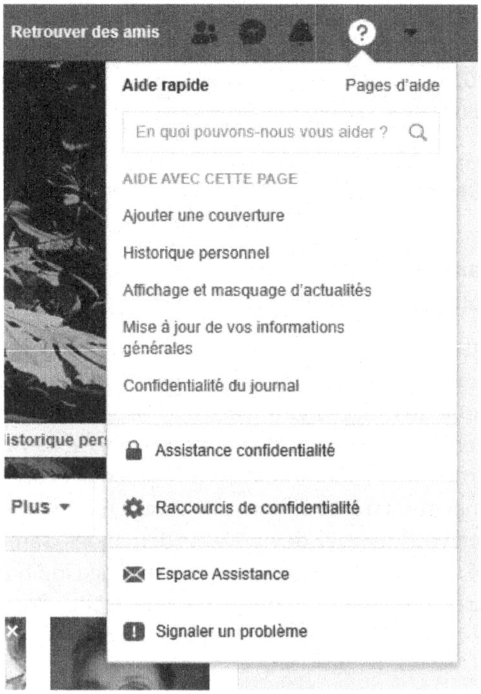

FIGURE 3.2 : Pour accéder aux paramètres de confidentialité les plus importants.

» **Paramètres :** Cliquez sur l'icône du petit triangle à l'extrémité droite de la barre bleue afin d'accéder aux éléments suivants :

- *Créer une page :* Permet de créer une page Facebook liée à votre compte. Une page est une version limitée d'un compte et permet une activité pseudo commerciale. Elle est notamment utilisée par des personnes publiques, des groupes de musiques, des artistes, des entrepreneurs, *etc*.
- *Créer un groupe :* Permet de créer des groupes, sortes de pages Facebook réservées à des personnes que vous et des membres du groupe pourront inviter à suivre les activités. Par exemple, vous pourrez créer un groupe pour partager rapidement des photos qui ne concernent que les membres de ce groupe.
- *Rechercher des groupes :* Permet de trouver des groupes afin d'y adhérer.
- *Créer une collecte de fonds :* Permet de lancer une levée de fonds pour une cause qui vous tient à cœur.
- *Créer des publicités :* Permet de créer des annonces commerciales, moyennant finances bien entendu. Cela permet de promouvoir une page Facebook.
- *Publicité sur Facebook :* Pour publier des annonces sur ce réseau social. Donne accès à la procédure permettant de créer ce type de publicité.

- *Historique personnel :* Sorte de détective privé qui rapporte toute votre activité Facebook. Cela est très utile pour redéfinir, par exemple, la confidentialité d'une action précise.
- *Préférences du fil d'actualité :* Ouvre une boîte de dialogue (Figure 3.3) qui permet de privilégier les actualités de certains amis en cliquant simplement sur la vignette de leur profil, de sélectionner les personnes dont vous ne souhaitez plus suivre les actualités, et enfin de rétablir le contact avec des personnes que vous ne suiviez plus.

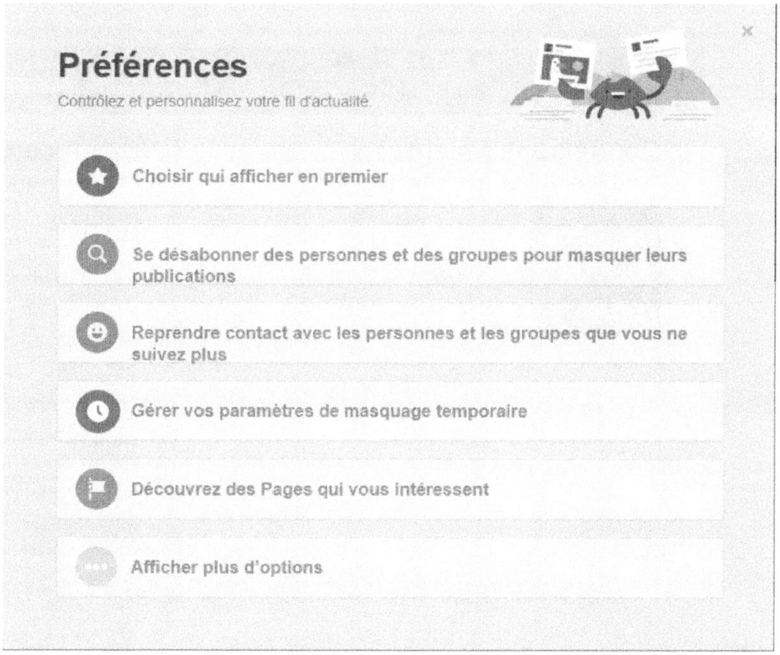

FIGURE 3.3 : Pour définir vos préférences d'actualité.

- *Paramètres* : Donne accès à l'ensemble des options de paramétrage de Facebook. La tâche semble colossale… elle l'est ! Difficile de s'y retrouver. Toutefois, les éléments les plus importants concernent la sécurité et la confidentialité.
- *Déconnexion :* Ferme votre session Facebook. Si vous partagez votre ordinateur avec d'autres personnes, assurez-vous de toujours vous déconnecter pour veiller à ce que personne ne puisse accéder à votre compte Facebook.

Une autre méthode pour vous déconnecter de Facebook consiste à fermer la session de votre navigateur.

Il sera très facile de se reconnecter et/ou de choisir d'ouvrir la session Facebook d'un autre compte grâce à la section Connexions récentes de la page Web d'ouverture de session Facebook, comme le montre la Figure 3.4. Cliquez simplement sur la vignette du compte Facebook à ouvrir. Il vous sera demandé de saisir votre mot de passe. Pour éviter de le faire à chaque fois que vous vous connectez, cochez l'option Mémoriser le mot de passe. Je déconseille la mémorisation du mot de passe si plusieurs personnes utilisent votre ordinateur. Vous pouvez également profiter de cette page pour Ajouter un compte Facebook. Cette fonctionnalité facilite le passage d'un compte à un autre.

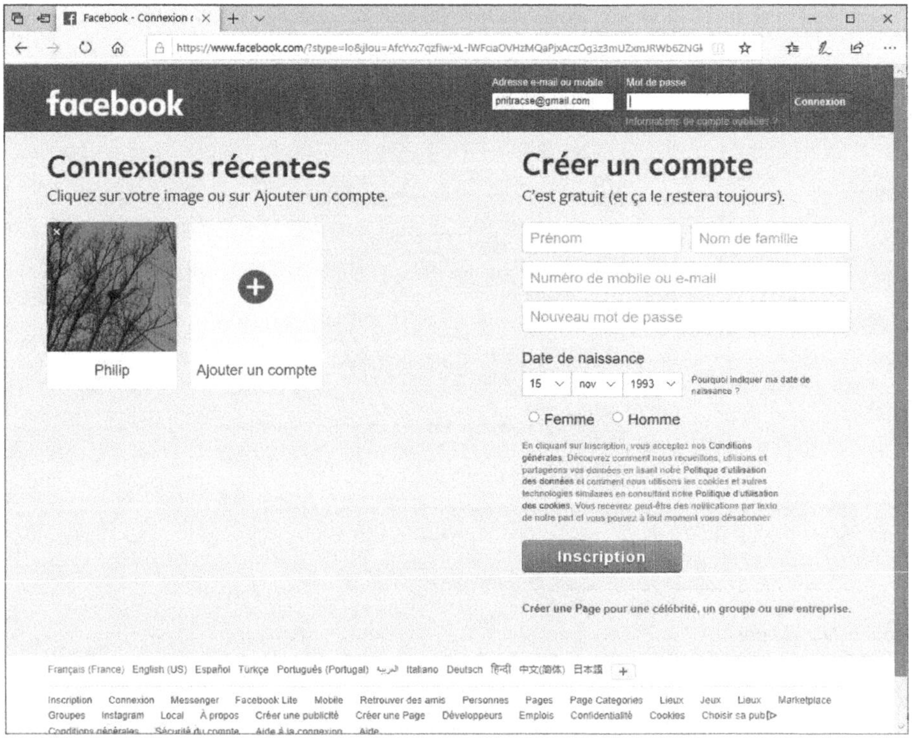

FIGURE 3.4 : Pour ouvrir rapidement le compte de votre choix.

De nombreuses applications Facebook sont écrites par des développeurs externes (non Facebook). Si vous avez des problèmes avec l'une de ces applications, les pages d'aide Facebook vous proposent différentes méthodes pour contacter directement les développeurs.

La page d'accueil

La page d'accueil s'ouvre quand vous vous connectez à Facebook. Elle présente trois colonnes de données, décrites dans la section suivante.

Remarque : Avant d'avoir votre premier ami, la page d'accueil est très différente de ce qu'elle sera lorsque vous commencerez à prendre contact avec des amis. Comme les étapes spécifiées dans le Chapitre 2 vous invitent à trouver vos premiers amis, tout ce qui suit dans cette section suppose que vous avez au moins un ami sur Facebook. Si vous n'avez contacté aucun ami, passez directement au Chapitre 4 pour savoir comment en trouver et vous connecter avec les personnes que vous connaissez. N'oubliez pas de revenir par ici ensuite, car ce chapitre est très enrichissant !

Fil d'actualité

Imaginez que votre journal papier, TV ou radio propose un supplément contenant des articles sur les personnes que vous connaissez. C'est un fil d'actualité (colonne centrale de la page d'accueil). Tant que les personnes que vous connaissez sont actives sur Facebook, vous pouvez prendre de leurs nouvelles *via* votre page d'accueil Facebook. Un ami peut poster des photos de sa fête d'anniversaire, un autre peut écrire un commentaire concernant son nouvel emploi, d'autres encore peuvent répondre à une invitation pour une soirée de dégustation de vins. Tous ces éléments sont présentés dans votre fil d'actualité Facebook.

Dans le fil d'actualité, les nouvelles sont classées par dates de publication, les plus récentes s'affichant en haut. Plus vous descendez dans la page, plus les publications sont anciennes. Si vous avez beaucoup d'amis, ce peut être difficile à gérer et vous risquez de passer à côté d'informations intéressantes. Pour modifier l'ordre d'affichage des publications, vérifiez que vous êtes bien sur l'accueil. En cas de doute, cliquez sur Accueil dans la barre bleue de Facebook. Ensuite, cliquez sur les trois points de Fil d'actualités dans la colonne de gauche. Dans le menu local qui s'affiche, choisissez À la une, comme sur la Figure 3.5 : les publications jugées les plus intéressantes s'afficheront en priorité en haut du fil. Nous y reviendrons au Chapitre 7.

FIGURE 3.5 : Modifier l'ordre d'affichage du fil d'actualités.

Exprimez-vous

Pour publier quelque chose sur Facebook, repérez la zone de texte « Exprimez-vous, <votre prénom> » juste au-dessus du fil d'actualité, au centre de votre page d'accueil (Figure 3.6). Elle fait partie d'une section contenant trois onglets : Créer une publication, Photo/vidéo, et Vidéo en direct. Vous la retrouvez également sur votre profil. Dès que vous voulez partager une information, comme ce que vous êtes en train de faire, où vous êtes ou où vous allez, maintenant et dans la vie, vous pouvez le faire dans cette zone.

FIGURE 3.6 : Dites ce que vous avez à dire !

Désormais, dès que vous cliquez dans le champ Exprimez-vous, une série d'options apparaît. Lorsque la phrase est courte, il est possible d'appliquer un arrière-plan que vous sélectionnez parmi les petits carrés affichés sous le message. Ces choix disparaissent dès que la phrase dépasse un certain nombre de caractères. Une série de boutons permettent d'ajouter des photos et des vidéos, mais aussi d'indiquer votre humeur sous forme d'une émoticône. Vous pouvez également identifier des amis qui seront alors informés de leur présence dans votre publication et qui pourront refuser d'être ainsi mentionnés. Si vous cliquez sur les trois points, de nombreuses autres possibilités se présentent à vous, comme indiquer où vous êtes ou étiez au moment de cette publication (Je suis là), créer un sondage, ajouter un autocollant (Sticker), *etc.* Enfin, vous pouvez (en fonction du contenu), publier le contenu dans le fil d'actualité tout en en faisant une *story*, ou choisir l'un ou l'autre de ces moyens de diffusion. La Figure 3.7 illustre l'ensemble de ces possibilités.

Vous avez dit *story*? Oui, nous avons osé! Il s'agit de publications éphémères qui disparaissent au bout de 24 heures, mais que vous pouvez archiver pour les exhumer quand le besoin s'en fait sentir. Les *stories* peuvent émaner d'une publication standard ou être créées pour la circonstance. Elles sont surtout prisées lorsque vous utilisez Facebook sur un smartphone. En effet, la story donne un instantané d'un moment de votre journée. Mais, finalement, vous pouvez publier ce que vous voulez sous forme de stories.

N'oubliez pas d'indiquer la confidentialité de votre publication qu'il s'agisse du fil d'actualité ou d'une story. La confidentialité détermine qui peut ou ne peut pas voir ce que vous publiez. Au Chapitre 5, nous expliquons comment définir la confidentialité de chaque contenu que vous postez sur Facebook. Même si beaucoup de personnes peuvent consulter votre profil, elles ne voient pas toutes la même chose. Tout dépend des paramètres de confidentialité que vous attribuez aux éléments que vous postez. En plus de s'afficher dans votre profil, les éléments que vous postez peuvent apparaître dans le fil des personnes qui voient ces éléments. Si vous créez un statut indiquant à tous vos amis de voter aux prochaines élections, cette information sera publiée dans leur fil. Vos amis le liront (ou pas) en fonction de leur habitude de lecture du fil. Si vous postez une information destinée à tous les membres de votre famille excepté votre grand-mère, par exemple « N'oubliez pas de souhaiter son anniversaire à mamie », chaque membre de la famille (et personne d'autre) voit l'information dans son fil.

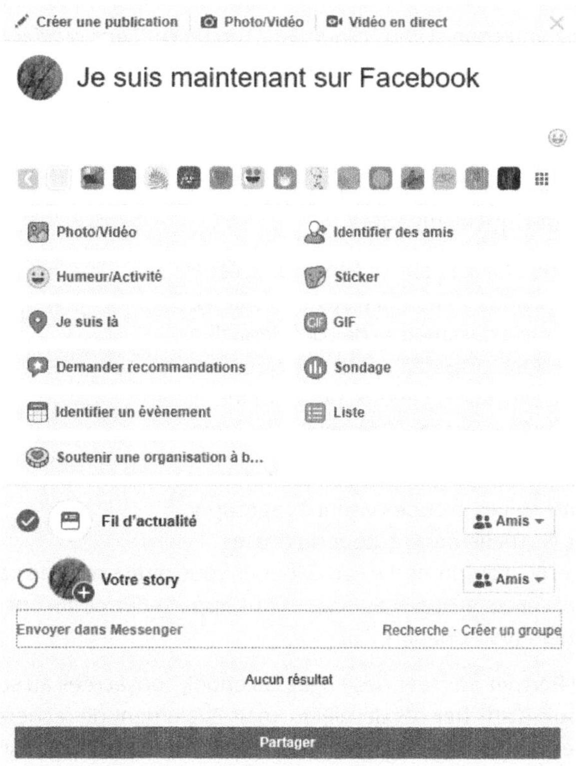

FIGURE 3.7 : Les options de publication de Facebook.

La colonne de gauche

La partie gauche de la page d'accueil regroupe de nombreux liens clés pour la navigation, nécessaire pour plonger dans les profondeurs de Facebook. La liste suivante explique certains liens proposés dans la partie gauche de la page d'accueil :

» **<Votre nom>/Modifier le profil :** Quand vous cliquez sur votre nom, vous accédez toujours à votre profil. Certains trouvent qu'un lien Profil serait plus intuitif. En revanche, ceux qui utilisent un ordinateur partagé sont rassurés de voir leur nom figurer dans la barre bleue afin de vérifier s'ils sont bien connectés à leur propre compte. Si vous cliquez sur les trois points qui s'affichent lorsque vous placez le pointeur de la souris sur votre nom, l'option Modifier le profil apparaît. Il s'agit d'un raccourci pour spécifier les informations qui vont y figurer.

- **Messenger :** Cette icône donne accès à l'interface de messagerie instantanée de Facebook. Nous verrons que la discussion instantanée peut se dérouler de deux manières sur ce réseau social.

  Rappelez-vous que si vous cliquez sur l'un de ces liens ou d'autres liens qui vous éloignent de la page d'accueil, vous pouvez toujours y revenir en cliquant sur le logo Facebook dans le coin supérieur gauche ou sur le lien Accueil dans le coin supérieur droit.

La section Parcourir, illustrée à la Figure 3.8, propose les rubriques suivantes :

FIGURE 3.8 : La section Parcourir de votre Facebook.

- **Bienvenue :** Cliquez sur ce lien pour accéder à une page vous invitant à trouver des amis, et à régler vos paramètres de confidentialité. Cette rubrique disparaît après quelques jours d'activité sur Facebook, notamment lorsque vous avez acquis de nouveaux amis.
- **Groupes** : Liste les groupes auxquels vous avez adhéré. Les groupes visent à regrouper les gens (virtuellement) autour de causes ou d'intérêts communs. Le lien Groupes vous dirige sur une page permettant de visualiser les groupes auxquels vous appartenez et qui ont été mis à jour récemment (voir Chapitre 10).
- **Pages :** Permet de créer des Pages Facebook consacrées au sujet de votre choix, puis d'afficher ces dernières, mais également de rechercher et de lister les pages qui pourraient vous intéresser (en lien avec vos goûts ou ceux de vos amis).
- **Événements :** Utilisez l'application Événements pour organiser les événements de la vraie vie avec une liste d'invités, des rappels et un espace dédié à l'ajout de commentaires et de photos. Cliquez sur Événements pour afficher les événements à venir de vos amis, les invitations que vous avez reçues, et un bouton de création d'événements (voir Chapitre 11).
- **Listes d'amis :** Cliquez sur ce lien pour afficher la liste de vos amis les plus actifs sur Facebook ces derniers temps. Vous pouvez aussi voir les mises à jour de statut les plus récentes. Si vous avez créé des listes d'amis (voir Chapitre 4), elles s'affichent sous le lien Amis proches dès que vous cliquez dessus. Lorsque vous cliquez sur une liste d'amis, votre fil d'actualité est filtré et affiche uniquement les informations des amis figurant dans cette liste. Seules les premières listes d'amis s'affichent, mais il suffit de cliquer sur le lien Plus pour accéder aux autres listes.

Pour afficher les autres options de cette section Parcourir, vous devrez sans doute cliquer sur le lien Voir plus :

- **Jeux :** Cliquez sur cette application pour accéder à la liste des jeux les plus appréciés par la communauté Facebook et par vos amis.
- **Collectes de fonds :** Permet de lancer un financement participatif pour une cause qui vous tient à cœur dans des domaines tels que la médecine, l'éducation, le bénévolat et bien d'autres encore. Vous faites votre choix parmi des causes prédéfinies comme les Restos du cœur, la SPA, etc., mais aussi pour une cause personnelle que vous définirez en suivant les étapes d'un assistant.
- **Vidéo en direct :** Donne accès à de multiples vidéos actuellement diffusées en direct depuis le monde entier.
- **Souvenirs :** Contient des informations passées correspondant au jour en cours. Par exemple, après des années d'utilisation de Facebook, vous y retrouverez des activités et des publications d'il y a un, deux, trois ans et plus, jour pour jour. Régulièrement, Facebook vous propose de partager de nouveau ces souvenirs.
- **Météo :** Indiquez un lieu afin d'en connaître le temps. Vous pouvez activer des notifications météo en bas de la page qui s'affiche quand vous cliquez sur cette rubrique.
- **Enregistrements :** Liste des liens, des photos, des vidéos, de la musique, des films, et des archives publiés sur Facebook et que vous souhaitez consulter ultérieurement.
- **Offres :** Liste des promotions sur certains produits.
- **Contacts à découvrir :** Liste des personnes dont l'activité pourrait vous intéresser et/ou qui ont des choses en commun comme leur lieu d'habitation.
- **Offres d'emploi :** Accédez à des offres d'emploi diffusées sur Facebook.
- **Retrouver des amis :** Liste les invitations envoyées et reçues.

Facebook évolue en permanence avec de nouvelles fonctionnalités, en modifiant le nom d'anciennes rubriques, et en en supprimant. De plus, certaines possibilités ne sont offertes qu'après un certain passé sur ce réseau social. Par conséquent, ne vous inquiétez pas si vous disposez (ou pas) de fonctionnalités non répertoriées dans cette liste. La section Créer de cette partie gauche de la fenêtre permet de créer une publicité (pour valoriser un évènement ou un produit), une page, un groupe, ou un évènement.

- **Fil d'actualité :** Lorsque vous cliquez sur ce lien, vous actualisez votre page d'accueil et accédez exactement à ce que vous voyez quand vous vous connectez : le fil d'actualité des activités de vos amis. Le fil d'actualité enregistre et conserve le dernier état pour la consultation du fil d'actualité.

» **Messenger :** Tous les utilisateurs Facebook peuvent vous envoyer un message, à moins que vous ne changiez les paramètres de confidentialité de la messagerie. Ce lien vous permet de les récupérer. Le nombre de messages nouveaux ou non lus figurant dans votre boîte de réception s'affiche entre parenthèses à côté du lien Messages. Quand vous cliquez sur ce lien, vous disposez de deux options supplémentaires. L'une vous permet d'accéder aux messages non lus, l'autre aux messages archivés.

Si vous avez créé des groupes, ils seront accessibles dans cette section de Facebook.

La section Amis, illustrée à la Figure 3.9, et accessible via Liste d'amis dans la partie gauche, n'est disponible que si vous avez des amis. Elle regroupe les rubriques suivantes :

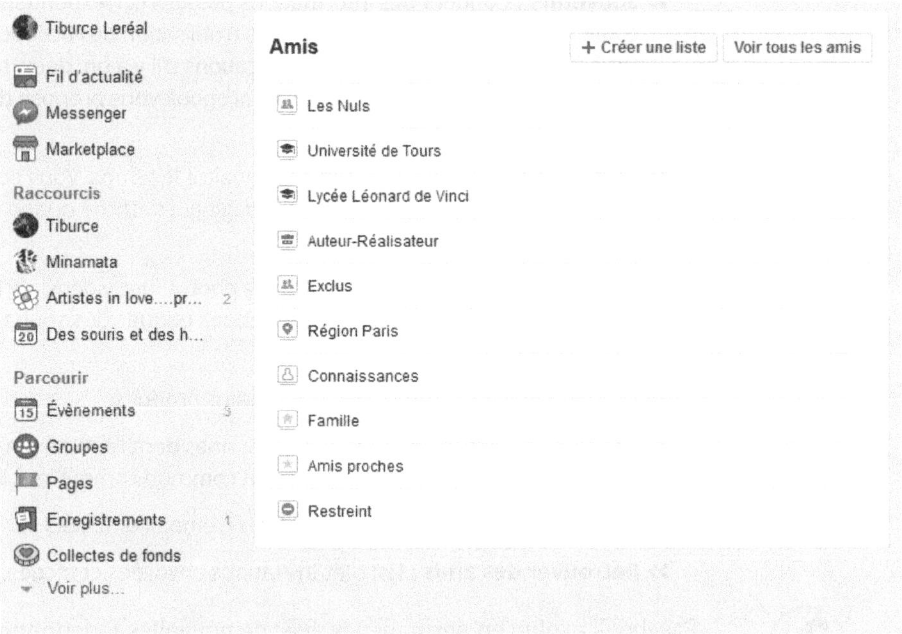

FIGURE 3.9 : La section Amis de Facebook.

» **Amis proches :** Dresse la liste des amis que vous avez identifiés comme proches.

» **Connaissances :** Permet de créer et de gérer une liste de personnes qui auront le statut de « connaissances », c'est-à-dire dont vous verrez défiler un nombre limité d'actualités les concernant.

» **Famille :** Cliquez sur ce lien pour définir les membres de votre famille dans votre liste d'amis afin de n'afficher que les publications qui les concernent ou émanent d'eux.

- **École :** Regroupe les amis qui ont fréquenté le même collège, lycée, ou université que vous.
- **Région :** Liste les amis qui habitent votre région.
- **Restreint :** Liste des amis pour lesquels vos publications sont restreintes. Il est alors facile pour vous de ne pas porter à leur connaissance vos publications.

  La section peut également contenir votre catégorie socioprofessionnelle.

  Si vous utilisez Facebook depuis longtemps, il se peut que vous disposiez d'applications différentes de celles mentionnées ici. Elles dépendent de ce que vous avez utilisé récemment ou de ce que vous avez ajouté ou supprimé de votre profil. Les applications décrites dans cette section sont les applications par défaut que vous possédez quand vous vous inscrivez. Par la suite, vous avez un contrôle total sur les applications que vous ajoutez à votre profil Facebook.

La section Raccourcis donne accès à des applications que vous utilisez régulièrement comme des jeux. Pour y retirer une application, cliquez sur son nom et, dans le menu local qui apparaît, choisissez Supprimer l'application.

Quoi de neuf dans la colonne à droite du fil d'actualité

Juste à droite du fil d'actualité, dans une troisième colonne, vous disposez d'un méli-mélo quelque peu aléatoire de ce qui est nouveau, de ce qui se passe et de ce qui est prévu prochainement sur Facebook :

- **Stories :** Permet de créer et de compléter des stories, c'est-à-dire des petites publications d'une durée de vie de 24 h. Vous pouvez également accéder aux anciennes stories par un clic sur le lien Archives, et en régler les options via le lien Paramètres. Vous pouvez également consulter les stories publiées par vos amis.
- **Événements :** Les rappels concernant les événements auxquels vous êtes convié s'affichent dans cette colonne trois jours avant le début de l'événement, à moins que vous décliniez l'invitation. Cliquez sur un événement pour afficher la liste des événements du jour, et sur Voir tout pour visualiser tous les événements auxquels vous êtes invité. Après les événements, cette colonne indique les anniversaires du jour. Vous n'aurez aucun rappel d'anniversaire pour les amis qui ont choisi de cacher leur date d'anniversaire dans leur profil.
- **Vos pages :** Si vous avez créé une ou plusieurs pages, cette section communiquera quelques informations la concernant ainsi que ses publications récentes.

- **Pages suggérées :** Des pages vous sont proposées par Facebook. Il peut s'agir de pages dont le contenu correspond à vos centres d'intérêt et/ou que vos amis ont créées ou aimées.
- **Suggestions de groupes :** Des groupes vous sont suggérés par Facebook. Il peut s'agir de groupes dont les centres d'intérêt sont susceptibles de vous intéresser, et/ou que vos amis ont créés ou aimés.
- **Connaissez-vous :** Imaginez devoir sortir pour trouver toutes les personnes que vous connaissez sur Facebook. C'est une tâche particulièrement difficile. Dans cet espace, Facebook vous propose des suggestions susceptibles de vous intéresser et le titre de cette section varie en fonction de vos besoins. Vont s'afficher des personnes que Facebook suppose que vous connaissez ou aimez. Ces suggestions sont estimées à l'aide de différents facteurs, dont le plus important est le nombre d'amis en commun avec la personne suggérée. Si vous voyez quelqu'un que vous reconnaissez, cliquez sur sa photo pour l'ajouter comme ami. Il se peut que cette zone n'apparaisse pas si Facebook n'a pas de suggestions à vous soumettre.
- **Sponsorisé :** Facebook ne pousse pas sur les arbres ! Le site n'est pas non plus tombé du ciel d'un coup de baguette magique. C'est le fruit d'un travail manuel considérable (manuel dans le sens « saisie ») et qui requiert d'innombrables ordinateurs pour stocker toutes les informations que vous et vos amis ajoutez sur le site chaque jour. Travail et technologie coûtent de l'argent. Les publicités qui s'affichent dans cette partie financent tout le système. Elles sont *a priori* le reflet de vos goûts et habitudes sur Facebook. Il peut s'agir de liens publicitaires renvoyant à des sites Web commerciaux ou de mises en avant de Pages Facebook consacrées à des produits.

Discussion instantanée

Une liste de vos amis actuellement ou récemment connectés est présente dans la colonne de droite de Facebook. Il s'agit de contacts qui acceptent les conversations instantanées. Un petit point vert indique que la personne utilise actuellement la discussion instantanée, et qu'elle est prête à entrer en communication directe. Dans la partie inférieure de cette liste, vous trouverez des conversations que vous avez engagées avec des groupes, et en dessous avec une liste d'amis supplémentaires. Lorsque vous cliquez sur le nom d'un ami dans la liste des personnes disponibles (avec ou sans point vert), une petite fenêtre de conversation apparaît dans la partie inférieure droite de l'interface de Facebook. Les discussions sont mémorisées par Facebook. Vous pouvez accéder à l'ensemble de vos conversations par un clic sur le lien Messenger situé dans la colonne de gauche lorsque vous êtes sur votre page d'accueil.

Liens en bas de page

Lorsque vous affichez votre page d'accueil Facebook, la partie inférieure de la troisième colonne propose une série de liens de couleur bleue. Il concentre toutes les informations importantes sur le réseau social Facebook, Facebook pour les entreprises, la société Facebook et les règles en vigueur sur Facebook. Ces liens sont décrits ci-après :

» **Français (France) :** Cliquez le bouton + pour accéder à une boîte de dialogue de sélection de la langue dans laquelle vous souhaitez utiliser Facebook. Vous constatez que les langues les plus communément utilisées sont accessibles immédiatement par un clic sur leur lien.

» **Confidentialité :** Décrit la politique d'utilisation des données Facebook.

» **Conditions générales :** Donne accès aux conditions d'utilisation, à la politique de confidentialité du site, et aussi aux standards de fonctionnement de la communauté. C'est ici que vous apprendrez comment signaler un abus. Facebook met un point d'honneur à traquer ceux qui enfreignent les conditions d'utilisation dans le but de nuire. Pour le bien de ceux qui utilisent le site avec respect, Facebook prend très au sérieux les violations des conditions d'utilisation. L'utilisation d'une fausse date d'anniversaire, d'un faux nom, de contenu pornographique ou protégé et tout comportement assimilable à du spamming sont autant de raisons justifiant la désactivation d'un compte.

» **Publicité :** Explore les principales offres de Facebook pour faire la promotion de votre produit à l'aide d'une page spécifique.

» **Choisir sa pub :** Ouvre une page d'explications sur la manière de cibler la publicité qui vous est adressée.

» **Cookies :** Ce lien affiche la page d'aide consacrée aux cookies et à la façon dont Facebook les exploite. Pour mémoire, les *cookies* sont de petits fichiers enregistrés sur votre ordinateur lors de votre navigation sur le Web, qui mémorisent vos sujets de recherche ou la façon dont vous remplissez certains formulaires, afin de vous proposer des publicités ciblées ou de préremplir les champs de formulaires.

Plus : Ouvrez ce menu local pour accéder aux rubriques suivantes :

- **À propos de :** Ce lien vous dirige vers la page Facebook… de Facebook. Libre à vous de cliquer sur le bouton J'aime de cette Page afin de vous y abonner et de recevoir les actualités du site et de la société Facebook.
- **Emplois :** Envie de travailler pour Facebook ? Cliquez sur ce lien pour consulter les postes disponibles et en savoir plus sur l'environnement de travail.

- **Développeurs :** La plupart des applications que vous pouvez ajouter à votre profil Facebook sont écrites par des développeurs indépendants de Facebook. Ce lien s'adresse à ceux qui veulent créer une nouvelle application pour Facebook.
- **Aide :** La page d'aide vous fournit toutes sortes d'outils vous aidant à utiliser le site, à vous protéger sur Facebook, et à envoyer vos suggestions pour améliorer le site.

Chapitre 4

Trouver des amis sur Facebook

DANS CE CHAPITRE :

- **Comprendre la notion d'ami.**
- **Trouver des amis de différentes manières.**
- **Organiser et gérer sa liste d'amis.**

Il existe des centaines de citations sur l'amitié et les amis. Nous en avons lu un grand nombre afin d'en tirer la conclusion suivante : avoir des amis c'est bien, ne pas en avoir, c'est triste. Cet adage est vrai dans la vie réelle comme sur Facebook. Sans amis sur Facebook, vous êtes face à un écran vierge et ne pouvez communiquer qu'avec vous-même.

La philosophie de Facebook repose sur un postulat bien simple : vous avez des informations à partager avec tous vos amis et d'autres que vous préférez réserver à certains amis. Ainsi, si vous n'avez pas d'amis susceptibles de consulter votre profil, quel est l'intérêt de créer un compte Facebook? Les messages ne sont pas utiles s'ils n'ont pas de destinataires. Les photos sont faites pour être regardées, mais si l'accès est limité à certains amis, encore faut-il en avoir.

Toutefois, il est possible de créer un compte Facebook même si vous êtes seul(e) au monde. En effet, la publication de messages, de photos, de vidéos, *etc.*, peut être publique. *De facto*, toute personne disposant d'un compte Facebook peut y accéder. Or, Facebook analyse en permanence l'ensemble des données ainsi publiées et identifie les comptes qui y ont accès. Très vite, le réseau social ne manquera pas de vous suggérer, comme amis, des personnes que vous ne connaissez ni d'Eve ni d'Adam. Il suffira d'entrer en contact avec ces utilisateurs Facebook par des « likes », des « pokes » et autres messages privés pour commencer à vous constituer un nouveau réseau d'amis. Cette suggestion d'amis se fera également si, seul au monde, vous consultez des profils au petit bonheur la chance, des groupes, et si vous marquez un intérêt pour des événements.

Mais, sur Facebook, toutes les amitiés sont *réciproques*, ce qui signifie que si vous ajoutez quelqu'un en tant qu'ami, il doit confirmer cette amitié avant que chacun apparaisse sur les deux profils. Si quelqu'un vous ajoute comme ami, vous pouvez confirmer ou ignorer. Si vous confirmez : félicitations, vous avez un nouvel ami !

Maintenant que nous avons réussi à vous donner l'impression que vous n'avez pas d'amis, sachez qu'il n'y a aucune crainte à avoir, car il existe plusieurs façons de trouver ses amis sur Facebook. Si vos amis ne sont pas inscrits sur Facebook, invitez-les à vous rejoindre et proposez-leur d'être amis sur Facebook, comme dans la vraie vie.

Faire ami-ami sur Facebook

Un *ami Facebook* est comme un ami dans la vie (même si certains pensent que vous n'êtes pas de vrais amis si vous n'êtes pas amis Facebook... à moins que ce ne soit le contraire ?). Toutefois, il existe des différences subtiles entre vos amis réels et vos amis sur Facebook. Vous devez connaître les quelques spécificités de l'amitié version Facebook.

Le miroir de la réalité

Finalement, l'acception de l'amitié sur Facebook n'est pas si éloignée de celle que chacun peut en avoir dans la réalité. Ainsi, nous avons souvent tendance à qualifier d'amis de simples connaissances. En effet, les vrais amis, ceux qui seront présents quoi qu'il puisse vous arriver dans la vie, se comptent sur les cinq doigts de la main. Sur Facebook, c'est la même chose. Sauf exception, rencontre, puis établissement d'un lien intime fort, vos amis dans la vie seront aussi vos amis sur Facebook (ou pas car pareille amitié n'a guère besoin d'une validation par un réseau social quel qu'il soit). Donc, dans le déroulement de votre existence virtuelle, les amis Facebook seront avant tout des personnes que vous fréquentez, avec lesquelles vous voulez rester en contact, qui comptent pour vous et que vous voulez publiquement considérer comme des amis. Il ne s'agit pas uniquement de personnes que vous rencontrez *via* Facebook, mais bel et bien de personnes que vous connaissez, avec qui vous prenez le temps de discuter quand vous les croisez dans la rue ou que vous invitez à des soirées, dîners et autres événements.

Comme nous l'évoquions quelques lignes plus haut, dans la vie quotidienne, il y a beaucoup de nuances en amitié. Pensez aux différences entre une connaissance, un collègue de travail, un partenaire de loisirs, un ancien amour avec qui vous êtes resté ami et un meilleur ami. Dans le monde réel, ces nuances ne cessent de changer. Par exemple, imaginez que vous commenciez à appeler votre partenaire de loisirs pour qu'il vous conseille ou encore qu'il soit impossible que vous et votre ex restiez amis. Sur Facebook, toutes ces personnes sont vos amis.

Il existe plusieurs moyens de gérer ces différentes relations en utilisant les listes d'amis que nous aborderons plus tard dans ce chapitre. Généralement, toutes les amitiés sont créées de façon égale sur Facebook. Quand les gens consultent votre liste d'amis, ils voient une longue liste qui peut uniquement être triée par réseau et non en fonction de votre conception de l'amitié (*meilleurs amis* ou *trop dur de refuser une amitié*).

Un contact

Un ami Facebook est aussi un contact, c'est-à-dire que vous donnez à tous vos amis Facebook la possibilité de prendre contact avec vous. Dans la plupart des cas (en fonction de vos paramètres de confidentialité et des informations que vous décidez de partager), vous offrez également à vos amis un accès à d'autres informations comme votre numéro de téléphone, votre adresse postale et votre adresse e-mail.

En échange, vos amis deviennent vos contacts : vous pouvez les contacter *via* Facebook en plus d'un accès à leur numéro de téléphone, leur adresse postale et leur adresse e-mail.

Une question de confidentialité

Lorsque vous envoyez et confirmez une demande d'ami, gardez toujours en tête que vos amis ont, par défaut, accès à votre profil. Vous pouvez limiter cette visibilité du contenu que vous publiez à une poignée d'amis, mais la majorité des utilisateurs ouvrent leur profil à tous leurs amis, voire plus. Si votre profil est configuré ainsi et que vous acceptiez une demande d'amitié, cela signifie que vous fournissez à cet ami un accès à tous les éléments que vos amis peuvent voir.

Cela peut sembler effrayant, mais, finalement, n'en est-il pas de même dans la vie ? La seule différence est que dans le monde réel, ce processus se fait au fur et à mesure, tandis que sur Facebook, un seul clic suffit. Dans une certaine mesure, une simple connaissance devient une personne avec laquelle vous aimez passer du temps, dont vous prenez des nouvelles et que vous savez écouter. Cette intimité amicale revient à permettre à quelqu'un de consulter votre profil. De plus, c'est un moyen de dire à tout le monde : « Cette personne compte pour moi ! ».

Bon d'accord, ne nous leurrons pas non plus. Les demandes, donc les acceptations d'amitiés, sont aussi des actes de réciprocité. Si une personne, rencontrée dans une soirée et avec qui vous avez sympathisé dans un contexte particulier, vous demande comme ami Facebook le lendemain de cette discussion, il y a peu de chance que vous ne répondiez pas à cette demande. Sur Facebook, on ne veut pas froisser les gens. Nous verrons aussi que retirer une amitié, voire bloquer une personne, est aujourd'hui considéré comme un acte d'une extrême violence sociale sur le réseau. C'est de l'ordre de l'affront.

Une implication dans le fil d'actualité

Le *fil d'actualité* est une liste de nouvelles sur les actions que vos amis réalisent sur Facebook et sur d'autres sites. Imaginez le fil d'actualité comme un journal télévisé personnalisé. Plutôt que de vous informer sur ce qui se passe dans le monde, il vous informe sur ce qui se passe dans *votre* monde. Une nouvelle du fil d'actualité peut ressembler à « Paul a écrit sur le mur de Pierre. » ou « Gérard a été tagué sur une photo. » Toutes ces nouvelles sont associées au contenu correspondant, relatif à vos amis.

Quand vous ajoutez des personnes comme amis, les nouvelles qu'elles postent s'affichent automatiquement dans votre fil d'actualité. Ainsi, vous pouvez voir leur statut, le genre de photos qu'elles chargent, *etc.* Cependant, si vous n'êtes pas trop intéressé par cette personne (disons que vous venez de la rencontrer au travail et que vous ne vous souciez pas trop de savoir ce qu'elle fait au quotidien) ou si vous trouvez que ses publications n'ont pas grand intérêt, vous avez la possibilité de les masquer en vous désabonnant (nous traitons ce sujet au Chapitre 7).

Une implication en temps réel

Vous voudrez sans doute savoir ce que font vos amis en général, mais, pour certains, vous serez peut-être curieux de savoir ce qu'ils font *au moment* où ils le font. Si vous possédez un portable, vous pouvez être informé en temps réel de ce que vos meilleurs amis font aussi souvent qu'ils le souhaitent. Demandez au préalable à recevoir des notifications pour toute nouvelle activité émanant de l'ami en question : affichez son profil, cliquez sur le bouton Amis placé sur la photo de couverture. Dans le menu local qui s'ouvre, comme le montre la Figure 4.1, cliquez sur Recevoir des notifications.

Dès que vous avez créé cette amitié réciproque, vous êtes abonné au compte de la personne. Cela signifie que vous serez informé de toutes ses publications par une notification contenant la mise à jour du statut. Si vous utilisez Facebook sur un téléphone mobile ou une tablette numérique, la notification en question s'affichera sur votre écran d'accueil. Nous vous conseillons de réserver cette fonctionnalité à vos meilleurs amis qui actualisent généralement leur profil avec du contenu intéressant (sinon vous risquez de ne plus supporter l'incessante sonnerie de votre téléphone ou de votre tablette !).

FIGURE 4.1 : Recevoir les notifications d'un ami.

En fonction du niveau de confidentialité des comptes de vos amis, d'autres activités en temps réel pourront être divulguées dans le fil d'actualité ou directement sur leur profil. Par exemple, si une personne a utilisé son compte Facebook (c'est-à-dire la même adresse de messagerie) pour ouvrir un compte Deezer, vous pourrez savoir ce que cette personne a écouté et surtout quand elle l'a écouté. Facebook délateur ? Un peu quand même, mais il en va aussi de la responsabilité de ses utilisateurs. Bien entendu, la divulgation de ce type d'information peut être désactivée directement sur le site, Deezer dans notre hypothèse, qui divulgue ladite information. Toutefois, cette divulgation se fait par défaut lorsque vous créez un compte Deezer via votre compte Facebook.

Sur l'interface de Facebook, le nombre de notifications reçues s'affiche sur l'icône de la cloche en haut à gauche du bandeau bleu, comme à la Figure 4.2. Cliquez sur cette icône pour prendre connaissance du contenu de la notification.

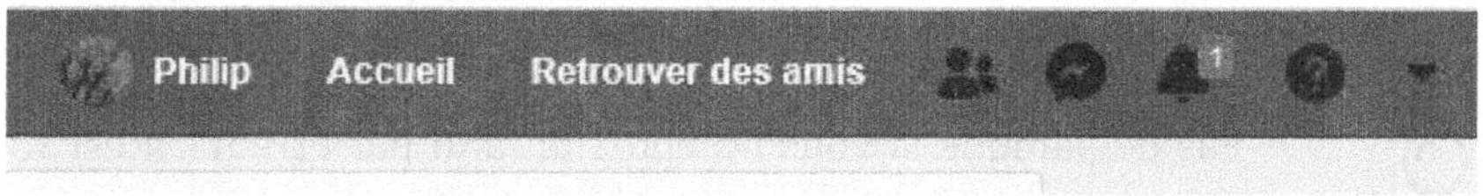

FIGURE 4.2 : Une notification vient d'arriver.

Une notification s'affiche temporairement en bas à droite de votre navigateur Web indiquant qu'un de vos amis a publié quelque chose. Cette notification n'est possible que si vous avez autorisé votre navigateur Web à l'afficher lorsqu'il vous en a demandé l'autorisation.

Peut-être voudrez-vous savoir ce que fait votre sœur, votre conjoint, votre meilleur(e) ami(e) ou votre collègue de travail en temps réel. Vous abonnez au statut de quelqu'un est un moyen de découvrir que vous vous trouvez au même endroit que la personne ou de poser une question comme « Qui veut dîner avec moi ce soir ? ».

Si vous changez d'avis sur la réception des mises à jour en temps réel, accédez au profil de la personne concernée, cliquez sur Amis, et décochez l'option Recevoir des notifications.

La philosophie des amitiés facebookiennes

Vous risquez d'entendre plusieurs versions sur les règles de Facebook. Peut-être vous dira-t-on qu'il est malpoli d'ignorer une demande d'ami. Ne portez aucune attention à ces fausses rumeurs. La vérité sur l'étiquette d'ami Facebook est ici.

Choisir ses amis intelligemment

En principe, vous envoyez et confirmez des demandes d'amitié aux personnes que vous connaissez. Si vous recevez une demande d'ami, un chiffre apparaît au niveau de l'icône des deux avatars placés l'un devant l'autre et située à droite du lien Retrouver des amis de votre compte Facebook. Cliquez sur cette icône pour identifier la ou les personnes qui vous sollicitent comme ami. Si vous ne connaissez pas la personne et que vous ne souhaitez pas devenir ami avec un(e) inconnu(e), cliquez sur le bouton Supprimer, comme à la Figure 4.3.

Lorsque vous placez le pointeur de la souris sur ce bouton, une info-bulle vous indique que la personne ne saura pas que vous avez refusé son invitation.

Pour toutes les raisons énumérées dans la section précédente (confidentialité, fil d'actualité et miroir de la réalité), n'acceptez personne comme ami s'il n'existe aucune relation entre vous. Souvenez-vous des conseils qu'on vous donnait pour bien choisir vos amis au lycée ! Ces principes restent d'actualité sur les réseaux sociaux. En acceptant une demande d'ami alors que vous ne devriez pas, vous risquez, au prochain virage, d'être éjecté d'une moto conduite par un certain Harley ! Faites-nous confiance, c'est exactement comme ça que ça va se passer.

Pas de panique si vous acceptez un ami par erreur ! Il est toujours possible de rompre ce lien voire de bloquer la personne en question. Dans ce cas, c'est comme si ni elle ni vous n'aviez de compte Facebook l'un pour l'autre. Nous verrons cela ultérieurement.

Vous constaterez également que, suite à une demande d'ami que vous recevez, Facebook propose une liste de personnes que vous pourriez connaître (comme le montre la partie inférieure de la Figure 4.3). Il puise cette liste parmi les amis de ce futur ami qui, d'après le paramétrage de leur compte, acceptent d'être suggérés aux amis des amis. (Oui, ça paraît un peu complexe de prime abord.) Pour envoyer une demande d'amis à des personnes de cette liste de suggestion, cliquez sur le bouton Ajouter. Si vous cliquez sur Supprimer, la personne ne vous sera plus proposée (du moins pendant un certain temps).

FIGURE 4.3 : Confirmer ou refuser une invitation d'un(e) inconnu(e).

Privilégier la qualité plutôt que la quantité

Une autre idée reçue sur Facebook consiste à penser que c'est la course à celui qui aura le plus d'amis. Si cela est vrai pour les ados en mal de popularité, c'est totalement faux pour les adultes matures que nous sommes. Entre le fil d'actualité et les implications en termes de confidentialité, tentez de limiter votre liste d'amis aux personnes qui vous importent vraiment. Le nombre de personnes qui comptent pour vous (y compris celles qui comptent plus et celles qui comptent un peu moins) peut être plus ou moins élevé. La moyenne avoisine 120 amis par utilisateur Facebook. Une personne avec 120 amis se soucie-t-elle de manière égale de tous ses amis ? Certainement pas. Cela signifie-t-il que cette personne est superficielle ? Non, cela signifie simplement que cette personne veut rester en contact avec toutes les personnes qu'elle a rencontrées au cours de sa vie. Tout changement de travail, d'école et de lieu de résidence privilégie la rencontre de nouveaux amis, sans pour autant oublier les anciens. Mais dans la vie réelle, avez-vous 120 amis avec qui vous communiquez régulièrement ? Probablement pas.

Faut-il absolument essayer d'avoir 120 amis ? Non, la mère de Carolyn profite pleinement de Facebook avec moins de 30 amis. Ce nombre lui permet de partager ses photos avec ses amis, de jouer à des jeux avec les personnes qu'elle connaît et d'avoir un fil d'actualité relativement actif. L'objectif est simplement de réunir tous les gens qui comptent. Que ce nombre soit faible ou élevé, l'important est qu'ils figurent dans la liste et que vous puissiez communiquer avec eux.

Sur Facebook, le nombre maximal d'amis est fixé à 5 000.

Trouver ses amis sur Facebook

Vous savez désormais à quel point les amis sont importants. Si vous vous sentez un peu seul, demandez à certaines personnes d'être vos amis. Comment faire ? Facebook est vaste et si vous cherchez simplement votre ami Jean, vous devrez préciser quelques détails supplémentaires. Facebook dispose de plusieurs outils qui vous suggèrent des profils de personnes que vous connaissez peut-être et souhaitez avoir comme amis, ainsi que d'une fonctionnalité de recherche par nom pour trouver des personnes spécifiques.

Ajoutez à cela que très rapidement, vos amis vous en suggéreront d'autres et que, dans sa bienveillance à ne pas vous laisser mourir dans l'abandon le plus complet, Facebook aussi ne manquera de vous dire « Connaissez-vous ? » suivi d'un trombinoscope quasi inépuisable. Facebook n'a jamais autant pris au pied de la lettre l'adage selon lequel « les amis de mes amis sont mes amis ».

Si seulement la fonction Retrouver des amis existait dans le monde réel !

Retrouver des amis est un outil qui associe les adresses e-mail de votre carnet d'adresses aux profils des utilisateurs Facebook. Comme chaque adresse e-mail correspond à un seul compte Facebook, vous pouvez faire confiance à ces associations pour trouver les bonnes personnes grâce à leur adresse e-mail.

Avec votre autorisation, Retrouver des amis invite aussi les personnes qui n'ont pas de compte Facebook associé à l'adresse e-mail contenue dans votre carnet d'adresses à rejoindre Facebook. Si elles s'inscrivent grâce à l'invitation que vous leur envoyez, elles reçoivent une demande d'ami de votre part.

Pour utiliser Retrouver des amis, vous devez spécifier votre adresse e-mail et votre mot de passe à Facebook. Facebook ne conserve pas ces informations, mais les utilise pour récupérer votre liste de contacts.

Il se peut que vous ayez croisé la fonction Retrouver des amis quand vous avez défini votre compte. Les étapes suivantes supposent que vous utilisez une adresse e-mail fondée sur le Web (Hotmail, Gmail, Yahoo! Mail, *etc.*), que vous n'avez pas utilisé Retrouver des amis récemment et que votre carnet d'adresses contient les adresses e-mail de vos amis. Plus tard dans ce chapitre, nous couvrirons d'autres options, comme l'utilisation d'un carnet d'adresses e-mail fondé sur un client de messagerie ou sur un numéro de téléphone. Voici comment utiliser Retrouver des amis :

1. **Accédez à votre compte Facebook.**
2. **Cliquez sur Retrouver des amis dans le bandeau supérieur bleu, ou dans la colonne à gauche lorsque vous affichez l'accueil.**

Si vous ne voyez pas la mention Retrouver des amis dans la colonne de gauche lorsque vous avez cliqué sur Accueil, cliquez sur le lien Afficher plus.

La Figure 4.4 représente la fonction Retrouver des amis.

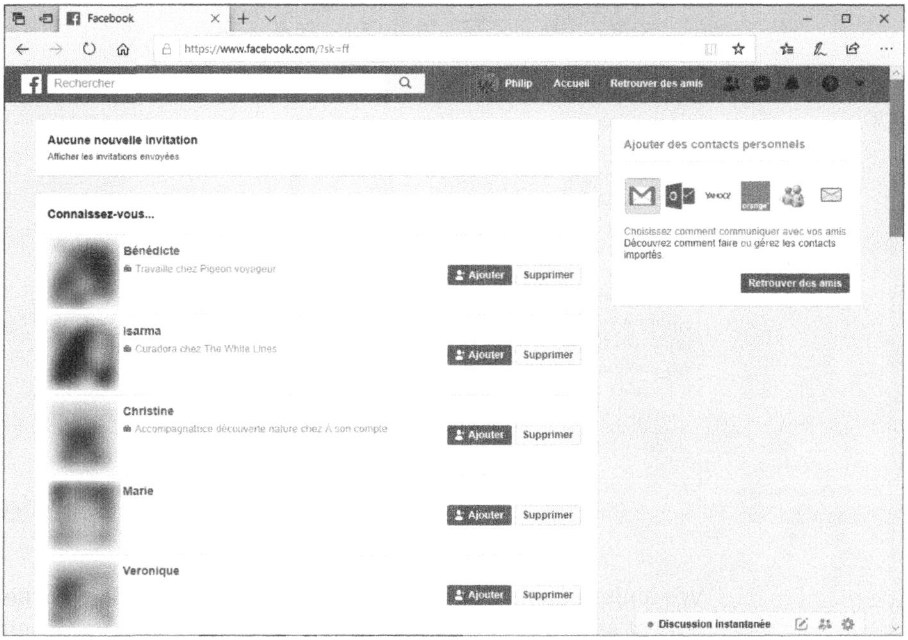

FIGURE 4.4 : Retrouver des amis.

Vous constatez la présence de plusieurs zones de recherche en fonction de la section affichée dans Facebook. Par conséquent, à un moment ou à un autre de votre vie *Facebookienne* vous rencontrerez les éléments suivants :

- *Répondre à la demande d'ajout à la liste d'amis :* N'apparaît que si vous avez reçu une demande d'ami. À vous d'y répondre ou non par l'affirmative.
- *Connaissez-vous :* Ici, Facebook propose (ou pas) une liste d'amis potentiels, c'est-à-dire de personnes que vous connaissez peut-être, car elles sont amies avec plusieurs autres de vos amis. Cliquez sur le bouton Ajouter des amis auxquels vous souhaitez envoyer une demande de contact.
- *Ajouter des contacts personnels :* Pour ajouter des personnes de votre carnet d'adresses, comme cela est expliqué dans la prochaine section.
- *Retrouver des amis :* Cliquez sur cette mention dans la barre de titre bleue de Facebook. Vous accédez alors à une liste de suggestions.

Vous pouvez rechercher un ami en particulier en tapant son nom dans le champ Rechercher en haut à gauche de la barre bleue de Facebook. Validez en appuyant sur la touche Entrée de votre clavier. Cliquez alors sur l'onglet Personnes comme sur la Figure 4.5.

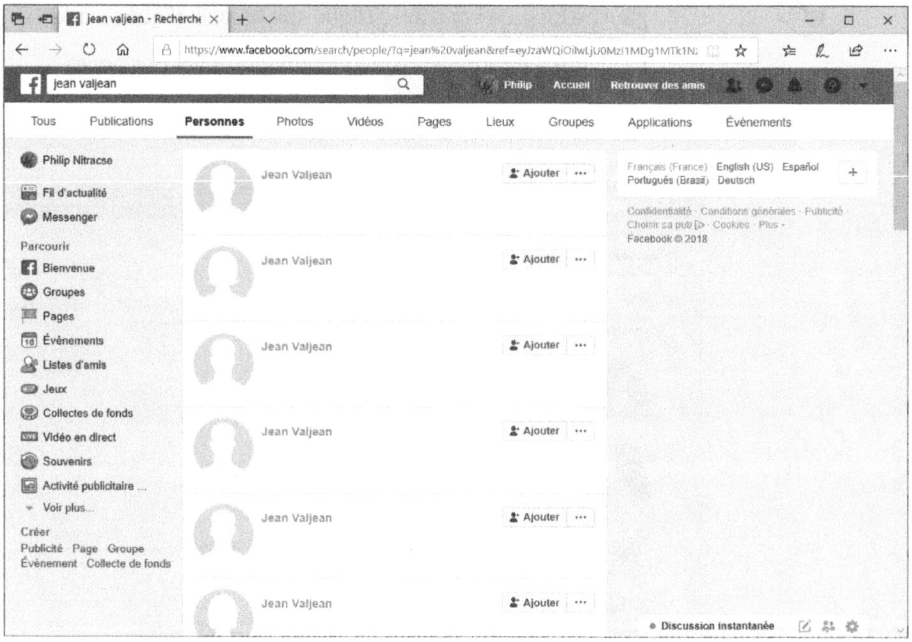

FIGURE 4.5 : Une recherche lancée sur un nom.

Vos amis doivent confirmer vos demandes avant que vous ne deveniez officiellement amis sur Facebook. Ainsi, vous ne pouvez pas consulter le profil de vos amis avant la confirmation.

N'oubliez pas, comme nous l'avons déjà mentionné, que certains profils sont dits « public » et permettent donc à n'importe qui de pouvoir les consulter. Tout ce qui est publié en mode « Public » est accessible à toute personne disposant d'un compte Facebook. Les options de confidentialité des publications permettent de définir le niveau de visibilité de chacune de vos publications. Nous y reviendrons ultérieurement.

Importer un carnet d'adresses

Si vous utilisez *un client de messagerie*, c'est-à-dire un programme de votre ordinateur qui gère vos e-mails (comme Courrier, Mail, ou encore un client tierce partie comme Thunderbird), créez un fichier contenant vos contacts et importez-le pour que Facebook puisse établir les correspondances. La création de votre fichier de contacts dépend du client de messagerie que vous utilisez. Voici comment obtenir les bonnes instructions :

1. **Ouvrez la page Retrouver des amis par un clic sur le bouton éponyme.**

   Retrouver des amis n'est pas affiché dans la barre bleue de Facebook ? En effet, en fonction de votre ancienneté sur Facebook et lorsque vous avez atteint un nombre d'amis conséquent et/ou créé des pages, le bouton Retrouver des amis est remplacé par Créer. Dans ce cas, cliquez sur l'onglet Amis à droite de l'onglet À propos directement sur votre profil. Dans le contenu qui apparaît, cliquez sur le bouton + Retrouver des amis, comme sur la Figure 4.6.

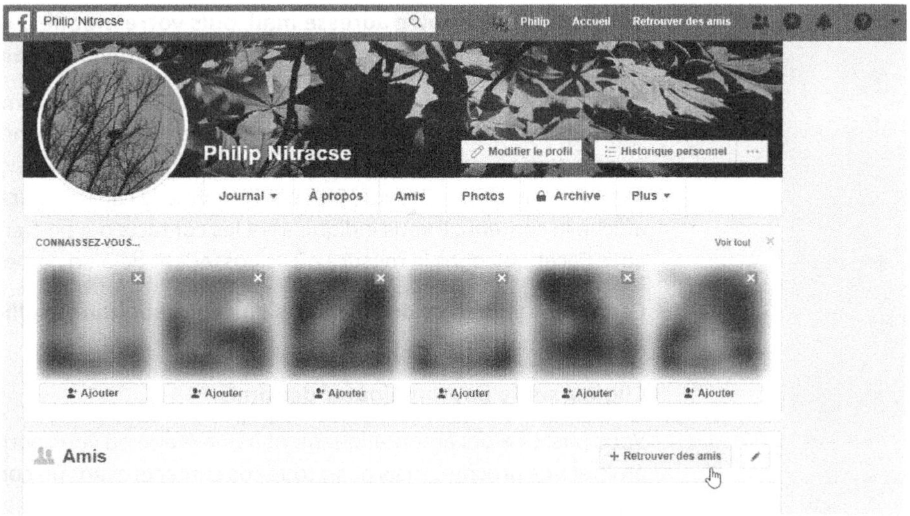

FIGURE 4.6 : Autre méthode pour retrouver des amis.

2. **Dans la section Ajouter des contacts personnels, cliquez sur votre service de messagerie, comme Outlook, Yahoo!, etc., comme le montre la Figure 4.7.**

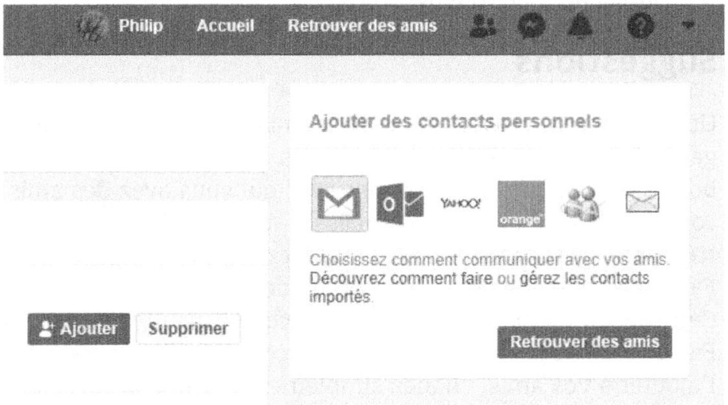

FIGURE 4.7 : Retrouver des amis par un compte de messagerie.

Le service de messagerie correspondant à l'adresse que vous avez indiquée lors de votre inscription sur Facebook est sélectionné par défaut s'il s'agit d'un compte Gmail, Outlook, Yahoo!, Orange, Live Messenger, et SFR. Dans ce cas, votre adresse apparaît dans le champ de saisie de l'adresse mail. Vous n'avez plus qu'à cliquer sur le bouton Retrouver des amis.

Si vous utilisez une adresse de messagerie non proposée par Facebook dans la section Ajouter des contacts personnels, cliquez sur l'icône de l'enveloppe appelée Autre service e-mail. (Pour voir ce nom, placez simplement le pointeur de la souris sur l'icône. Une info-bulle indiquera ce libellé.)

3. **Saisissez ensuite votre adresse mail, puis votre mot de passe d'accès à ce compte de messagerie. Enfin, cliquez sur Retrouver des amis.**

   Dans tous les cas de figure, Facebook se connecte à votre compte de messagerie. Il est possible qu'une nouvelle fenêtre de demande de connexion à votre compte mail apparaisse. Dans ce cas, saisissez votre adresse mail puis votre mot de passe. Ensuite, Facebook analyse le carnet d'adresses dont il affiche le contenu. Il vous indique ainsi les contacts qui peuvent devenir des amis Facebook dans la mesure où ils possèdent déjà un compte Facebook.

4. **Cochez les vignettes des contacts que vous souhaitez solliciter comme amis Facebook.**

5. **Cliquez sur le bouton Ajouter des amis.**

   Vous passez alors automatiquement à une étape où vous pouvez inviter vos amis et vos proches, mais aussi tous vos contacts ayant un compte Facebook à vous rejoindre sur ce réseau social.

6. **Inviter ou non des amis sur Facebook en cochant et décochant leur vignette, et cliquez sur Envoyer des invitations ou Ignorer.**

   Facebook vous bascule éventuellement dans une page de suggestions (si un membre de Facebook vous a suggéré des amis) et de réponse à des invitations que vous avez reçues.

Suggestions

Une fois que vous avez un ou deux amis, Facebook peut commencer à vous suggérer d'autres personnes susceptibles de devenir vos amis. Pour ce faire, Facebook s'appuie sur les personnes avec qui vous avez des amis ou des réseaux en commun. Dans la section Connaissez-vous de l'accueil ou de votre profil, illustrée dans la Figure 4.8, vous disposez d'une liste d'utilisateurs, proposée par Facebook, que vous êtes susceptible de connaître et de demander comme amis. Cette section apparaît aussi lorsque vous consultez le profil d'un utilisateur de Facebook. Si le nom d'une connaissance figure dans cette liste et que vous vouliez l'ajouter à vos amis, cliquez simplement sur le bouton Ajouter situé à droite du nom de la personne. En cas de doute, cliquez sur un nom ou une photo de profil pour rassembler plus d'informations et savoir si et comment vous connaissez cette personne. Vous serez alors plus apte à décider si vous voulez l'ajouter comme ami.

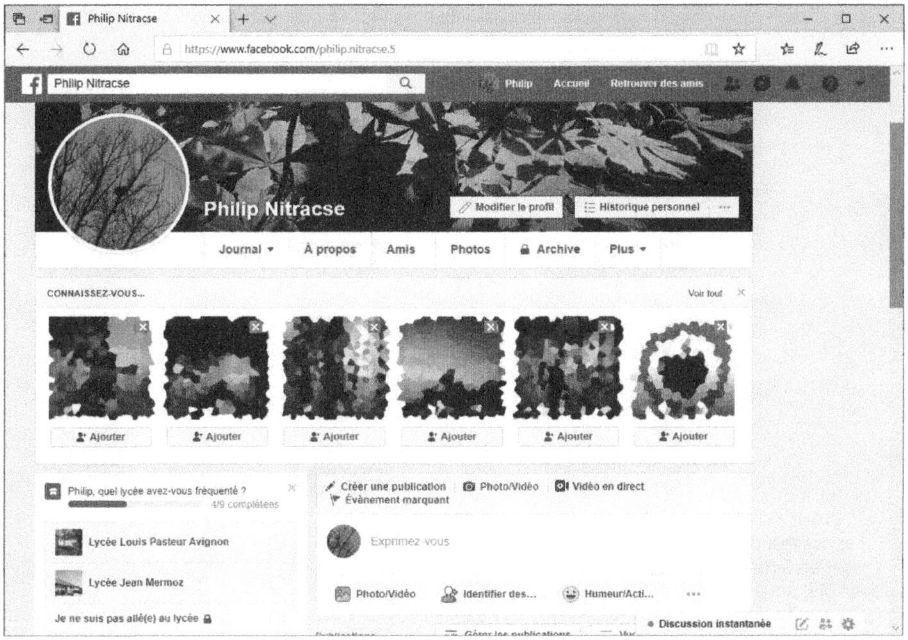

FIGURE 4.8 : Facebook propose des amis.

Si vous êtes sûr de ne pas connaître quelqu'un ou si vous connaissez quelqu'un, mais êtes sûr de ne pas vouloir être son ami sur Facebook, ignorez simplement la suggestion. Cela peut durer des heures d'étudier la liste des suggestions, donc assurez-vous d'avoir du temps et un fauteuil confortable avant de commencer.

Ces mêmes suggestions apparaissent dans le menu local du bouton d'accès aux demandes d'amis de la barre bleue de Facebook, comme le montre la Figure 4.9.

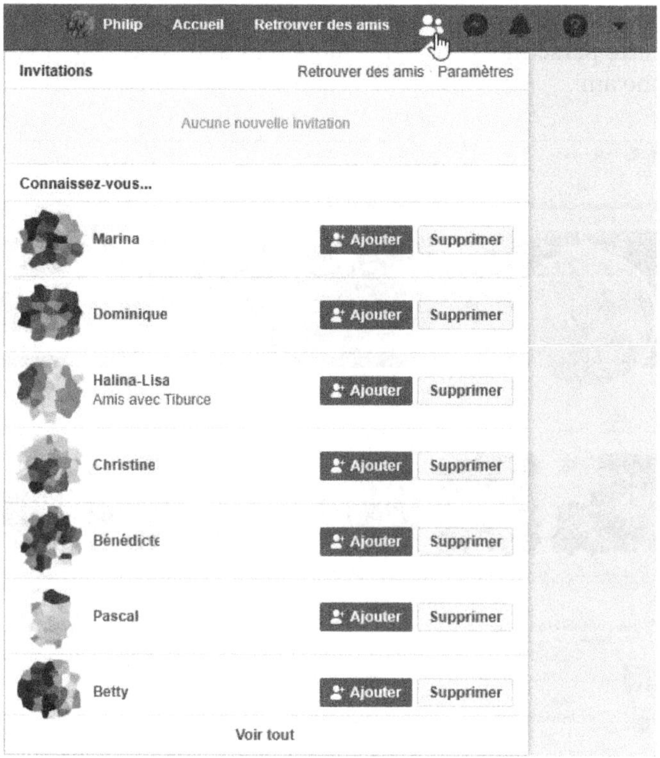

FIGURE 4.9 : Les suggestions sont également disponibles sous ce bouton.

Effectuer un suivi : gérer la liste d'amis

Après tout ce travail pour trouver et ajouter des amis, vous êtes peut-être épuisé et avez envie de jeter votre ordinateur par la fenêtre. Vous risquez de le regretter ! Optez pour une solution moins radicale et gardez votre liste d'amis sous contrôle.

Créer et appliquer des Listes d'amis

Les *Listes d'amis* (L majuscule) sont des sous-ensembles de votre longue liste d'amis (l minuscule). Vous suivez ? Les Listes d'amis sont un moyen de classer vos amis dans des listes pour faciliter l'utilisation de Facebook, et de le personnaliser conformément à vous et à vos catégories d'amis. La création de Listes d'amis vous permet de :

- Partager différents types d'informations avec différents groupes d'amis. Par exemple, vos meilleurs amis voudront certainement visualiser les photos de votre dernière soirée, tandis que votre famille sera plus intéressée par vos photos de mariage. L'utilisation de Listes d'amis pour assurer une certaine confidentialité est traitée au Chapitre 5.

- Consulter différentes informations de différents amis. Vous pouvez filtrer votre fil d'actualité en fonction de vos Listes d'amis. Certains utilisateurs créent des Listes d'amis qui correspondent aux endroits où ils ont vécu. De cette manière, leurs amis de Paris sont dans une liste, ceux de Marseille dans une autre et ceux de Bordeaux dans une troisième liste. Ainsi, quand ils lisent leur fil d'actualité, ils voient d'abord ce qui se passe à Paris, puis à Lyon et enfin à Bordeaux.
- Communiquer avec les mêmes groupes de personnes. Les Listes d'amis peuvent être utilisées dans la boîte de réception. Disons que vous invitez toujours le même groupe de personnes pour faire du vélo. Ajoutez-les tous dans une Liste d'amis pour pouvoir simplement envoyer des messages à tout le groupe plutôt que de taper les noms à chaque fois. Pour envoyer un message à une Liste d'amis, entrez simplement le nom de la liste dans le champ À où vous saisissez habituellement un nom.
- Au Chapitre 9, nous abordons l'utilisation de Listes d'amis dans la discussion instantanée. Elle vous permet d'être en ligne ou hors ligne pour différents groupes de personnes ou de cibler facilement un groupe d'amis spécifique actuellement en ligne si vous cherchez à fixer une date pour un dîner ou êtes à la recherche de personnes pour un covoiturage.

Les options permettant de créer des Listes d'amis sont virtuellement sans limites. Chaque liste peut compter plus de 1500 amis, chaque ami peut figurer sur plus d'une liste, et vous pouvez créer jusqu'à 100 Listes d'amis. Vos listes peuvent être associées à des loisirs (sortie entre filles), à des besoins du monde réel (famille) ou à des nécessités professionnelles (collègues de travail).

Respectez ces étapes pour créer une Liste d'amis :

1. **Affichez la page d'accueil de votre compte Facebook par un clic sur le bouton Accueil.**
2. **Dans la colonne de gauche, cliquez sur Listes d'amis.**

   Vous accédez à une interface de gestion de vos amis comme sur la Figure 4.10.

   Si Listes d'amis n'est pas visible dans cette partie gauche de l'interface, cliquez sur le lien Voir plus.
3. **Cliquez sur le bouton Créer une liste.**
4. **Dans la boîte de dialogue qui s'ouvre, tapez le nom de votre liste.**

   Peut-être *Les Nuls* pour l'équipe des Nuls.

FIGURE 4.10 : Pour créer des listes d'amis.

5. **Choisissez les personnes que vous voulez intégrer dans cette liste (Figure 4.11).**

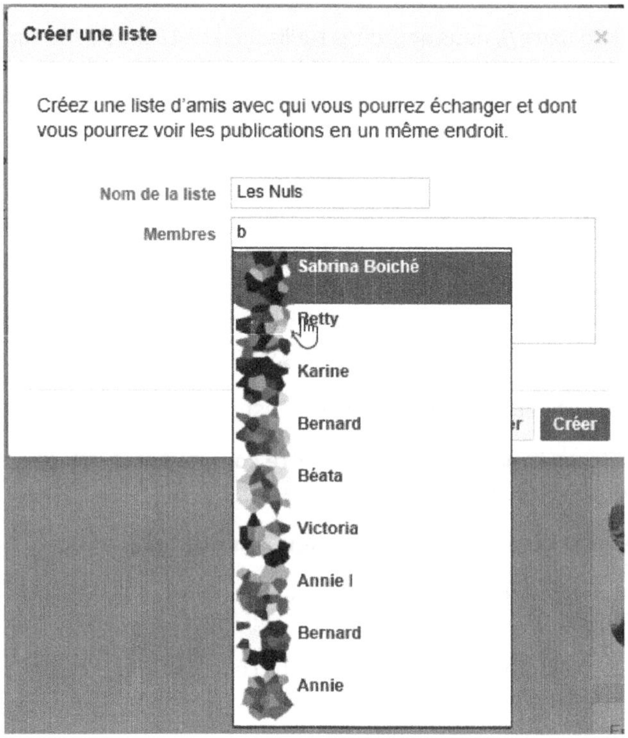

FIGURE 4.11 : Création d'une liste en cours.

Commencez à saisir un nom dans la zone Membres, et cliquez sur les photos de profils qui s'affichent sous forme de liste de suggestions.

6. **Cliquez sur Créer.**

Désormais, partout où les Listes d'amis s'affichent sur Facebook, y compris là où vous définissez la confidentialité, dans le fil d'actualité, la discussion instantanée, la boîte de réception et la page Amis, vous avez accès à la nouvelle liste que vous venez de créer.

À tout moment, vous avez la possibilité de modifier le nom ou les membres d'une liste. Pour cela, cliquez sur le bouton Accueil de la barre de titre bleue de Facebook. Ensuite, dans la section Parcourir de la partie gauche de votre page d'accueil, cliquez sur la mention Listes d'amis. Toutes les listes d'amis apparaissent dans la partie centrale de Facebook. Cliquez sur le nom de la liste à gérer. Son contenu apparaît alors dans la partie supérieure de la section centrale. Cliquez sur le bouton Gérer la liste. Dans le menu local qui s'affiche (Figure 4.12), vous pouvez : Renommer la liste, Modifier la liste, ou Supprimer la liste.

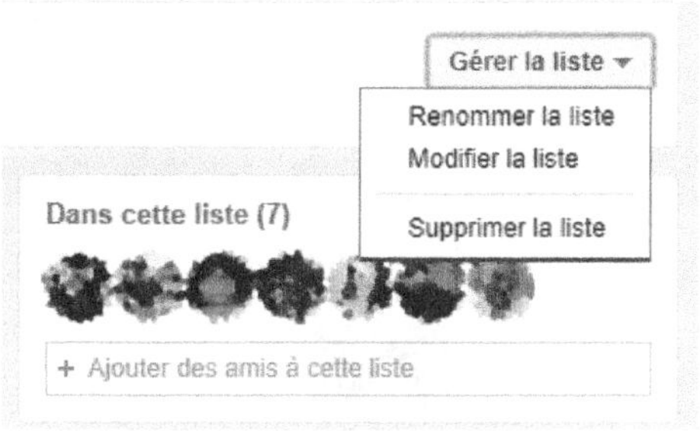

FIGURE 4.12 : Gérer des listes d'amis.

Les Listes d'amis sont privées. Donc, si la liste à laquelle vous envoyez un message est nommée *Collègues ennuyeux*, tout ce que vos collègues ennuyeux voient est une liste de noms.

Vous pouvez créer la liste sans y ajouter immédiatement des noms. Pour y procéder par la suite, il vous suffit d'accéder à cette liste exactement comme quand vous l'avez créée. Parmi les éléments qui s'affichent dans la colonne centrale de Facebook, cliquez sur le nom de votre liste. La liste est vide. Cliquez alors sur le bouton Ajouter des amis à la liste. Choisissez-les dans le trombinoscope qui apparaît.

Pour supprimer rapidement une liste, cliquez sur Listes d'amis dans la section Parcourir de l'Accueil. Ensuite, placez le pointeur de la souris sur la liste à supprimer. Cliquez sur l'icône de l'engrenage qui apparaît et, dans le menu local, choisissez Supprimer la liste. Dans le message de confirmation qui apparaît, cliquez sur le bouton Supprimer la liste.

Grand nettoyage de printemps

Quelquefois, l'absence de Listes d'amis peut cacher le fait que vous avez trop d'amis dont vous ne vous souciez plus. Ce n'est pas de votre faute. Après tout, vous n'y pouvez rien si vous êtes si populaire ! Si ces amis envahissent trop votre espace Facebook, il est temps de faire le ménage.

Non, faire le ménage ne signifie pas attendre que le nombre de vos amis fonde comme neige au soleil. Au contraire, il s'agit là d'analyser votre longue liste d'amis et de faire le tri. Les règles qui s'imposent en matière de ménage sont semblables à celles du nettoyage de printemps : jeter tout ce que vous n'avez pas utilisé depuis un an ! Si vous n'avez pas pensé à un ami pendant plusieurs années ou si vous ne vous souvenez plus pourquoi vous avez accepté la demande d'un ami, supprimez cette personne de votre liste d'amis. Quand vous visualisez l'onglet Amis de votre profil, un bouton Amis est affiché à droite du nom de chaque personne. Cliquez dessus et, dans le menu local qui apparaît, sélectionnez Retirer de la liste d'amis pour supprimer cet ami, comme le montre la Figure 4.13. C'est tout !

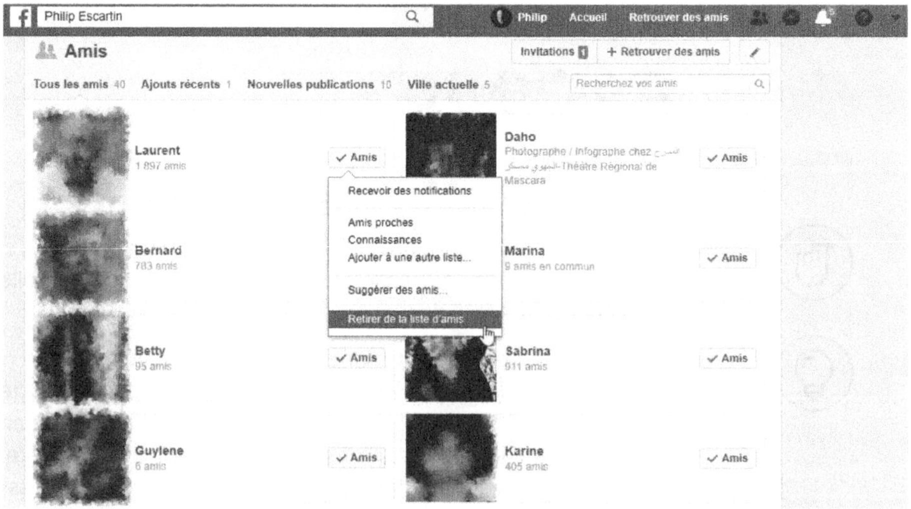

FIGURE 4.13 : Séparez-vous d'amis qui n'en sont pas vraiment.

Ne vous inquiétez pas : vos amis ne sauront jamais qu'ils ne figurent plus dans votre liste d'amis. De plus, si vous ne les avez pas contactés depuis plusieurs mois, il y a de fortes chances pour qu'ils ne le remarquent même pas. Vous disparaissez simplement de leur liste d'amis (et eux de la vôtre), et chacun continue gaiement sa route !

Chapitre 5

Confidentialité et sécurité sur Facebook

DANS CE CHAPITRE :

- **Découvrir les options de confidentialité sur Facebook.**
- **Se protéger en ligne et sur Facebook.**
- **Partager quoi et quand ?**

Vous allez entendre ou avez entendu d'horribles histoires sur Internet en général et les réseaux sociaux en particulier. La plupart impliquent des adolescents et des prédateurs, du harcèlement, certaines incluent des usurpations d'identité, d'autres des problèmes moins salaces (mais non moins réels) comme du spamming et des virus. Malheureusement, il ne s'agit pas de légendes urbaines. Heureusement, Facebook possède l'un des systèmes de confidentialité les plus coriaces du Net, vous permettant de cibler le partage de vos informations.

Facebook a créé un environnement sûr qui offre trois avantages :

- **En principe, les gens créent de vrais comptes pour eux-mêmes et sont vraiment ceux qu'ils prétendent être sur Facebook.** Cela signifie que la communauté respecte une norme de sécurité. En effet, se sécuriser les uns les autres est un gage d'honnêteté. Quand des personnes vous demandent de visualiser leurs webcasts ou de cliquer sur un lien mystérieux, ces actions sont signalées par la communauté et les fautifs sont supprimés de Facebook. Cela signifie aussi qu'il est facile de prévenir les vrais utilisateurs de l'existence d'une fausse personne, du détournement d'un compte, et de faire des choix raisonnés concernant ceux avec qui vous interagissez en ligne.

- **Facebook propose des contrôles de confidentialité efficaces pour chaque information que vous publiez sur le site.** Nous les étudions en détail dans ce chapitre. Avant d'en arriver là, nous vous offrons un aperçu de ce qu'est la confidentialité et de l'approche qu'en a Facebook.
- **Facebook vous permet de contrôler la façon dont les personnes autorisées voient votre profil.** Ainsi, vous pouvez vérifier facilement si vous partagez les informations souhaitées avec le bon groupe de personnes.

Les avantages de la confidentialité

Placarderiez-vous votre numéro de téléphone en public ? Certainement pas. Le donneriez-vous à vos amis pour rester en contact ? Sans aucun doute. Facebook estime que plus nous contrôlons nos données, plus nous souhaitons les partager. Si nous sommes sûrs que notre numéro de téléphone sera uniquement visible des personnes à qui nous voulons le communiquer, alors nous n'hésitons pas à le poster sur Facebook. L'avantage de la confidentialité est que plus nous partageons, meilleur est l'échange d'informations entre nous et nos amis. Ainsi, si nous partageons plus d'informations, nos amis en partageront plus aussi. En tant qu'individus, nous avons l'avantage que certaines personnes voient nos données et d'autres non. Nos amis sont aussi gagnants dans l'histoire, car ils ont accès à plus d'informations sur nous. Si nos amis voient que nous partageons et en font de même, nous bénéficions d'un avantage supplémentaire puisque nous avons accès à plus d'informations les concernant et ainsi de suite.

Sachant cela, une utilisation intelligente des options de confidentialité est le meilleur moyen pour partager les bonnes informations avec les bonnes personnes. C'est aussi le meilleur moyen pour ne pas divulguer des informations personnelles aux mauvaises personnes. Grâce à ce contrôle, Facebook se transforme en un espace dans lequel vous pouvez partager des informations très privées qui ne se limitent pas à un simple numéro de téléphone, mais peuvent aller bien au-delà. De cette manière, Facebook est un site sûr, grâce auquel vous pouvez partager votre vie, comme vous le faites dans la réalité.

Évaluer votre auditoire

Avant de nous plonger dans les entrailles des contrôles de confidentialité propres à chaque type d'information, nous voulons d'abord vous expliquer comment Facebook vous encourage à bien réfléchir à votre auditoire. Après avoir défini le groupe d'amis autorisé à consulter un certain type de contenu, vous pouvez étudier les options de confidentialité et les configurer pour chaque élément et pour chaque ami si vous le jugez nécessaire.

Pour la plupart des informations, vous disposez de trois ou quatre options pour le public avec qui vous voulez partager le contenu, en plus d'une option « personnalisée ».

Vous pouvez accéder aux options de confidentialité de deux manières :

» **Cliquez sur l'icône du point d'interrogation située sur le côté droit du bandeau bleu.** Comme le montre la Figure 5.1, le menu local affiche un accès à une assistance de confidentialité qui s'intéresse aux trois éléments de protection les plus importants, c'est-à-dire la définition de votre politique de confidentialité par défaut qui s'appliquera ainsi à toutes vos publications (mais que vous pourrez modifier au coup par coup, c'est-à-dire pour chacune de vos publications) ; le filtrage des personnes qui peuvent vous contacter ; et enfin, les personnes que vous souhaitez bloquer (une personne bloquée n'a plus accès à votre compte Facebook). Pour accéder aux autres options de confidentialité, cliquez sur Raccourcis de confidentialité, puis éventuellement sur Voir d'autres paramètres de confidentialité.

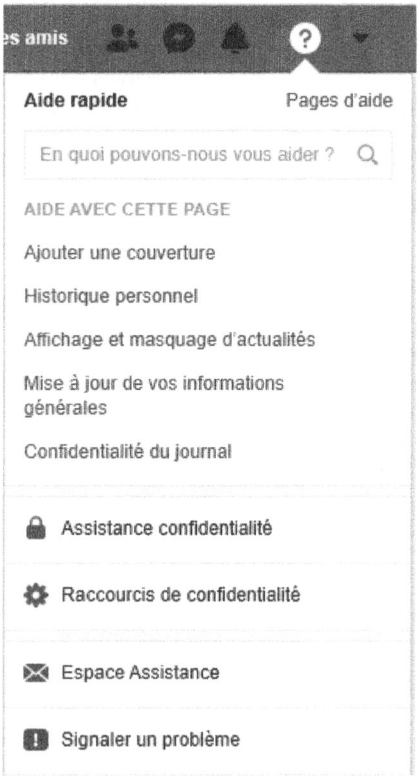

FIGURE 5.1 : Pour vous aider à comprendre la confidentialité de votre compte et de vos publications.

» **Cliquez sur l'icône du triangle située sur le bord droit du bandeau.** Dans le menu local qui apparaît, choisissez Paramètres. Dans la colonne de gauche de la page des paramètres, cliquez sur Confidentialité. Ensuite, dans la section Votre activité, localisez Qui peut voir vos futures publications ? et cliquez sur Modifier (à droite). Ouvrez le seul menu local disponible pour afficher les options de confidentialité de vos publications, comme le montre la Figure 5.2.

Ces options sont les suivantes :

» **Public (Tout le monde sur et en dehors de Facebook) :** Lorsque vous autorisez tout le monde à visualiser un élément que vous postez, vous acceptez que toute personne possédant un compte Facebook soit au courant de cette information vous concernant. Certains utilisateurs de ce réseau social indiquent quels sont leurs groupes musicaux préférés et puisqu'elles souhaitent crier cette information avec un mégaphone, elles choisissent une confidentialité Public. Cette configuration n'a rien d'étonnant pour une information aussi banale. De même, un avis sur un restaurant dans votre statut peut aussi adopter le paramètre Public. En revanche, pour certains types d'informations, nous (et Facebook) *vous recommandons de ne pas* les partager avec tout le monde. Continuez votre lecture pour en savoir plus.

- **Amis :** Les informations pour lesquelles vous configurez l'option Amis sont visibles par vos amis Facebook confirmés. Si vous avez confiance en vos amis, ce paramètre est relativement sûr pour la plupart de vos informations. Si vous ne souhaitez pas partager vos informations avec vos « amis », nous vous suggérons de revoir votre liste d'amis avant de choisir les informations que vous voulez partager.
- **Amis sauf :** Permet d'indiquer les amis pour qui vos publications resteront invisibles.

FIGURE 5.2 : Les options de confidentialité de vos publications.

Pour accéder à d'autres options, cliquez sur Plus :

- **Amis spécifiques :** permet de limiter la publication à un(e) ami(e) particulière ou à une liste d'amis.
- **Moi uniquement :** Avec cette option, vous seul pouvez visualiser les informations que vous avez publiées, à condition bien sûr que vous vous soyez identifié sur Facebook avec votre nom d'utilisateur et votre mot de passe. Ce réglage est à utiliser avec parcimonie ou juste pour certaines informations que vous ne publiez que pour vous-même, car à quoi bon rejoindre un réseau social comme Facebook si personne ne peut accéder à vos informations ?

Et ce n'est pas tout ! Vous en voulez davantage ? Eh bien, cliquez sur Voir tout :

» **Personnalisé :** Permet de définir les amis qui verront ou ne verront pas vos publications. Là aussi, vous pourrez définir ultérieurement ces options au coup par coup.

Facebook prend très au sérieux la confidentialité des réseaux. Il est très difficile pour ceux qui n'appartiennent pas officiellement à un réseau étudiant ou professionnel d'y adhérer. C'est pourquoi beaucoup d'utilisateurs estiment que l'option de confidentialité réservée aux amis et au réseau est un équilibre idéal entre partager des informations avec leurs amis et un public plus large. Toutefois, les membres de votre réseau ne sont pas forcément vos amis, mais il y a de fortes chances pour que ce soient des personnes de confiance. Si vous faites confiance à vos collègues ou vos camarades de classe en plus de vos amis, vous pouvez choisir de partager des informations plus personnelles comme votre adresse e-mail, votre adresse postale ou votre numéro de téléphone. Beaucoup d'étudiants partagent leur numéro de téléphone avec toute leur école pour qu'ils puissent se joindre facilement et s'entraider, par exemple. Les employés Facebook hésitent à partager leur numéro de téléphone privé avec un large public au cas où un étranger l'utiliserait plutôt que de s'adresser au support client. En revanche, ils partagent volontiers leur numéro de téléphone avec les membres du réseau de l'entreprise Facebook, car cela facilite leur travail.

Confidentialité personnalisée

Dans le monde réel, toutes les relations ne sont pas égales. Vous partagez différentes informations avec vos amis et avec vos collègues. Les photos que vous montrez à vos amis les plus proches ne sont certainement pas celles que vous exposez sur le réfrigérateur. C'est pourquoi l'option Personnalisé vous permet d'autoriser et d'empêcher des personnes ou listes d'amis de voir certains éléments de votre profil et de votre contenu. Bien que vous puissiez définir un niveau de confidentialité Personnalisé par défaut, la plupart du temps, vous partagerez systématiquement vos publications avec vos amis. Seules quelques-unes d'entre elles ne seront visibles ou invisibles que par certains de vos contacts.

Pour appliquer une confidentialité personnalisée à une publication, ouvrez le menu local de confidentialité aussi bien pour une publication réalisée dans le Fil d'actualité que pour une story. Dans le menu local qui apparaît, choisissez Plus, puis Voir tout, et cliquez sur Personnalisé, comme sur la Figure 5.3. La boîte de dialogue Confidentialité personnalisée apparaît, comme à la Figure 5.4.

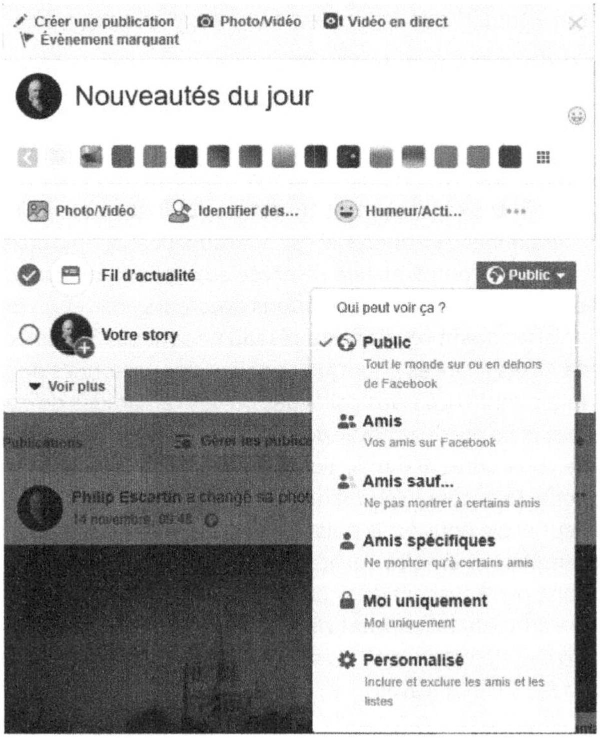

FIGURE 5.3 : Pour choisir la confidentialité d'une publication spécifique.

Vous disposez des possibilités suivantes :

- **Limitez la visibilité d'un contenu à tous vos amis et à leurs amis.** Si vous vous sentez prêt à partager vos informations avec juste vos amis, voire avec eux et leurs amis Facebook, ouvrez la boîte de dialogue Confidentialité personnalisée et sélectionnez Amis ou Amis et leurs amis. Pour que cette seconde option apparaisse il suffit de cliquer dans le champ Ces personnes ou listes de la section Ouvrir à.
- **Ouvrir à une liste d'amis ou à certaines personnes.** Pour partager une information avec seulement les membres d'une liste d'amis (à condition que vous ayez créé une telle liste ; si ce n'est pas encore fait, reportez-vous au Chapitre 4) et d'autres amis que vous voulez choisir individuellement, ouvrez le premier menu déroulant de la boîte de dialogue Confidentialité personnalisée. Ensuite, cliquez sur l'icône X de Amis affichée dans Ces personnes ou listes. Ensuite, tapez le nom de la liste d'amis ou celui de chacun des amis auxquels vous donnez accès à vos informations.
- **Ne pas autoriser.** À l'inverse, il n'est pas rare de vouloir partager une information avec la majorité de ses amis et de vouloir la cacher à quelques autres. Beaucoup d'utilisateurs possèdent une liste d'amis « proches » et une liste « connaissances » qui contient les personnes qu'ils ont rencontrées, mais

dont ils ne sont pas assez proches pour les inviter chez eux, par exemple. Après avoir créé une telle liste, vous pouvez annoncer la tenue d'une soirée sur votre profil et définir l'option Amis pour sa visibilité. Ensuite, dans la zone Ne pas autoriser, entrez le nom de la liste des personnes à exclure. Vous pouvez aussi exclure individuellement des personnes en spécifiant leur nom. Cette fonctionnalité est très pratique si vous projetez de faire une surprise à un ami.

Dans le menu local des options de confidentialité, choisissez Moi uniquement pour n'autoriser personne d'autre que vous-même à accéder à vos informations et publications. Pourquoi faire ce choix? Pour utiliser Facebook comme un journal intime, ou bien encore pour réfléchir avant de publier un message et/ou des photos ou des vidéos.

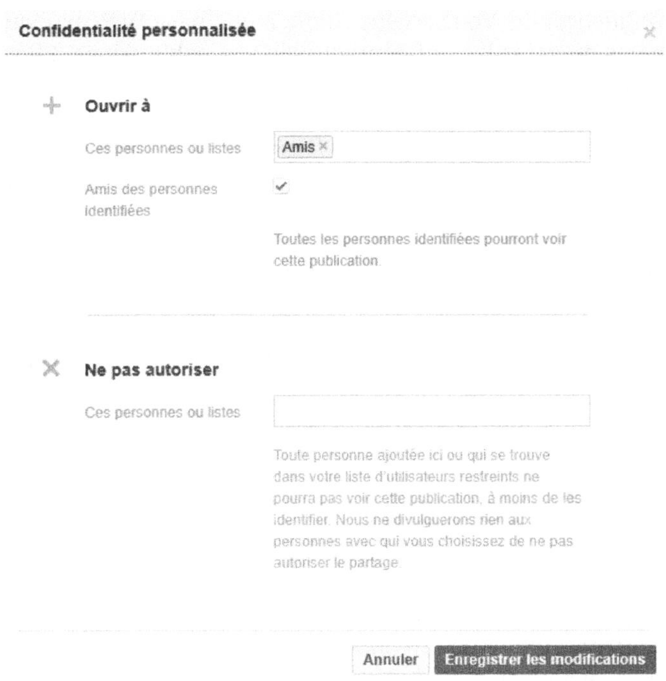

FIGURE 5.4 : Personnalisez la confidentialité en choisissant qui peut ou ne peut pas lire votre publication.

Connaître vos options de confidentialité

Comme nous l'avons déjà précisé, la priorité pour Facebook est de vous donner un contrôle total sur toutes les informations que vous partagez. Ce principe est absolument formidable, mais il a un inconvénient : les paramètres de confidentialité Facebook sont très nombreux et exigent du temps avant de pouvoir les maîtriser et les utiliser. La bonne nouvelle est que les paramètres de confidentialité par défaut offrent un niveau de visibilité qui convient à beaucoup d'utilisateurs. Si vous avez des exigences particulières pour le partage, ou besoin d'un niveau de confidentialité élevé pour le partage d'un certain type de contenu, lisez ce chapitre avec attention et assurez-vous d'être à l'aise avec le sujet avant de mettre des informations personnelles sur Facebook.

Tout ce qu'il faut savoir concernant la confidentialité sur Facebook se concentre à un endroit. Cliquez sur le lien Confidentialité dans la partie inférieure de la colonne de droite de la page d'accueil de Facebook. La page Politique d'utilisation des données s'affiche. Si vous avez la flemme de lire toutes les rubriques de cette page, contentez-vous de cliquer sur l'icône du point d'interrogation à droite de la barre bleue de Facebook. Dans le menu local, choisissez Raccourcis de confidentialité. Vous accédez alors à une page Web expliquant les différentes manières de gérer la confidentialité de vos publications. Cliquez sur la rubrique correspondant aux informations que vous souhaitez obtenir sur ce sujet.

Après la lecture de ce chapitre, vous serez équipé pour utiliser la confidentialité de Facebook. Toutefois, quand vous serez plus expérimenté, vous découvrirez que les différents paramètres de confidentialité sont plus ou moins pertinents. Au début, beaucoup d'utilisateurs y sont hermétiques, mais dès qu'ils découvrent l'utilité des différents types de partage, ils commencent à s'y intéresser. Ainsi, si votre rapport avec vos paramètres de confidentialité change, vous aurez besoin d'un rappel sur leur fonctionnement. Dans ce cas, vous serez bien content de rouvrir ce livre et de lire ce chapitre, même s'il reste possible de cliquer sur le lien Confidentialité dans la partie inférieure droite de la page d'accueil de Facebook pour une présentation détaillée de tous les sujets abordés ici.

Prise de contact

Certaines informations sont visibles par tous, car elles sont essentielles pour aider les gens à vous trouver et à prendre contact avec vous sur Facebook. Elles incluent notamment votre nom, votre photo de profil, et votre sexe et vos réseaux. Le nom et la photo permettent à vos amis de vous trouver et de communiquer avec vous. Sans photo de profil visible, la recherche de personnes avec un nom très courant est une tâche très laborieuse, car vous n'avez aucun moyen de vérifier si Jean Dupond est bien celui que vous connaissez. Il est aussi intéressant, quand vous consultez le mur d'un ami ou la liste des événements auxquels il a répondu, de voir le visage des personnes concernées. Sans photo, c'est comme assister à une soirée où tous les convives portent un sac sur la tête.

Enfin, les réseaux sont toujours publics, à cette restriction près que pour consulter un compte ou une page Facebook, vous devez posséder vous aussi un compte.

Voilà quelques-unes des nombreuses questions auxquelles Facebook vous encourage à répondre pour aider vos amis à vous trouver et à se connecter avec vous. D'autres questions, regroupées sur la page Paramètres et outils de confidentialité (accessible *via* l'icône du triangle de la barre bleue, de l'option Paramètres puis la rubrique Confidentialité sur la gauche) permettent de limiter ou non vos rapports directs et indirects avec les autres utilisateurs. Voici les plus importantes :

- **Qui peut voir vos futures publications ?** À vous de décider si vous souhaitez ou non que vos publications soient accessibles à tout le monde, à tous vos amis et éventuellement à leurs amis, à des amis triés sur le volet, voire à personne.
- **Qui peut vous envoyer des invitations à devenir amis ?** Les paramètres de cette section permettent de limiter les invitations d'amitié qui peuvent vous être adressées. Vous avez le choix entre Tout le monde ou Amis et leurs amis. Cette section permet de filtrer les messages de votre boîte de réception. Vous avez le choix entre un filtrage de base et un filtrage strict.
- **Qui peut voir ma liste d'amis ?** Avec cette option, vous pouvez assurer la confidentialité de vos amis. Ainsi, toute personne consultant votre compte ne saura pas qui sont vos amis. Cela limitera également de proposer vos amis comme amis à d'autres de vos amis Facebook.

Vous avez également la possibilité de ne pas porter votre adresse mail et votre numéro de téléphone à la connaissance des autres utilisateurs. Vous pouvez également interdire les moteurs de recherche de répertorier votre compte. Toutes ces possibilités sont regroupées dans la page Paramètres et outils de confidentialité.

Applications et sites Web

La grande richesse de Facebook est la possibilité de déplacer votre identité Facebook et vos relations amicales ailleurs sur Internet, sans devoir recréer vos relations ou ressaisir vos informations dans le nouveau site Web. Par exemple, si vous repérez un restaurant sur Yelp.fr, vos amis Facebook en sont informés quand ils visitent Yelp.fr. Dans le présent chapitre, nous vous expliquons simplement le contrôle que vous avez sur vos informations quand vous utilisez des sites Web en collaboration avec Facebook.

Cliquez sur l'icône du triangle, puis sur Paramètres, et enfin la rubrique Applications. La page Paramètres des applications (illustrée à la Figure 5.5) s'affiche, avec cinq paramètres :

- **Connecté avec Facebook :** Cette section est vide si vous êtes un nouvel utilisateur Facebook. Elle liste tous les sites Web et applications auxquels vous avez associé votre profil Facebook. Si vous n'êtes pas à l'aise avec l'idée qu'un site ou une application utilise vos informations, supprimez-les simplement. Pour cela, cliquez sur la petite croix qui apparaît à droite d'un site ou d'une application lorsque vous placez le pointeur de la souris sur le nom de l'élément. Dans la boîte de dialogue qui s'ouvre, cochez la case Supprimer toute votre activité dans *[l'application]* sur Facebook et cliquez sur Supprimer.

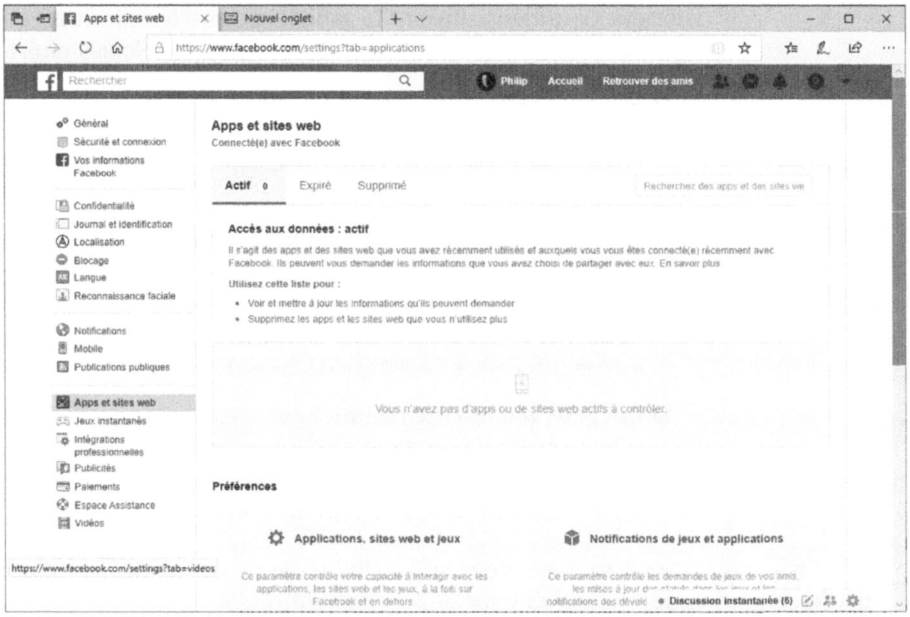

FIGURE 5.5 : Gérez les informations que vous partagez avec des applications et des sites Web.

- **Applications, sites Web et jeux :** La manière la plus simple de résumer la personnalisation instantanée est que Facebook a des accords avec des sites Web partenaires et leur donne accès aux informations que vous acceptez de partager avec tous. Ces sites Web peuvent alors utiliser ces informations pour personnaliser votre visite. Plutôt que de l'expliquer, nous vous indiquons simplement que c'est ici que vous pouvez désactiver cette fonction qui est active par défaut.
- **Notifications des jeux et applications :** Ce paramètre contrôle les requêtes des jeux et des amis, ainsi que les notifications d'application. Pour ne plus en recevoir, cliquez sur le bouton Modifier puis sur Désactiver.
- **Anciennes versions de Facebook pour mobiles :** Ce réglage permet de définir le niveau de confidentialité de vos informations et publications sur Facebook pour les anciennes applications mobiles de Facebook (sur BlackBerry, notamment), dépourvues de paramètres de confidentialité.

Personnes et applications bloquées

Autant ajouter une personne dans une liste Restreint revient à filtrer le contenu qu'elle peut lire émanant de vous (uniquement celui que vous avez défini comme

Public), autant bloquer quelqu'un sur Facebook équivaut plus ou moins à une ordonnance restrictive. Si vous bloquez une personne sur Facebook, elle n'aura plus aucune trace de vous sur Facebook. Vous n'apparaîtrez pas dans son fil d'actualité. De plus, si elle regarde une photo sur laquelle vous êtes tagué, elle vous voit sur la photo (c'est inévitable), mais elle ne voit pas que votre nom a été tagué. Quand vous écrivez sur le mur d'autres utilisateurs, cette personne ne le voit pas non plus. Voici quelques éléments clés à retenir en matière de blocage :

- **Le blocage instaure une réciprocité.** Si vous bloquez quelqu'un, il est aussi invisible pour vous que vous l'êtes pour lui. Ainsi, vous n'avez pas accès à son profil et vous ne voyez rien sur lui dans tout le site. La seule différence est que la personne qui bloque l'autre est la seule à pouvoir la débloquer. Cela conduit à un point intéressant sur le blocage. Vous pouvez penser qu'une personne (appelons-la Pedro) en bloque une autre (Lucie) parce que Pedro ne veut pas que Lucie puisse voir ce qu'il devient. Mais en fait, Pedro bloque Lucie, car il ne veut plus rien savoir d'elle. Peut-être qu'elle écrit des commentaires blessants à son égard ou alors ils ont rompu en de mauvais termes.
- **Vous pouvez bloquer des personnes, qu'elles fassent partie ou non de vos amis.** Quand vous accédez au profil de quelqu'un sur Facebook, vous disposez d'une option permettant de la bloquer : cliquez sur le bouton orné de trois petits points à droite de Message dans la couverture de son profil, puis sur Bloquer. S'il s'agit d'un ami, vous pouvez également supprimer cette personne de vos amis au lieu de la bloquer. Pour bloquer depuis votre page d'accueil, cliquez sur l'icône du point d'interrogation, puis sur Raccourcis de confidentialité. Dans le menu local qui apparaît, choisissez Comment empêcher quelqu'un de me contacter ? Entrez le nom ou l'adresse e-mail de l'importun, puis cliquez sur le bouton Bloquer. Une liste de personnes correspondant à ces critères va s'afficher. Sélectionnez la personne à bloquer puis cliquez sur le bouton Bloquer en regard de son nom. Un message vous demande de confirmer votre action.

En utilisant le site, vous constaterez peut-être que vous connaissez des personnes qui adorent envoyer des tonnes d'invitations pour utiliser des applications (« Joue à ce jeu ! Ce jeu aussi ! Essaie celui-ci ! Teste celui-là ! »). Peut-être deviendrez-vous même cette personne... Admettons que vous n'êtes pas fan des applications. Plutôt que de bloquer la personne qui envoie toutes ces invitations, mais qui est tout de même sympathique, bloquez ses invitations. Ainsi, vous pouvez continuer à interagir avec votre ami sans être ennuyé par ses invitations. Vous pouvez aussi bloquer les deux : la personne et les invitations. Pour ce faire, ouvrez la page Paramètres et outils de confidentialité en cliquant sur l'icône du triangle dans la barre bleue, puis sur Paramètres. Dans la page des paramètres, cliquez sur Blocage dans la colonne de gauche. La page Gérer le blocage s'affiche. Renseignez le champ des sections Bloquer les invitations à utiliser une application. Explorez les autres options de la page Gérer le blocage (voir Figure 5.6), notamment la liste des utilisateurs restreints, et la section Bloquer les utilisateurs, qui donne les mêmes résultats que ceux présentés dans le paragraphe précédent.

FIGURE 5.6 : Empêchez les personnes et les applications de vous contacter.

Le blocage est devenu une sanction ultime à laquelle les utilisateurs concernés réagissent souvent mal. Pour certains, le blocage est vécu comme un véritable abandon, exactement comme dans la réalité. Par conséquent, bloquez à bon escient, et pas uniquement pour sanctionner un mouvement d'humeur de l'un de vos contacts. Eh oui ! Il faut aujourd'hui se rendre à l'évidence que les rapports dits virtuels sont aussi (voire parfois même plus) déstabilisants que les rapports réels.

Prendre ses responsabilités pour sa propre sécurité

Personne ne souhaite qu'il vous arrive malheur suite à une action exécutée sur Facebook. Facebook ne le veut pas et vous ne le voulez pas. Nous, les auteurs, ne le voulons pas non plus. C'est pourquoi nous faisons notre possible pour que rien de tel n'ait lieu en décortiquant ces options et en vous expliquant leur fonctionnement. Facebook met à votre disposition toutes ces options de confidentialité pour éviter que le pire ne se produise. Vous êtes la troisième pièce du puzzle, le troisième maillon de la chaîne. Comme vous voulez ! Afin de garantir votre sécurité sur Facebook, vous devez faire un effort d'intelligence et de prudence en ligne.

Quel est votre rôle ? Vous devez être vigilant par rapport au contenu que vous mettez en ligne et sur Facebook. Posez-vous les questions suivantes :

- » Ce contenu est-il légal ou illégal ?
- » Serai-je embarrassé si quelqu'un trouve cette information ?
- » Le public avec lequel je partage cette information va-t-il l'utiliser de manière fiable ?

Vous êtes la seule personne en mesure d'estimer s'il est risqué ou non d'afficher une information sur Facebook. Si c'est risqué, vous êtes l'unique personne capable de configurer les paramètres de confidentialité pour partager l'information uniquement avec les personnes autorisées et pas les autres.

Votre rôle est équivalent à celui que vous jouez au quotidien pour garantir votre sécurité : vous connaissez les rues qu'il ne faut pas emprunter tard le soir, vous savez quand boucler votre ceinture, quand verrouiller votre porte et quand jeter du pain rassis au lieu de le manger. Gravez ces remarques dans votre cerveau :

- » J'utilise mes paramètres de confidentialité Facebook intelligemment.
- » Je suis prudent avec les informations que j'expose à des milliers de personnes.

Facebook : une affaire de communauté

Les rapports que vous (et tous les membres de la communauté Facebook) envoyez au sujet de spams, de harcèlement, de contenu inapproprié et de faux profils contribuent à préserver la sécurité et la clarté de Facebook. Rendez-vous sur un compte Facebook. Localisez la publication qui vous pose problème et cliquez sur l'icône des trois points située à sa droite. Dans le menu local qui apparaît, exécutez la commande Donnez votre avis sur cette publication. Si vous voulez carrément signaler un profil, un groupe ou une Page, cliquez sur les trois petits points situés à droite du bouton Message affiché sur la couverture, et exécutez la commande Évaluer ou signaler ce profil. Dans les deux cas, une boîte de dialogue vous permet d'indiquer la nature du signalement tel que Nudité, Violence, Usurpation d'identité, etc. Une fois le choix effectué, cliquez sur le bouton Envoyer.

Les différentes options varient en fonction de l'objet signalé (un message ou une photo, par exemple). Ces signalements sont soumis à une équipe Facebook en charge d'enquêter, de supprimer les photos indécentes, de désactiver les faux comptes et plus généralement de maintenir la sécurité et le caractère sain et inoffensif de Facebook.

Lorsque vous êtes face à du contenu déplaisant, comme un nom de groupe agressif ou un profil vulgaire, n'hésitez pas à le signaler. Si toute la population

Facebook s'allie pour éloigner le vice, c'est la garantie d'une communauté quasi irréprochable.

Quand vous signalez un abus, l'équipe Facebook vérifie s'il s'agit d'une violation des conditions d'utilisation de Facebook. En d'autres termes, la pornographie est supprimée, les faux profils sont désactivés et les spammeurs reçoivent un avertissement. Il se peut qu'un élément que vous signalez soit offensant à vos yeux, mais n'enfreigne pas les conditions d'utilisation. Dans ce cas, l'élément signalé reste sur Facebook. En raison des limitations de confidentialité, l'équipe Facebook ne vous envoie pas forcément de notification sur les actions entreprises suite à votre signalement, mais soyez sûr qu'elle analyse chaque signalement avec soin.

Signalez systématiquement les profils qui sont en fait des profils pirates. Il arrivera qu'un ami vous redemande comme ami alors qu'en réalité le lien d'amitié n'a jamais été rompu. Lorsque cela arrive, il y a de fortes chances pour que quelqu'un ait usurpé l'identité de votre ami. Comment le savoir? C'est assez simple. Lorsqu'un ami vous demande de nouveau comme ami, vérifiez immédiatement si le lien d'amitié a été rompu. Il suffit pour cela de consulter la liste de vos amis. De plus, le nom de l'ami dont l'identité a été piratée contient une faute de frappe. Par exemple, Odile Deray devient Odile Deräy. Les deux points sur le « a » doivent attirer votre attention. Dans ce cas, accédez au compte piraté et cliquez sur le bouton affichant trois petits points. Cliquez sur Évaluer ou signaler ce profil. Dans la boîte de dialogue qui apparaît, activez l'étiquette qui correspond au délit comme Usurpation d'identité. Précisez pour qui la personne se fait passer, et cliquez sur Envoyer comme sur la Figure 5.7. Facebook étudiera cette usurpation. Si elle est confirmée, le compte piraté sera fermé et l'ami concerné pourra utiliser son compte en toute quiétude.

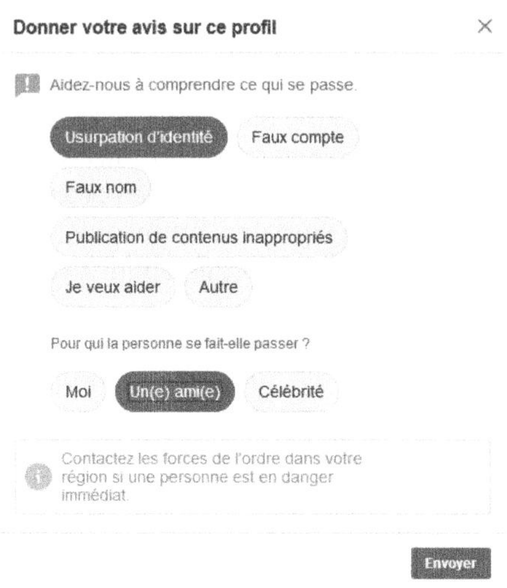

FIGURE 5.7 : Signaler une usurpation d'identité.

Petit tour en coulisses

Le rôle de Facebook, visant à garantir la sécurité de tous, exige beaucoup de main-d'œuvre et de technologie. La main-d'œuvre se charge de répondre aux signalements que vous et les autres utilisateurs Facebook envoyez et de traquer les contenus qui enfreignent les conditions d'utilisation.

La technologie reste très vague. Quoi qu'il en soit, nous espérons que vous ne cogitez pas trop concernant ce qu'il se passe en coulisses pour vous protéger contre le harcèlement, les spams et la pornographie. De plus, nous espérons que vous ne serez jamais confronté à ces dérives. Comme vous savez que Facebook se démène pour assurer la sécurité et la confidentialité des utilisateurs, nous abordons quelques sujets pour lesquels Facebook fournit un énorme travail de prévention.

Protéger les mineurs

Une fois de plus, nous préférons ne pas nous étendre sur le sujet pour ne pas transformer ce livre en *Déjouer le système Facebook pour les Nuls* ! Sachez juste que les utilisateurs de moins de 18 ans sont soumis à des règles spécifiques de visibilité et de confidentialité. Par exemple, aucune liste de recherche publique n'est créée pour les utilisateurs mineurs. Les listes de recherche publique permettent aux utilisateurs d'être trouvés par des moteurs de recherche externes comme Google. Facebook a décidé de ne pas exposer les mineurs de cette manière. Quelque chose de mal serait-il arrivé si Facebook avait agi différemment ? Certainement pas, mais mieux vaut être sûr que désolé.

D'autres systèmes propriétaires sont en place pour donner l'alerte quand une personne interagit de manière indécente avec des profils de mineurs ou cible les mineurs dans une annonce. Là aussi, l'adolescent (ou le parent de l'adolescent) a sa part de responsabilité pour respecter la confidentialité et la sécurité sur Facebook. Le site tente de prévenir l'atteinte aux mineurs, mais au final, l'utilisateur doit être acteur de cette prévention.

Vous devez avoir au moins 13 ans pour vous inscrire sur Facebook. Toute personne moins âgée qui a un compte Facebook enfreint les conditions d'utilisation.

Empêcher les spams et les virus

Ah, les spams ! Quel délicieux ramassis de µ}%#* ! Pilule miracle pour la vigueur masculine ? Médicaments délivrés uniquement sur ordonnance, livrés directement chez vous ? Grosse somme d'argent à gagner ? Tout le monde s'accorde pour dire que les spams sont un véritable fléau sur Internet. Ils ne cessent de s'infiltrer dans la messagerie et les sites Web et tentent toujours d'atteindre Facebook sous forme de messages, de posts ou de groupes d'événements qui captent votre attention.

Les signalements de spams que vous envoyez sont très utiles. Facebook dispose également d'une série de systèmes qui traquent tout comportement suspect. Si vous ne l'avez pas encore lu, reportez-vous au Chapitre 2 concernant l'authentification et la vérification de votre compte, qui constituent la première ligne de défense contre les spammeurs qui créent plein de comptes factices visant à harceler les utilisateurs avec des publicités indésirables. Les systèmes antispams traquent aussi ceux qui envoient des messages trop vite, qui demandent à trop de monde d'être leurs amis, qui postent un même lien à trop d'endroits différents ainsi que tous les comportements suspects. Si vous êtes hyperactif sur Facebook, vous risquez d'avoir un avertissement vous demandant d'envoyer moins de pokes et de messages. Ne le prenez pas trop à cœur et respectez les indications contenues dans l'avertissement.

II

Partager sa vie sur Facebook

DANS CETTE PARTIE...

- Le partage est l'essence même du réseau social. ***De facto***, Facebook consiste à partager votre vie personnelle avec des amis et/ou des connaissances. Cette partie vous présente les outils permettant de partager votre vie et celle de vos amis sur Facebook.
- Entre votre profil personnel et les applications que vous choisissez d'utiliser, il existe des centaines de possibilités pour rester connecté à votre famille et à vos amis, anciens ou récents.

Chapitre 6

Un profil personnalisé

DANS CE CHAPITRE :

- **Échanger avec vos amis *via* le profil.**
- **Naviguer dans votre profil.**
- **Protéger la confidentialité de votre profil.**

Un compte Facebook raconte un peu l'histoire de votre vie au jour le jour ou à un rythme moins soutenu. Ce rythme sera dicté par le volume des choses que vous avez à partager, par votre humeur, mais aussi par la nécessité pour vous d'exprimer vos ressentis ou sentiments. Pour que chacun puisse se faire une idée de la personne que vous êtes, il est important de personnaliser convenablement votre profil. Envisagez-le comme une autobiographie, une présentation multimédia complète qui rassemble vos commentaires, vos photos, vos vidéos, les avis et les posts de vos amis. Tous ces éléments indiquent au lecteur qui vous êtes et ce qui est important pour vous. Votre profil Facebook sert à vous présenter aux autres en toute honnêteté. C'est une présentation de votre personnalité et de votre façon de partager avec les personnes qui comptent dans votre vie. Quelles informations souhaitez-vous porter à la connaissance d'autrui ? Quelles sont les données que vos amis peuvent consulter ?

Au Chapitre 2, nous avons abordé les informations générales de votre profil : la photo de profil, le parcours scolaire et le parcours professionnel. Dans ce chapitre, nous vous indiquons comment raconter votre histoire en langage Facebook.

Orientation du profil

La Figure 6.1 représente un profil complet. Le profil sert avant tout à fournir des informations générales, d'identité et intéressantes sur vous. Tout en haut, sur une image de fond appelée *couverture*, se trouvent votre nom et votre photo de profil. Il s'agit des deux éléments indispensables pour identifier vos amis et *vice versa*.

Sous la couverture et la photo de votre profil, vous découvrez plusieurs *onglets* qui vous dirigent vers des pages spécifiques : Journal, À propos, Amis, Photos, Archive, et Plus, que nous allons détailler dans les sections suivantes.

Sous ces onglets, Facebook affichera régulièrement une section Connaissez-vous avec des vignettes de profils de personnes que vous pourriez connaître. Ces propositions reposent sur vos amis actuels et leurs amis, qui ne sont pas encore les vôtres.

Dans la zone centrale se trouve votre Journal, sur lequel nous reviendrons dans la section suivante, avec vos différents posts (ou publications).

La colonne à gauche du Journal contient dans sa partie supérieure une chronologie retraçant votre existence depuis votre naissance jusqu'à aujourd'hui à travers les dates que vous avez indiquées et votre activité sur Facebook.

Toutes vos informations personnelles sont modifiables *via* des rubriques que vous pouvez enrichir depuis cette page de profil en cliquant simplement sur des liens. Vous accédez alors à des champs de saisies et/ou des propositions prédéfinies. Elles s'enrichiront automatiquement en fonction de ce que vous indiquez. Par exemple, si vous précisez que votre film préféré est *Mon oncle* de Jacques Tati, il y a fort à parier que Facebook vous propose d'autres films de ce réalisateur.

La troisième colonne située sur la droite affiche des liens sponsorisés, c'est-à-dire des publicités, notamment lorsque vous êtes sur l'accueil. Si les annonces affichées ne vous intéressent pas, placez le pointeur de la souris sur leur vignette. Cliquez ensuite sur le petit chevron qui apparaît en haut à droite de la vignette. Dans le menu local qui s'ouvre, choisissez Masquer la publicité ou Pourquoi est-ce que je vois ça, comme sur la Figure 6.2. Dans le premier cas, Facebook affiche une liste de raisons parmi lesquelles vous indiquerez celle qui correspond à votre choix de masquer la publicité. Par exemple, vous pouvez activer la raison « ça ne me concerne pas ». Dans le second cas, une boîte de dialogue apparaît. Elle va permettre de demander de masquer systématiquement toutes les publicités de l'annonceur, d'indiquer si le sujet vous intéresse ou pas, et enfin de donner votre avis. Pour contrôler les publicités, cliquez sur le lien Gérer les annonces publicitaires.

La dernière colonne à droite est la même que sur la page d'accueil : le Télex en haut et la zone de discussion instantanée en bas (voir Chapitre 3).

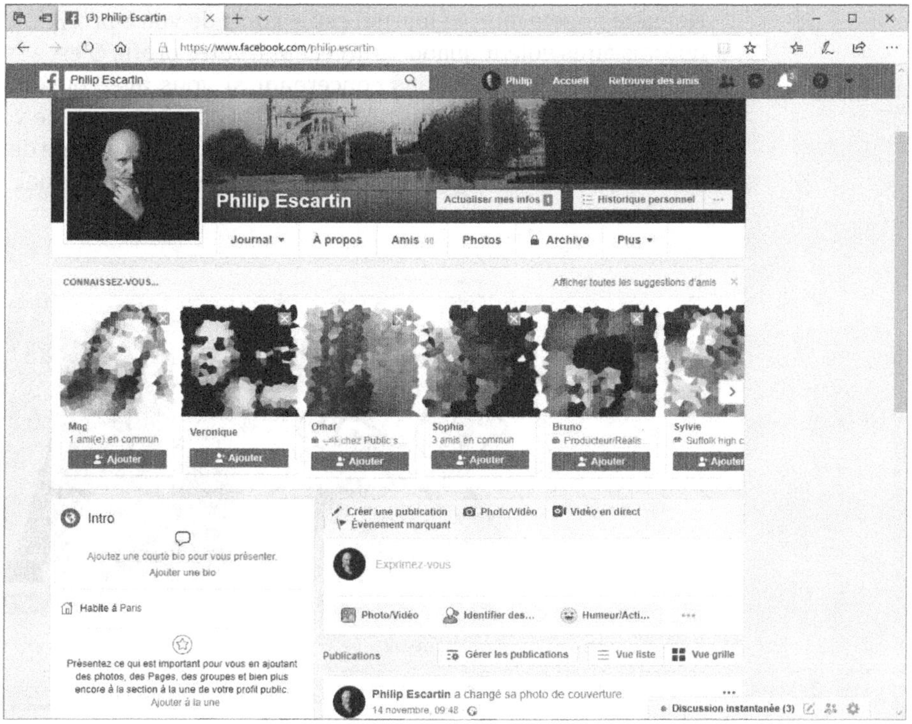

FIGURE 6.1 : Profil complet.

FIGURE 6.2 : Sélectionnez vos publicités.

Votre Journal

Naguère appelé *mur*, le Journal est le cœur de votre profil. C'est le premier volet que vos amis voient quand ils accèdent à votre profil. C'est aussi là qu'ils laissent des messages publics vous concernant si vous avez ouvert votre journal à la publication d'informations provenant de vos amis. Lorsque vous visitez le profil d'un ami, consulter son Journal est le moyen le plus rapide de découvrir ses dernières activités. La Figure 6.3 propose un exemple de Journal.

FIGURE 6.3 : Un exemple de Journal du compte Facebook d'un festival de courts métrages.

Il faut savoir que le Journal vit *par* vous et *sur* vous. Vous gérez ce qui reste sur votre Journal et ce que vous y ajoutez, mais vos amis ont la possibilité de vous aider à raconter votre histoire. Cet aspect du Journal le rend vraiment intéressant. Pensez à tout ce que vous apprenez sur un ami la première fois que vous rencontrez ses parents ou à toutes les histoires drôles que vous entendez quand la copine d'un ami raconte leur rencontre. Voici le genre d'histoires que vos amis peuvent de temps en temps publier sur votre Journal et qui contribuent à ce que vos amis vous connaissent un peu mieux.

Au début, le Journal peut paraître un peu désordonné, car il contient plein de photos de gens qui s'expriment sur des sujets différents. C'est un peu comme arriver dans un groupe en train de rire et qui vous regarde en espérant que vous allez dire quelque chose de drôle. Dur, dur !

Ne vous inquiétez pas : nous allons prendre notre temps pour décortiquer le Journal et vous montrer comment construire le vôtre. Nous vous présentons également quelques pratiques courantes sur le Journal.

La zone de publication

La Figure 6.1 montre que le Journal se compose de plusieurs éléments. Ils sont tous liés et dépendent d'un élément central : la zone de publication. Cette zone figure dans la partie supérieure du Journal et vous permet (ainsi que vos amis) de créer des *posts*. Les posts sont les publications qui constituent le Journal : vos propres posts, ceux de vos amis, des posts avec des pièces jointes sous forme de liens ou des posts contenant uniquement du texte.

Nous abordons les posts de deux manières : ceux que vous créez et ceux créés par vos amis.

Votre zone de publication

Quand vous observez votre propre profil, vous remarquez que la zone de publication est à peu près identique à celle de votre page d'accueil. Où que vous vous exprimiez, et quel que soit le lien sur lequel vous cliquez, le contenu que vous publiez atterrit dans votre Journal sous forme de post.

Il existe assez peu de différence entre la zone d'expression de l'accueil et celle du profil, comme le montre la Figure 6.4. La seule différence réside dans la présence du lien Événement marquant lorsque vous vous exprimez depuis le journal. Pour accéder à d'autres options de publication, cliquez sur l'icône des trois petits points. Vous pourrez identifier des amis, indiquer où vous vous trouvez, préciser votre humeur du moment ou indiquer votre activité en cours, identifier des amis, lancer un sondage et j'en passe.

Publication

Le post le plus courant se présente sous la forme d'un texte basique grâce auquel l'utilisateur s'exprime. Sur Facebook, ce type de post est appelé *publication*. L'idée qui sous-tend les publications est la brièveté, donc la rapidité, et l'ouverture. Parfois, les utilisateurs se contentent de spécifier ce qu'ils sont en train de faire : « Trop occupé ! », « Je prends un petit bain de soleil. » ou « Enfin !!! ». Parfois, ils font une remarque anodine ou veulent partager une pensée philosophique : « Ce matin, mon café avait un goût différent. » ou « Le monde a besoin d'une journée lors de laquelle tout le monde dit la vérité. » Les utilisateurs se servent aussi des mises à jour de statut pour demander des informations ou s'organiser : « Je vais manger des sushis ce soir. Quelqu'un est intéressé ? » ou « Je prévois d'aller en Inde l'été prochain. Pouvez-vous me conseiller ? » Il est très facile de commenter un statut. C'est pourquoi une mise à jour un peu provocante peut initier une vraie conversation. Nous étudions les commentaires dans le Chapitre 9.

FIGURE 6.4 : Exprimez-vous depuis votre journal (en haut), ou depuis l'accueil (en bas)

Les mises à jour des publications semblent très courtes et insignifiantes. Toutefois, quand elles sont regroupées, elles peuvent raconter toute une histoire et concerner une ou plusieurs personnes. Par exemple, un visiteur du profil de Carolyn peut ressentir un certain stress en lisant ceci : « Raté mon cours de natation. Pas le temps. Vraiment trop de boulot. » L'humour et la dérision font aussi partie de l'univers Facebook : « Carolyn est une bécasse. La grue cendrée a la classe. Quelle poétesse ! » Alors, n'avez-vous pas l'impression de mieux connaître Carolyn ?

Vous pouvez également ajouter une émoticône qui caractérise votre humeur du moment ou qui indique sommairement ce que vous êtes en train de faire. Suivez la procédure ci-dessous pour savoir comment insérer ces petites images décontractées.

Mises bout à bout, les publications sont un moyen de répandre rapidement des nouvelles *via* Facebook. Comme vos posts se retrouvent dans le fil d'actualité de vos amis, une seule mise à jour peut avoir un gros impact et être répétée d'une manière ou d'une autre. Par exemple, un léger séisme en Californie a poussé plusieurs des amis de Leah et Carolyn à recourir à une publication afin de mettre à jour leur actualité. Ceux qui ne l'ont pas ressenti ont publié un message par lequel ils expliquaient n'avoir rien remarqué. Dans tout le pays, les amis et la famille ont appris la nouvelle et ont rapidement su que tout le monde allait bien. Plus pratique que de passer des tonnes de coups de fil, non ?

Suivez ces étapes pour mettre à jour votre statut :

1. **Dans la zone de saisie des publications, cliquez si nécessaire sur Créer une publication, ou bien directement dans le champ Exprimez-vous.**

   Je rappelle que la démarche est identique dans votre journal et dans l'accueil Facebook (accessible via le bouton Accueil de la barre bleue).

2. **Cliquez dans la zone de texte et écrivez votre intention du moment, comme sur la Figure 6.5.**

   Cette zone contient par défaut le texte « Exprimez-vous », en guise d'invitation à laisser libre cours à votre envie de communiquer. Dès que vous cliquez et commencez à taper dans cette zone, le texte « Exprimez-vous » disparaît.

3. **(Facultatif) Comme le texte est court, vous pouvez le placer devant un arrière-plan. Pour cela, cliquez sur un des carrés de couleur situés sous la zone de saisie.**

FIGURE 6.5 : Votre publication du jour.

La Figure 6.6 montre le même texte reposant sur un arrière-plan dégradé. S'il ne vous convient pas, cliquez sur un autre carré de couleur. Pour retirer l'arrière-plan, cliquez sur le premier carré situé sur la gauche.

Vous pouvez masquer ces carrés par un clic sur le bouton (chevron) situé sur la gauche de cette rangée d'icônes colorées.

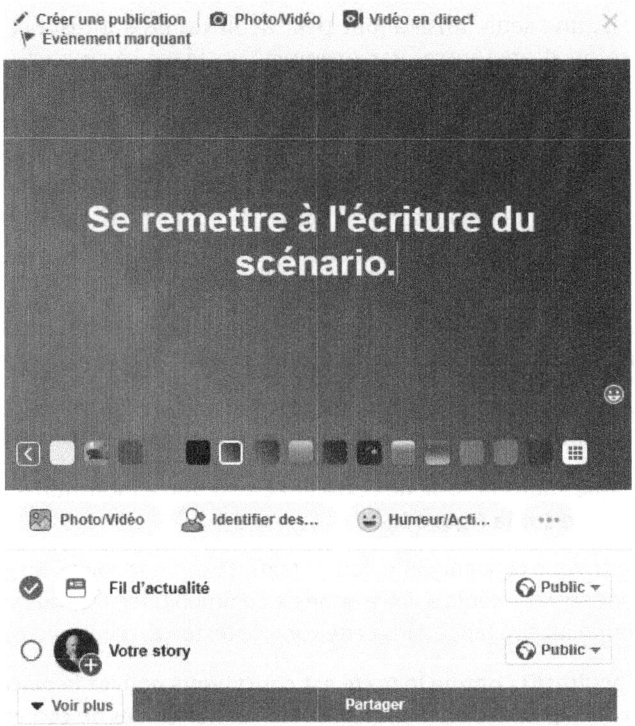

FIGURE 6.6 : Un arrière-plan a été appliqué au texte.

4. **(Facultatif) Ajoutez un emoji de votre humeur ou de votre activité par un clic sur le petit visage rond souriant, dans la liste des émoticônes qui apparaît.**

   Vous pouvez également afficher une humeur ou une activité plus explicite en cliquant sur Humeur/Activité dans la partie inférieure de la zone de saisie. De nombreuses hypothèses sont alors proposées comme Se sent, En train de regarder, En train de lire, *etc*. Il suffit de cliquer sur une de ces rubriques pour accéder à des propositions d'humeur (Figure 6.7) ou d'activités. Choisissez celle qui vous caractérise le mieux à ce moment précis de la journée.

   Vous pouvez également indiquer avec qui et où vous êtes en ce moment. Chaque fois, Facebook vous fait des suggestions en fonction de mots que vous saisissez. Ainsi, il proposera un « lien » vers le compte Facebook de la ville où vous indiquez être actuellement ou des personnes avec qui vous partagez ces instants.

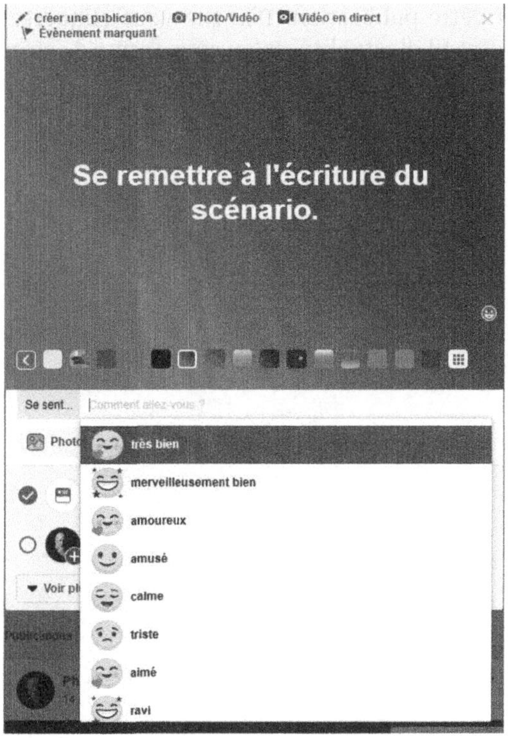

FIGURE 6.7 : Exprimez votre état d'esprit du moment.

Indiquez ensuite la confidentialité de votre publication en ouvrant le menu local situé à gauche du bouton Publier.

Nous traitons de la confidentialité du profil et des publications un peu plus loin dans ce chapitre. Si vous êtes un peu perdu, notez juste que cette fonction se situe dans la zone de publication.

5. **Si votre publication le permet, vous pouvez à la fois la publier dans le Fil d'actualité et sous forme de story. Pour cela, activez l'option Votre story.**

   Cela étant dit, vous pouvez également ne publier qu'une story en décochant Fil d'actualité. Comme nous l'avons déjà expliqué, les stories sont des publications d'une durée de vie de 24 heures et qui n'apparaissent donc pas dans le fil d'actualité, mais dans la section Stories de l'accueil.

6. **Une fois tous vos choix opérés, cliquez sur Partager.**

   Une publication avec émoticônes et indication d'un lieu ressemble à celle de la Figure 6.8. Vous constatez que dans ce cas, il n'est plus possible de placer votre texte sur un arrière-plan coloré.

Le menu local Voir plus permet d'envoyer votre publication directement à des amis via la messagerie instantanée Messenger. Cochez les profils à qui vous souhaitez adresser cette publication. Dès que vous cliquerez sur Partager, elle sera affichée sur votre fil d'actualité, et/ou sous forme de story, et en plus directement à certains de vos amis.

FIGURE 6.8 : Allez ! Au boulot !

Notez que vous pouvez publier un post contenant un lien. Il peut s'agir d'un article qui vous intéresse, d'un événement, d'un album photo, d'une vidéo d'un réseau tel que YouTube, ou de n'importe quelle information que vous voulez publier. Généralement, les utilisateurs ajoutent un commentaire pour expliquer le lien ou utilisent le lien comme mise à jour de statut, pour signifier que ce qu'ils pensent figure dans le lien.

Les posts contenant des liens servent à partager quelque chose avec beaucoup de personnes, sans devoir créer une liste d'adresses e-mail, appeler toutes ces personnes pour en discuter ou vous tenir derrière leur écran pour leur montrer. De plus, vous ciblez un public bien plus vaste et aurez plus de réactions sur le lien ainsi partagé.

Pour ajouter un lien dans votre statut, il suffit de le copier et de le coller dans la zone de texte. Libre à vous de l'accompagner d'un commentaire. La Figure 6.9 montre le lien qui renvoie à la page AlloCiné d'un film.

FIGURE 6.9 : Un lien vers une page Web a été copié et collé dans la zone Exprimez-vous.

Ajouter une photo ou une vidéo

Avec Instagram, Facebook est le site Web numéro un pour le partage de photos. Pas très étonnant lorsque l'on sait qu'Instagram est depuis quelques années la propriété de Facebook. La différence avec Instagram est que Facebook s'utilise aussi bien sur téléphone mobile qu'ordinateur ou tablette. Même si Instagram est accessible depuis un ordinateur, les fonctionnalités alors disponibles sont ridicules comparées à ce dont vous disposez sur smartphone. D'ailleurs, lorsque vous publiez sur Instagram, vous pouvez publier simultanément sur Facebook. Tout cela pour dire que le partage de photos est devenu monnaie courante. Considérez cette information comme une introduction au Chapitre 8 qui détaille l'application Photos de Facebook, y compris l'ajout de photos à partir de la zone de publication. Parallèlement au partage de photos, Facebook sert aussi à partager des vidéos de vous et de vos amis. Pour ajouter une photo ou une vidéo dans votre Journal, suivez ces étapes :

1. **Depuis l'accueil ou votre profil, cliquez sur l'onglet Photo/Vidéo de la zone Exprimez-vous.**
2. **Dans la boîte de dialogue Ouvrir qui apparaît, parcourez votre disque dur afin de localiser le dossier contenant la ou les photos à publier.**
3. **Cliquez sur le nom de l'image.**

   Pour publier plusieurs photos simultanément, sélectionnez-les avec la souris tout en maintenant la touche Ctrl de votre clavier enfoncée.

4. **Cliquez sur le bouton Ouvrir.**

Comme le montre la Figure 6.10, une vignette de la photo apparaît sous la zone de saisie, ainsi qu'une grande icône +. Vous constatez également qu'Exprimez-vous est devenu Dites quelque chose à propos de cette photo.

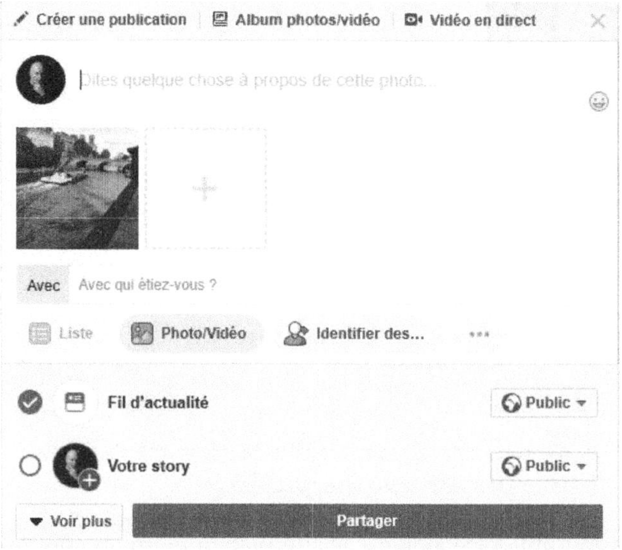

FIGURE 6.10 : Une photo ajoutée en attente de publication.

5. **Pour ajouter d'autres photos (provenant par exemple d'un autre disque), cliquez sur l'icône + et reprenez la procédure à l'Étape 3.**
6. **(Facultatif) Cliquez sur Dites quelque chose à propos de cette photo et tapez un commentaire.**
7. **Choisissez de publier dans le Fil d'actualité, dans Votre Story, et éventuellement d'envoyer ce contenu à des amis via le menu local Voir plus.**
8. **Indiquez la confidentialité de votre publication dans le menu local de chacun des types de publication (Fil d'actualité et Votre story).**
9. **Enfin, cliquez sur Partager.**

Nous verrons que la publication de photos peut également se faire *via* l'application Photos de Facebook.

Événement marquant

La zone de publication de votre profil est également surmontée de l'option Événement marquant qui permet de signaler un événement important : changement de travail, déménagement, mariage, naissance, *etc.*

Cette option est absente de la zone de publication de l'accueil de Facebook.

Vos amis et la zone de publication

Quand vos amis visitent votre profil, ils voient la zone de publication. La seule différence est que cette zone n'affiche pas la mention Exprimez-vous, mais Écrire quelque chose à <votre prénom>. Même s'ils peuvent vous poser une question, ajouter une photo ou poster un lien, l'interaction la plus courante se présente sous forme de texte. Ces messages textuels sont appelés *posts*. Cela peut paraître un peu confus, car tout ce qui figure sur le Journal est un post. Consultez les posts du Journal de vos amis. Vous trouverez certainement quelques « Comment ça va ? On se voit quand ? », quelques « Super dîner hier soir ! » et quelques commentaires qui n'ont pas de sens. Des commentaires tels que « LOL, OMG, MDR » ne sont certainement pas très révélateurs, mais soyez sûr que vos amis apprécieront ces petites remarques.

Si vous consultez le Journal d'un ami le jour de son anniversaire, vous rencontrerez des tonnes de posts « Joyeux anniversaire ». Il n'y a pas beaucoup de règles pour utiliser Facebook, mais la tradition du post « Joyeux anniversaire » s'est installée avec le temps. Étant donné que les utilisateurs reçoivent des notifications pour leur rappeler l'anniversaire de leurs amis, la méthode la plus rapide pour dire « Je pense à toi » le jour de leur anniversaire est de l'écrire sur leur Journal.

Alors que nous pensons que les échanges entre amis sont l'un des plaisirs du Journal, certains ont du mal à se laisser aller. Si vous n'aimez pas l'idée qu'un ami puisse écrire un commentaire personnel sur votre Journal, vous pouvez empêcher vos amis d'y publier leurs posts. Dans ce cas, ils ne verront pas de zone de publication Écrire quelque chose à <votre prénom>. Il suffit de configurer les paramètres de confidentialité en conséquence. Vous pouvez aussi limiter la visibilité des posts de vos amis dans les paramètres Journal et identification. Cliquez pour cela sur l'icône du triangle dans la partie droite de la barre bleue, puis sur Paramètres, et enfin sur le lien Journal et identification dans la colonne de gauche qui apparaît. À la question Qui peut publier sur votre journal située en haut de la page Paramètres d'identification et de journal, cliquez sur Modifier. Ouvrez le menu local Amis et optez pour Moi uniquement, comme à la Figure 6.11.

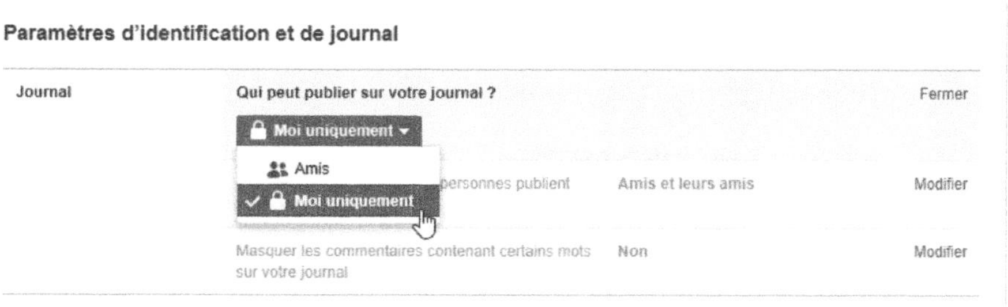

FIGURE 6.11 : Pour que personne d'autre que vous ne puisse publier sur votre journal.

La meilleure façon de se familiariser avec le Journal est de l'utiliser. Écrivez sur celui de vos amis, postez une mise à jour de statut avec ou sans lien et voyez les réponses que vous envoient vos amis. Après tout, c'est à ça que sert le Journal : partager avec ses amis.

Vous ne pouvez pas toujours publier sur le mur d'un ami. En effet, il peut avoir configuré son compte Facebook de telle sorte que personne ne puisse publier des éléments sur son journal.

L'essentiel est dans l'onglet À propos

L'onglet À propos, situé à droite de l'onglet Journal dans votre page de profil, regroupe toutes vos données biographiques. C'est une version détaillée du petit bloc de texte À propos vous concernant, et qui est affiché en haut à gauche du Journal.

Les informations qui figurent dans l'onglet À propos sont issues de plusieurs sources. Avant tout, elles proviennent des informations que vous avez fournies en renseignant votre profil. Elles sont aussi tirées des pages que vous aimez quand vous utilisez Facebook, des photos que vous publiez et des amis que vous avez.

L'onglet À propos a beaucoup de points communs avec votre Journal. Si vous êtes un grand fan d'une série TV par exemple, il y a de fortes chances pour que les références et les avis sur les derniers épisodes se retrouvent dans vos mises à jour de statut. Si vous êtes lycéen ou étudiant, vos statuts concernent sûrement les prochains examens. En revanche, si quelqu'un vient de vous rencontrer et souhaite connaître votre série préférée ou ce que vous étudiez, il a tout intérêt à consulter votre onglet À propos.

L'onglet À propos est divisé en plusieurs sections. Chacune contient un type d'information. Pour changer une information antérieurement saisie, placez le pointeur de la souris dessus et ouvrez le menu local Options. Là, choisissez Modifier, comme l'illustre la Figure 6.12. Des rubriques complémentaires permettent de préciser quelques informations.

FIGURE 6.12 : Pour modifier une information.

Dans les prochaines sections, nous détaillons chaque section de l'onglet À propos en mode modification.

Image du profil

Ce sujet est traité au Chapitre 2. Si vous voulez changer votre photo de profil, survolez-la dans le Journal, puis cliquez sur Modifier la photo de profil, comme à la Figure 6.13. Une boîte de dialogue s'affiche avec différentes options : sélectionner une image parmi celles déjà présentes dans votre compte Facebook, prendre une photo avec la webcam de votre ordinateur ou l'appareil photo de votre téléphone ou tablette, importer une photo présente sur le disque dur de votre ordinateur, et enfin modifier la miniature de la photo actuelle (icône du crayon).

FIGURE 6.13 : Modifier la photo de profil.

Vous pouvez soit utiliser une photo déjà téléchargée dans Facebook, soir en importer une nouvelle. Vous avez également la possibilité, comme le montre la Figure 6.14, d'appliquer un décor à cette image. Pour cela, choisissez une catégorie dans la colonne de gauche et appréciez le résultat dans celle de droite. Vous pouvez aussi chercher par thème ou mot-clé dans le champ Rechercher par thème, propriétaire, et autre. Une fois le décor choisi, faites glisser le curseur sous la photo pour zoomer sur votre visage. Dans le menu local Retour à la photo précédente dans, choisissez le temps durant lequel cette nouvelle miniature remplacera l'ancienne. Pour la remplacer définitivement, optez pour Jamais. Validez vos choix par un clic sur le bouton Utiliser en tant que photo de profil.

Si vous changez simplement la photo sans ajouter de décor, vous cliquerez sur Enregistrer. Préalablement, vous recadrerez la photo comme sur la Figure 6.15, en agissant sur le curseur situé sous la miniature. Vous pouvez aussi utiliser temporairement cette nouvelle image par un clic sur le bouton Rendre provisoire. Cette action donne accès au menu local Retour à la photo précédente dans, dont le fonctionnement a été décrit dans le précédent paragraphe et illustré sur la Figure 6.16.

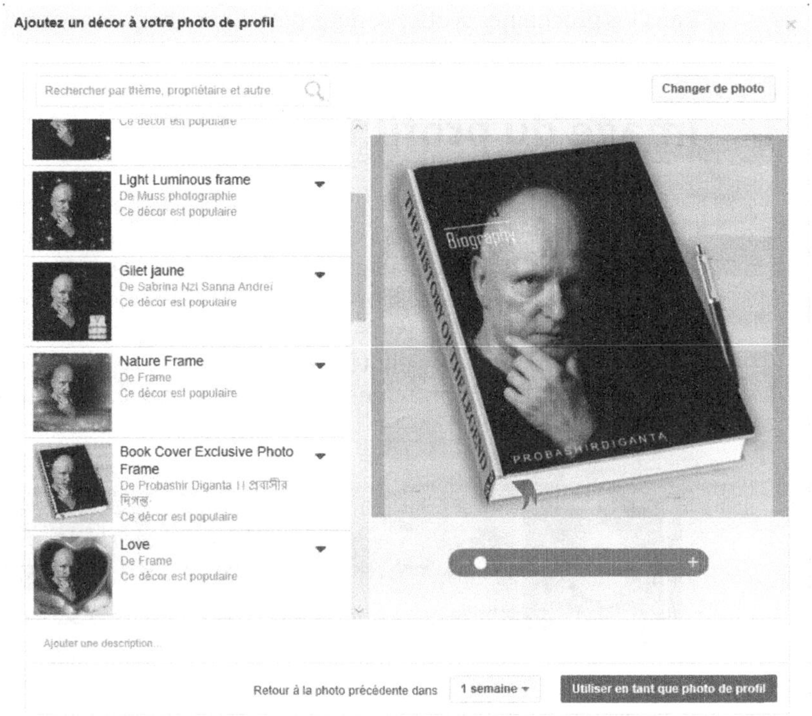

FIGURE 6.14 : Il est possible de « décorer » la photo de profil.

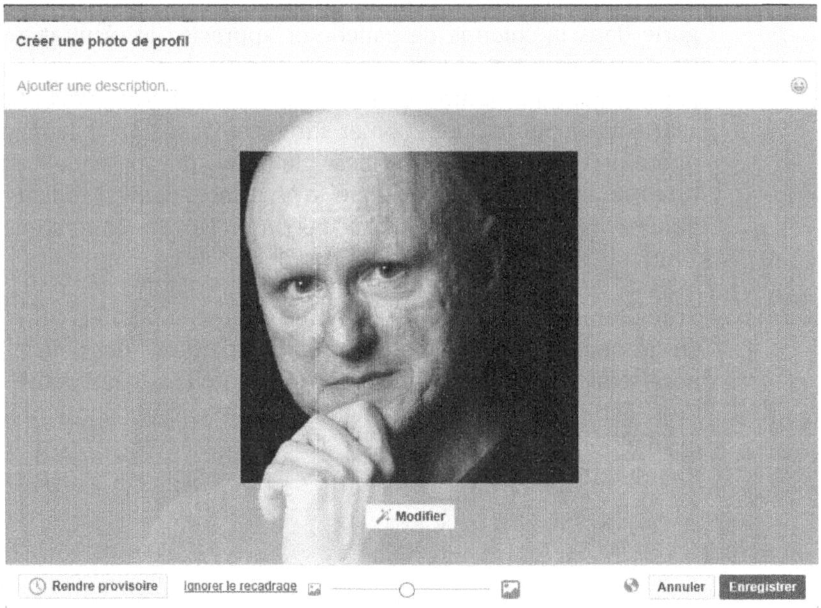

FIGURE 6.15 : Recadrer la photo de profil.

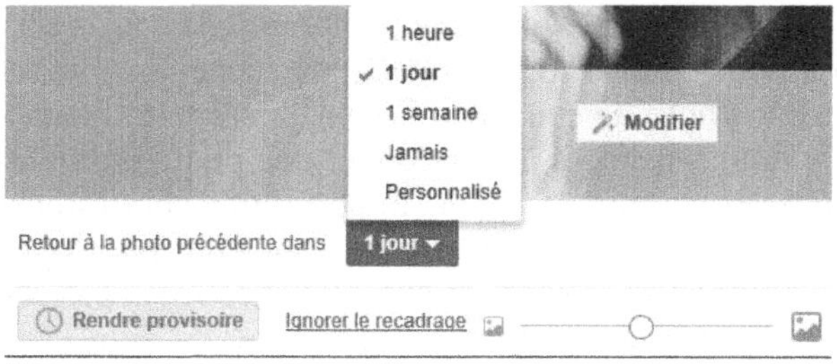

FIGURE 6.16 : Rendre la photo de profil provisoire.

Lorsque vous avez défini une photo de profil provisoire, la vignette de cette photo affiche de nouvelles options lorsque vous placez le pointeur de la souris dessus, comme l'illustre la Figure 6.17. Cliquez sur le nombre de jours indiqué pour afficher les commandes suivantes : Modifier l'heure de fin, Revenir à la photo précédente maintenant, et Conserver comme photo permanente.

FIGURE 6.17 : Les options d'une photo de profil provisoire.

Lorsque vous changez la photo de profil, Facebook affiche par défaut une publication de cette image dans votre journal, exactement comme lorsque vous publiez une photo. Si cette publication arbitraire ne vous convient pas, cliquez sur les trois points situés en haut à droite de ce post. Dans le menu local qui apparaît, choisissez Masquer du journal.

Image de couverture

Puisque votre profil et votre fil d'actualité constituent un Journal, quoi de plus naturel que de lui adjoindre une couverture, pour le singulariser et annoncer la couleur ? Cette couverture est l'image qui s'affiche sous forme de bandeau dans le haut de votre profil ou de votre Journal, au-dessus des zones de texte, et en arrière-plan de votre image de profil. Choisissez l'image de votre choix, à condition d'en détenir les droits, et de préférence une image qui s'adapte au format horizontal : paysage, motif, objet, photo d'événement, *etc.*

Pour modifier cette image, placez le pointeur de la souris sur l'icône de l'appareil photo affichée dans l'angle supérieur gauche. Ensuite, cliquez sur le bouton Modifier la photo de couverture (voir Figure 6.18). Vous avez alors le choix parmi les options suivantes : sélectionner une photo parmi les photos déjà présentes dans votre compte Facebook, importer une photo stockée sur un périphérique connecté à votre ordinateur (votre disque dur par exemple), repositionner la couverture actuelle, et enfin la supprimer pour ne pas afficher de photo de couverture.

FIGURE 6.18 : Modifier la photo de couverture.

Facebook recommande pour les photos de couverture des images dont la largeur est supérieure à 399 pixels et qui ne comportent pas plus de 20 % de texte.

Il est possible de composer une couverture avec plusieurs images. Pour cela, cliquez sur Modifier la photo de couverture et, dans le menu local qui s'affiche, choisissez Créer un collage. Dans la boîte de dialogue qui apparaît, cliquez sur les vignettes des images à réunir dans ce « montage ». Vous êtes limité à un collage de six images.

Vue d'ensemble

Cette section de l'onglet À propos permet de renseigner des rubriques standard comme votre lieu de travail, l'école que vous avez fréquentée, la ville où vous habitez, celle où vous êtes né, et enfin de spécifier si vous avez une relation suivie avec une autre personne ou bien plus simplement indiquer les membres de votre famille qui ont un compte Facebook. La plupart de ces rubriques seront précisées dans les autres catégories d'informations de la section À propos de votre Facebook.

Emplois et scolarité

Au Chapitre 2, nous expliquons l'importance de spécifier votre parcours scolaire et professionnel sur Facebook. Grâce à ces informations, vos amis peuvent vous retrouver plus facilement et vérifier que vous êtes bien Georges qui a déménagé à Rennes et non pas Georges qui a déménagé à Strasbourg.

Lieux où vous avez habité

Trois informations géographiques à indiquer ici : votre ville de résidence actuelle et votre ville d'origine, ainsi que les villes où vous avez déjà vécu.

Informations générales et coordonnées

Au Chapitre 2, nous indiquons les informations générales qui aident les utilisateurs à vous trouver et à vous identifier, telles que votre ville d'origine et votre ville actuelle. Dans la section Informations générales, vous disposez de quelques autres champs que Facebook considère comme des informations générales.

Ces champs incluent les suivants :

- **Date de naissance :** Vous avez également spécifié votre date de naissance lors de votre inscription. Il s'agit ici du jour de votre naissance.
- **Année de naissance :** Précise votre année de naissance ainsi que les personnes qui pourront y avoir accès.
- **Sexe :** Vous avez indiqué votre sexe lors de votre inscription. Facebook restitue l'information ici. Si vous ne voulez pas que votre sexe s'affiche sur votre profil, décochez la case Afficher sur mon journal.
- **Jour de votre fête :** Indiquez le jour de votre fête eu égard, bien évidemment, à votre prénom réel.
- **Qui vous intéresse :** Ce champ est utilisé pour préciser son orientation sexuelle. Certaines personnes estiment qu'avec ce champ, Facebook prend des airs de site de rencontre. Donc libre à vous de le compléter !
- **Langues :** Ce champ, qui nous semble bien moins général que votre ville actuelle, vous permet d'entrer les langues que vous parlez.
- **Croyances religieuses :** Ce champ permet d'indiquer votre orientation religieuse, et de l'accompagner, au besoin, d'une description.
- **Opinions politiques :** Indiquez ici vos orientations politiques, en les expliquant éventuellement au moyen du champ Description.

Les coordonnées sont groupées aux informations générales. Les paramètres de confidentialité sont très pratiques sur Facebook, car chacun peut partager son numéro de téléphone, son adresse e-mail et d'autres informations de contact sans que tout le monde ne les voie. Ces informations permettent d'utiliser des outils très puissants et offrent la possibilité de conserver l'adresse e-mail et le numéro de téléphone d'une personne, même si celle-ci a oublié de vous inclure dans son mail « Je déménage/change de travail/change de nom ». Pour vos coordonnées, partagez les informations que vous voulez et pensez à les mettre à jour. Nous nous penchons sur les paramètres de confidentialité qui protègent ces informations dans la section « Qui peut voir quoi », plus loin dans ce chapitre.

Si vous modifiez des informations, n'oubliez pas de cliquer sur le bouton Enregistrer. Si vous ne le faites pas, tout votre travail n'aura servi à rien.

Famille et relations

Cette section de votre profil vous permet de présenter vos relations aux utilisateurs de Facebook. Facebook propose deux types de relations par défaut : Situation amoureuse et Membres de la famille.

Les relations amoureuses et familiales vous permettent d'associer votre profil à celui d'autres personnes ayant un profil Facebook bien entendu et sous réserve de confirmation. En d'autres termes, si vous indiquez que vous êtes marié, votre conjoint doit confirmer l'information avant qu'elle ne s'affiche sur les deux profils.

Pour beaucoup de couples, le fait de passer de Célibataire à Marié(e) sur Facebook est une étape importante dans leur relation.

Vos amis apparaissent dans la colonne gauche de votre profil, sous le bloc À propos. Ils y restent, quel que soit l'onglet que vous consultez.

Détails sur vous

Donne accès à la section À propos de vous. Cliquez sur le lien Écrivez quelque chose sur vous. Une zone de texte apparaît. Elle est totalement ouverte puisque vous pouvez y saisir tout ce que vous voulez. Certaines personnes y intègrent un petit résumé de leur vie, une citation ou autre. Laissez libre cours à votre créativité! Validez cette description par un clic sur le bouton Enregistrer les modifications.

Dans Autres noms, spécifiez ici un surnom ou bien votre nom de jeune fille (et bien d'autres choses encore). Sélectionnez le type de nom dans le menu local qui accompagne cette section lorsque vous cliquez sur Ajouter un pseudo, un nom de naissance… Dans le menu local Type de nom, choisissez parmi des propositions telles que Pseudo, Nom de jeune fille, Nom du père, *etc. Saisissez ensuite ce nom dans le champ qui apparaît. Pour que le nom soit visible en haut du profil, cochez la case Afficher en haut du profil. Validez par un clic sur le bouton Enregistrer les modifications.*

Dans Citations favorites, libre à vous d'indiquer (ou pas) ici une expression fétiche, un extrait de dialogue ou de livre que vous appréciez ou qui vous caractérise. Validez-la par un clic sur le bouton Enregistrer les modifications.

Événements marquants

Cette section se remplit d'elle-même en fonction des informations que vous avez indiquées dans le reste de votre profil, en reprenant toutes les dates importantes qu'il contient, à commencer par votre date de naissance, votre date de mariage, mais aussi celles d'obtention de vos diplômes. Si vous voulez ajouter une date, cliquez sur le lien Ajouter un événement marquant, puis choisissez le type d'événement dans le menu qui s'affiche et fournissez les informations nécessaires (date, lieu, photos, *etc.*).

Amis

L'onglet Amis offre la possibilité de visualiser la liste complète de vos amis. Ce peut être très utile pour ceux qui essaient de retrouver quelqu'un qu'ils ont rencontré à l'une de vos soirées. Sachez que vous retrouvez des versions raccourcies de cette liste dans la partie gauche du journal et au bas de l'onglet À propos de votre profil.

Le chiffre indiqué sur l'onglet Amis indique le nombre total de vos amis. Ces derniers peuvent être classés automatiquement en fonction des liens qui vous unissent, par exemple l'université fréquentée. Pour chaque ami, vous disposez d'un bouton Amis sur lequel vous pouvez cliquer afin d'afficher différentes options de réglages : envoi de notifications à chaque activité de l'ami, classement parmi vos amis proches, vos connaissances, ou dans une autre liste, *etc.*, comme sur la Figure 6.19.

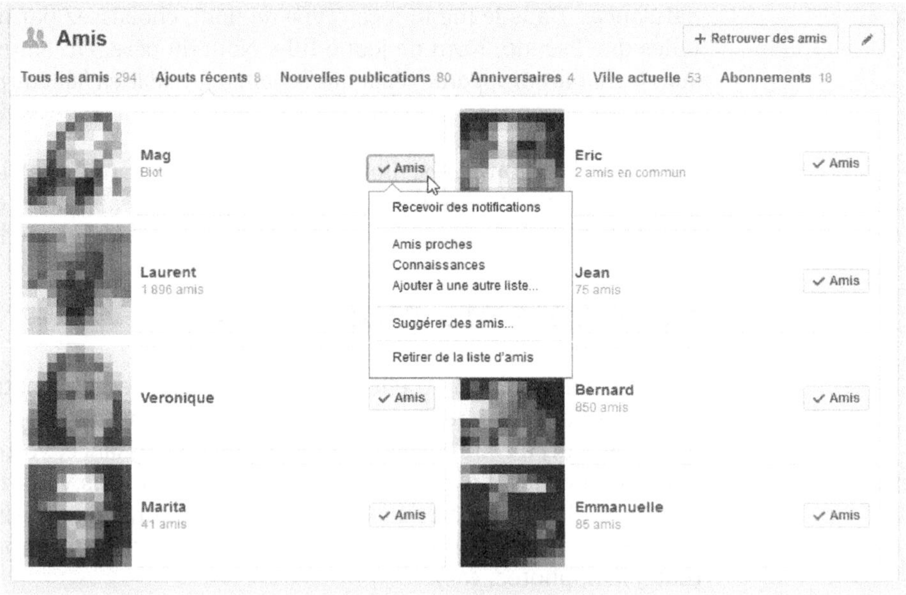

FIGURE 6.19 : Les options de vos amis.

Hello, photos

L'onglet Photos est certainement le prochain onglet que vos amis vont visiter sur votre profil. L'application Photos est étudiée en détail au Chapitre 8. Notez simplement que l'onglet Photos est particulièrement intéressant, car, outre les photos que vous avez ajoutées vous-même, il affiche d'autres photos de vous, postées par d'autres personnes.

L'application Photos vous offre la possibilité de *taguer* des amis. Taguer un ami sur une photo signifie que vous créez un lien entre son compte et la photo. Les photos sur lesquelles vous avez été tagué s'affichent par ordre chronologique dans votre onglet Photos. La Figure 6.20 représente l'onglet Photos d'un profil.

La rubrique Photos comporte deux onglets, Vos photos et Albums, et quatre boutons : Créer un album, Ajouter des photos/vidéos, Suggestions d'identification, et Gérer (icône d'un crayon).

Si vous avez été tagué dans une photo, mais ne voulez pas qu'elle apparaisse sur votre profil, supprimez simplement le tag de la photo. Ainsi, elle ne s'affichera plus dans votre profil.

Sur Facebook, les photos définissent clairement comment les gens communiquent et comment ils apprennent à mieux se connaître. Qu'elles illustrent un voyage, une réunion de famille ou une soirée entre amis, les photos fournissent de vraies informations sur la vie d'un individu.

FIGURE 6.20 : Si une photo vaut mieux que des centaines de mots, cet onglet vaut mieux que des milliers de mots.

Stratégies de création de profil

Un profil est un ensemble de nuances, de conseils subtils et de remarques plus générales qui vous aident à décider si vous et une autre personne êtes voués à être amis. Dire que vous avez une « stratégie » est un peu exagéré quand il s'agit juste de parler à quelqu'un pendant un certain temps. Votre stratégie est certainement d'être vous-même. C'est aussi ce que doit être votre stratégie sur Facebook. Nous précisons ici quelques raisons qui poussent les gens à créer un profil et quelques éléments à garder à l'esprit.

Créer un profil pour soi-même

Avec autant de personnes qui utilisent leur vrai nom pour se connecter avec leurs vrais amis sur Facebook, la principale raison qui pousse les gens à créer un profil est sans aucun doute celle d'alimenter leur vie sociale. Oui, vous pouvez vous mettre en relation avec vos amis, mais, avant tout, vous créez un profil pour vous aider à organiser votre vie et à refléter votre personnalité au monde. Quand vous créez un profil, créez quelque chose qui vous fasse penser : « Voilà quelqu'un de bien. Je suis vraiment quelqu'un de bien. » **Attention :** faire cette remarque en public, ce n'est pas bien ! Voici quelques suggestions pour créer votre profil :

- **Soyez vous-même.** Les fausses informations sont ennuyeuses. Si vous avez lu *Crime et châtiment*, ne l'ajoutez pas à votre liste de livres préférés juste pour avoir l'air plus intelligent. Les gens veulent vous connaître ; indiquez dans votre profil ce que vous pensez être pertinent pour les personnes que vous rencontrez. Si vous avez lu *Crime et châtiment*, mais êtes aussi attiré par les romans de gare, n'ayez pas honte de l'admettre. C'est vous, c'est votre profil.
- **Faites des choix délibérés sur ce que vous partagez.** Nous traitons les options de confidentialité plus tard dans ce chapitre et dans le Chapitre 5. Sachez toutefois que ce qui vous représente avant tout est ce que vous partagez sur Facebook. Si vous voulez importer votre journal intime sur Facebook pour que tous vos amis le lisent, lancez-vous. Ces informations seront alors dévoilées à tous et n'auront plus rien d'intime. Si vous ne voulez pas que vos amis connaissent vos pensées les plus candides, il suffit de ne pas les exposer sur Facebook.
- **Mettez votre profil à jour.** Vous êtes une personne dynamique et polyvalente. La meilleure façon de le montrer est d'être dynamique et polyvalent sur votre mur. Souvenez-vous que votre profil illustre l'histoire de votre vie et ce qui s'y passe actuellement. Grâce aux photos que vous ajoutez, aux mises à jour de statut que vous écrivez et aux commentaires de vos amis, chacun en apprend un peu plus sur vous et vous avez vraiment l'impression de raconter votre histoire.
- **Lancez des tendances.** N'hésitez pas à ajouter des choses à votre profil qui sont différentes de ce que vous trouvez sur le profil des autres. Si aucun de vos amis n'écrit d'articles, mais que vous avez quelque chose à dire, écrivez un article et exprimez-vous. Gardez un œil sur les nouveaux paramètres et fonctionnalités (Facebook est en constante évolution et ne cesse d'améliorer différents produits). Si une nouveauté semble intéressante, testez-la pour vous en faire votre propre opinion.

Petite expérience personnelle : Ayant réalisé un film, j'ai créé un compte Facebook relatant toute cette aventure et indiquant l'actualité de sa sortie en salle. Bien entendu, cette nouvelle a amené sur ce profil de nombreuses personnes, notamment des comédiens. Parmi ces personnes l'une d'elles s'est présentée comme directrice d'une société de production audiovisuelle, jurant les grands dieux qu'elle viendrait voir le film et patati et patata. Toutefois, son profil semblait étrange avec des informations laconiques, et des photos bizarres pour du numérique, ainsi qu'un comportement de communication à la fois naïf et surchargé. Il ne m'a pas fallu longtemps pour identifier cette personne comme mythomane, s'inventant une vie rêvée qu'elle était a priori loin d'avoir. J'ai bloqué ce contact néfaste. Tout cela pour vous dire que si vous vous faites passer pour ce que vous n'êtes pas, il sera très facile de vous démystifier.

Créer un profil pour faire de la publicité

Les *Pages* (une présence en ligne pour les marques, les sociétés, les magasins, les restaurants et les artistes) permettent aux *entités non physiques* (entreprises, films, *etc.*) d'entrer en contact avec les utilisateurs Facebook de manière significative. Les Pages présentent plus ou moins les mêmes composants qu'un profil classique et sont utilisées pour promouvoir ces entités.

En outre, certaines personnes créent un profil Facebook classique dans le but de se promouvoir. Une partie d'entre elles souhaite se créer un réseau et de nouveaux contacts pour optimiser leur carrière. D'autres sont des blogueurs invétérés qui veulent qu'un maximum de personnes ait accès à leur contenu. Ces personnes peuvent modifier la confidentialité de leur profil pour que la plupart de leurs informations soient publiques, ce qui brouille un peu la frontière entre Page et profil.

Que vous ayez créé une Page ou un profil classique, la manière de raconter l'histoire de votre vie est un peu différente. Pensez aux objectifs qui ont motivé la création de ce type de profil. Si vous êtes musicien, vous chercherez certainement à élargir votre public et à être plus diffusé grâce à vos fans. Si vous travaillez pour une grande marque, vous aurez sûrement l'intention de contacter vos consommateurs afin qu'ils conseillent votre marque à leurs amis. Si vous représentez une petite boutique, vous souhaiterez peut-être collecter les avis de vos clients pour améliorer votre service.

Quel que soit votre objectif, voici quelques conseils susceptibles de vous aider :

- **Soyez réel.** Les utilisateurs Facebook souhaitent se connecter avec des personnes réelles et avenantes. Jetez vos slogans tout faits et partagez de vraies informations sur vous et votre produit.
- **Engagez-vous avec vos fans/consommateurs/clients/usagers.** Les utilisateurs Facebook peuvent vous fournir des retours et opinions sur vos produits et services. Demandez-leur ce qu'ils pensent de votre nouveau disque, de vos vêtements en ligne ou de votre menu. Ne craignez pas les retours négatifs, mais servez-vous-en pour améliorer votre produit.

» **Mettez votre profil à jour.** Les utilisateurs reviennent sur des profils qui présentent des informations nouvelles et pertinentes. Les posts que vous créez s'affichent dans le fil d'actualité des gens, de la même manière qu'ils interagissent avec leurs amis proches. Plus vous êtes dynamique, plus les gens auront envie de vous connaître et d'en savoir plus sur vous. Ne gâchez pas cette opportunité.

» **Ne mentez pas.** Informez vos membres de la fréquence des mises à jour, nouvelles offres, *etc.* Ne mentez pas pour inciter les utilisateurs à s'engager dans des actions. Vous ne feriez qu'entraver votre marque et votre succès.

Partager avec sa famille, ses amis et le monde

Facebook reflète vraiment la réalité. Bien sûr, la réalité que vous voyez peut être différente de celle que voient vos amis. Par exemple, vous voyez votre amie Jessica comme une personne drôle et sarcastique alors que d'autres la trouvent inintéressante au possible. Comment Jessica se perçoit-elle ? Personne ne le sait sauf Jessica, mais vous pouvez certainement le deviner en vous basant sur son profil.

Quand vous créez un profil sur Facebook, vous ne vous contentez pas de partager votre vie. Vous dévoilez aussi la perception que vous avez de vous-même. Nous commençons à philosopher, mais souvenez-vous toujours de ces éléments. Vous offrez au monde une fenêtre qui s'ouvre sur vous. Que voulez-vous qu'il voie ?

Tout est question des choix que vous faites quant aux informations que vous mettez sur votre profil. Si quelqu'un a une fenêtre qui donne dans votre salon, comment est-ce que vous arrangez les coussins du canapé et qu'est-ce que vous placez dans une autre pièce ?

L'autre question est que vous vous présentez certainement différemment à vos parents, frères et sœurs ou enfants qu'à vos amis. Sans oublier que vous n'êtes pas non plus la même personne devant vos collègues et encore moins devant votre patron. Pour en revenir à notre exemple de salon : vous le nettoyez de fond en comble pour recevoir votre patron, vous rangez pour accueillir vos parents et vous n'avez certainement aucun scrupule à laisser traîner quelques moutons sous le canapé quand vous invitez vos amis.

Après avoir créé votre profil (ou nettoyé votre salon), vous avez deux possibilités pour choisir comment vous représenter et à qui. Dans le prochain chapitre, nous vous expliquons comment vous représenter en sélectionnant les personnes que vous ajoutez comme amis et celles à qui vous vous exposez. Dans la prochaine section, nous vous présentons l'autre possibilité : contrôler les informations qui vous représentent, mais pas aux yeux de *tous*.

Qui peut voir quoi ?

La confidentialité et la sécurité sont étudiées au Chapitre 5. Toutefois, quand vous créez votre profil, rappelez-vous que toutes les informations qu'il contient peuvent être contrôlées, quasiment ligne par ligne et post par post. Vous pouvez définir qui peut et qui ne peut pas voir chaque post que vous publiez.

Les options possibles

En principe, vous disposez des options suivantes dans tous les menus déroulants concernant la confidentialité. Dans votre profil, vous pouvez accéder à ce menu dès que vous créez un post dans la zone de publication. Ainsi, vous contrôlez la visibilité de chaque post :

- **Public :** Cette option signifie que tous les utilisateurs Facebook peuvent voir cette information quand ils vont sur votre profil. De plus, cette information peut être disponible en dehors de Facebook par le biais des applications et de la recherche. Les informations ou posts pour lesquels vous choisissez cette option peuvent être visualisés par tout le monde. Assurez-vous que cela ne vous pose pas de problème.
- **Amis :** Seuls vos amis peuvent voir vos posts ou informations.
- **Amis sauf :** Permet d'indiquer qui ne verra pas vos publications parmi vos amis. Bien entendu, vos amis ainsi exclus n'en sont pas avertis.

Cliquez sur Plus pour accéder à des options de confidentialité supplémentaires :

- **Amis spécifiques :** Seuls les comptes de vos amis indiqués pourront voir votre publication. Il pourra aussi s'agir d'une liste d'amis.
- **Moi uniquement :** Vous seul pourrez voir vos informations ou publications.

Cliquez sur Voir tout pour accéder à :

- **Personnalisé :** Avec à cette option, vous êtes libre de définir qui peut voir l'information ou le post. Vous pouvez autoriser certaines listes de personnes et en bloquer d'autres. Lisez le Chapitre 4 pour apprendre à créer des listes.

Plus d'options donne accès à des paramètres de confidentialité supplémentaires. Cela permet notamment de restreindre l'accès à votre publication à une liste d'amis, aux amis que vous avez identifiés comme étant des proches, ou bien simplement à ceux déterminés comme « connaissances ». Enfin, Personnalisé permet de spécifier qui est exclu ou autorisé à l'accès à votre publication.

Nous parlons *de post* ou *d'information* plutôt que de profil, car chaque élément de votre profil peut être géré individuellement.

La Figure 6.21 représente la page Paramètres d'identification et de journal. Pour y accéder, cliquez sur le triangle situé à droite sur la grande barre bleue puis sur Paramètres. Dans la page qui s'affiche, cliquez à gauche sur Journal et identification. Cette page indique ce que les gens peuvent voir et faire dans votre Journal. Les divers éléments de votre profil sont gérés dans les différentes sections de cette page. Reportez-vous au Chapitre 5 pour vous plonger dans les pages de confidentialité.

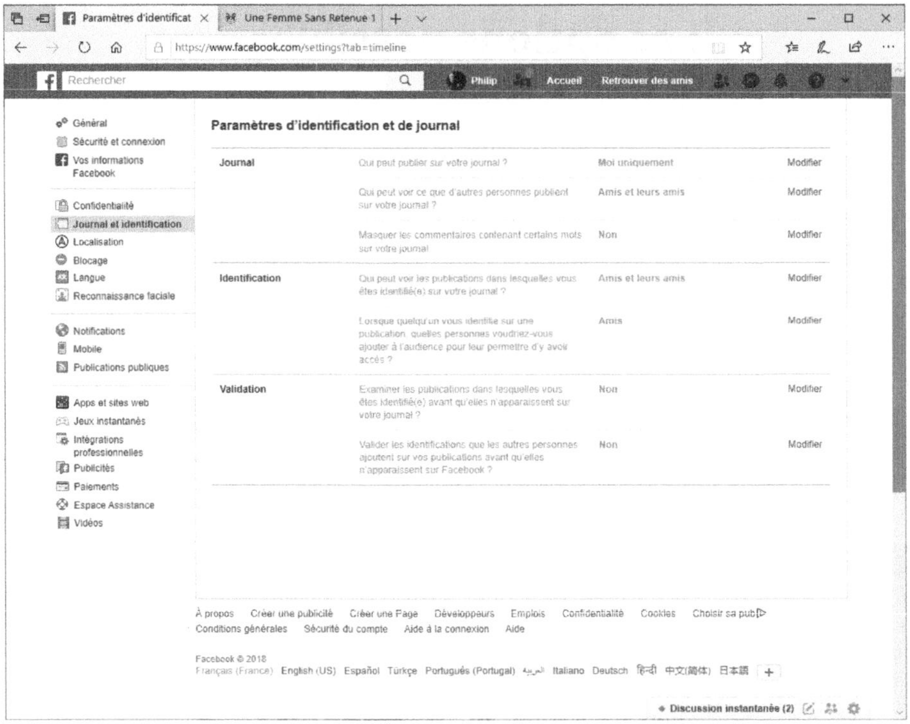

FIGURE 6.21 : Gérez vos informations dans les pages dédiées à la confidentialité de votre Journal.

Gérer la visibilité du profil

Grâce aux options générales présentées dans la section précédente, il est possible d'avoir une visibilité totale de votre profil. Chaque personne a une combinaison différente de réseaux et d'amis. Il est donc impossible de savoir ce que chaque personne voit.

Vous voyez tous les éléments de votre profil. Pas de panique ! Le fait de voir votre numéro de téléphone et votre adresse quand vous ouvrez votre profil ne signifie pas que tout le monde les voie.

En général, il convient de distinguer deux groupes quand vous définissez la confidentialité de votre profil : un groupe de personnes que vous ne pouvez pas contrôler et un groupe que vous pouvez contrôler. Le groupe que vous ne contrôlez pas correspond à l'option Public. Le groupe que vous contrôlez correspond à vos Amis et aux listes d'amis que vous avez créées. Quand vous configurez la confidentialité, posez-vous la question de savoir si vous acceptez le fait que ces groupes voient vos informations confidentielles.

Coordonnées

Bien évidemment, vos coordonnées sont les informations les plus confidentielles que vous mettez sur Facebook. Elles sont aussi très utiles, car vous disposez d'un annuaire qui se met à jour automatiquement et qui ne se perd jamais. Cependant, vous ne voulez certainement pas que tout le monde ait accès à votre adresse et à votre numéro de téléphone.

C'est pourquoi le paramètre par défaut pour vos coordonnées est Amis. Augmentez leur visibilité si vous le souhaitez. Notez qu'en limitant la visibilité de vos coordonnées aux personnes qui sont officiellement vos amis, vous permettez à ceux susceptibles de vouloir vous contacter de le faire.

Une autre caractéristique intéressante en termes de confidentialité des coordonnées est que vous contrôlez chaque information. Pour vérifier les options de confidentialité attribuées à chaque information, cliquez sur l'onglet À propos. Dans la partie gauche, choisissez Informations générales et coordonnées. Ensuite, cliquez sur le lien Modifier d'une rubrique de la section Coordonnées qui apparaît lorsque vous y positionnez le pointeur de la souris.

Ouvrez ensuite le menu local de confidentialité identifié par une icône comme un globe terrestre (public) ou deux silhouettes superposées (Amis). En utilisant l'option Personnalisé, vous pouvez envisager tous les cas de figure sur Facebook. Vous voulez que vos collègues et personne d'autre ne voient votre adresse e-mail ? Personnalisez ce paramètre de sorte que tous les membres de votre réseau professionnel y aient accès. Vous préférez que seuls vos meilleurs amis puissent voir votre numéro de téléphone ? Créez une liste d'amis contenant leur nom et utilisez l'option Personnalisé pour qu'il ne soit visible que par cette liste. Les possibilités sont illimitées et étudiées en détail dans le Chapitre 5.

Notez que vous pouvez également choisir de ne pas afficher une information dans votre Journal en cliquant sur le petit cercle grisé qui apparaît à droite de celle-ci lorsque vous placez le pointeur de la souris dessus.

Date de naissance

Votre année de naissance est une autre information confidentielle qui bénéficie de contrôles de confidentialité spécifiques sur Facebook. Dans les Informations générales et coordonnées, vous pouvez choisir de montrer cette information à tout le monde (Public), seulement à vos Amis, à vos amis et à leurs amis, à vous uniquement (Moi uniquement) ou à un groupe personnalisé (Personnalisé). De plus, comme certaines personnes n'assument pas leur âge, il existe des contrôles spécifiques permettant de définir ce que les gens voient sur leur date de naissance dans leur profil. Suivez ces étapes pour contrôler qui peut voir votre date de naissance dans l'onglet Infos de votre profil :

1. **Dans votre profil, cliquez sur À propos.**
2. **Dans la colonne de gauche, cliquez sur Informations générales et coordonnées.**
3. **Dans la section Informations générales, placez le pointeur de la souris sur la section Date de naissance, et cliquez sur l'icône identifiant la confidentialité actuelle ou bien sur le lien Modifier qui apparaissent.**

   Cette section ouvre les paramètres de la date de naissance.

4. **Comme le montre la Figure 6.22, cliquez sur le menu local affichant l'icône de confidentialité actuelle et situé à droite de la date de naissance.**

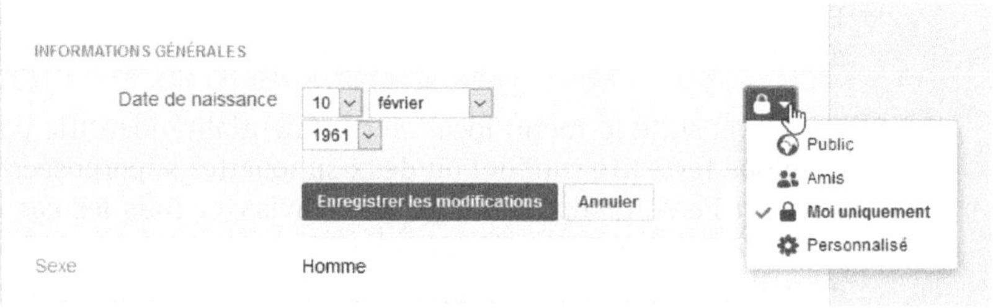

FIGURE 6.22 : Définissez la confidentialité de votre date de naissance.

5. **Vous avez le choix parmi les options de confidentialité traditionnelles : Public, Amis, Moi uniquement, et Personnalisé.**

   Si vous ne souhaitez pas divulguer votre date de naissance, choisissez Moi uniquement.

L'HONNÊTETÉ EST LA MEILLEURE LIGNE DE CONDUITE

Dans ce chapitre, nous ne cessons de parler de partage, de visibilité et de représentation de soi face au monde Facebook. Outre les métaphores sur les autobiographies, tous les utilisateurs Facebook cherchent à se faire connaître. Facebook est un excellent moyen pour lier des relations plus étroites avec les gens. Mentir sur son profil ne favorise pas ce type de relations. En fait, le mensonge conduit les autres à mentir aussi. Facebook perd en efficacité à cause des faux noms, des fausses dates de naissance, des faux parcours professionnels, *etc*. Facebook est un espace génial pour obtenir de vraies informations. Si vous n'êtes pas à l'aise avec l'idée de partager certaines informations, vous avez deux solutions :

- **Ne partagez aucune information si cela vous gêne.** Si partager votre numéro de téléphone vous effraie, ne le faites pas.
- **Familiarisez-vous avec les options de confidentialité de Facebook.** L'utilisation des options de confidentialité vous permet d'empêcher certaines personnes ou groupes de personnes d'accéder à vos informations. C'est mieux que de mentir pour optimiser votre profil Facebook.

Chapitre 7

Comportement social

DANS CE CHAPITRE :

- **S'inquiéter pour ses amis.**
- **Découvrir les dernières informations intéressantes dans la communauté.**
- **Raconter sa vie.**
- **Trouver des informations récentes sur un sujet spécifique.**

Il n'est pas toujours facile, dans l'existence, de prendre régulièrement des nouvelles de nos amis. De même, donner de vos nouvelles à tous ceux qui s'en soucient est une tâche très répétitive. La mission de Facebook est de vous aider à vous connecter et à communiquer avec ceux qui tiennent à vous et auxquels vous tenez. Cette réciprocité est à la base du succès de tout réseau social. Le modèle Facebook exige que chacun de nous soit responsable des connexions qu'il établit et de la mise à jour de son profil. Nos histoires alimentent le grand journal d'informations et de partage qui nous tient informés de la vie de chacun de nos contacts.

Dans ce chapitre, nous nous concentrons sur le comportement social à adopter sur Facebook, en commençant par le flux d'histoires que nous générons pour nos amis. Nous abordons ensuite le grand flux social qui rassemble toutes les informations fournies par nos amis et notre entourage. Enfin, nous étudions le flux global d'informations grâce auquel nous nous renseignons sur les sujets récents qui nous intéressent.

Lire le Journal

Quand nous rencontrons quelqu'un, nous avons tendance à lui fournir les informations qui figurent dans la rubrique À propos de notre profil Facebook : notre nom, notre lieu de résidence, le nombre d'enfants que nous avons et éventuellement l'école que nous avons fréquentée. Quand nous rencontrons un ami perdu de vue depuis longtemps, nous partageons différents types d'informations. Plutôt que des faits nous concernant, nous allons lui raconter ce qui a changé, ou bien ce qui est nouveau dans notre vie depuis la dernière fois que nous nous sommes rencontrés. Nous discutons éventuellement de nos dernières vacances, de la visite d'un ami commun ou des difficultés que nous avons avec l'un de nos clients.

Imaginez le Journal comme une section de votre profil dédiée à ces types de mises à jour; celles que vous partagez régulièrement avec vos amis. Avec la mise à jour de votre Journal, vous informez vos amis sur des étapes clés (ou même les détails) de votre existence, et leur donnez une chance d'engager une conversation sur un sujet qui les intéresse.

Les utilisateurs publient dans leur Journal pour diverses raisons et à différentes fréquences. Voici les exemples d'informations que plusieurs types de personnes peuvent ajouter à leur profil :

- **Étapes importantes de la vie :** Certains utilisateurs se contentent d'ajouter sur leur profil quelques mots sur une étape de leur vie : un déménagement, un diplôme, un nouvel emploi ou un mariage. Par exemple : « Salut les amis, j'ai démissionné pour rejoindre un groupe de rock ! ».
- **Récit détaillé :** À l'autre extrême, il y a ceux qui racontent l'histoire de leur vie en précisant chaque petit détail. Il s'agit des personnes qui publient leurs activités quotidiennes, leurs pensées, leurs sentiments et leurs projets dans leur Journal. Vous savez quand ils sont en train de se reposer chez eux et quand ils sortent dîner, quand ils vont quitter le bureau et quand ils l'ont quitté. Vous savez aussi qu'ils ne sont pas contents parce que c'est lundi ou qu'ils se réjouissent d'être vendredi. Vous savez qu'ils ont un morceau de popcorn coincé entre les dents et vous trépignez de savoir quand ils réussiront à s'en débarrasser.
- **Quelque chose à partager :** Certaines personnes consacrent leur Journal à la dissémination d'informations pratiques et appréciables pour leurs amis. Par exemple, elles vont poster des liens vers des morceaux de musique ou télécharger des photos intéressantes. Elles publient aussi de nouveaux articles ou écrivent des récits détaillés d'événements qui viennent de se produire et que les autres seront ravis d'apprendre. Même si ces sujets sont moins personnels que d'autres, ils donnent tout de même des indices sur ce que fait ce type d'ami.

- **Se rencontrer :** Certaines personnes utilisent leur Journal pour rencontrer leurs amis. Elles publient un post quand elles vont au parc ou au café ou projettent de visiter une nouvelle ville. Si un ami n'est pas loin et lit ce message, ils peuvent se rejoindre et passer un bon moment ensemble. Indiquer l'endroit où l'on se trouve actuellement peut avoir d'intéressants effets secondaires. Les amis qui lisent le post ne peuvent pas forcément vous rejoindre, mais ils ont une idée de ce que vous faites. Souvent, les parents aiment que leurs enfants ajoutent ce genre de posts qui leur donnent des indices sur leur vie au quotidien. Autre effet secondaire des posts géographiques : ils servent à partager un avis. Quelqu'un peut indiquer qu'il est dans un restaurant dont ses amis n'ont jamais entendu parler. Ils peuvent noter le nom du restaurant et demander des avis ultérieurement.
- **Rendre public :** Les posts publicitaires sont très rares sur les profils privés, mais plus courants sur les comptes et Pages de célébrités ou de marques. Les groupes musicaux peuvent rappeler à leurs fans une tournée à venir ou la sortie d'un nouvel album. Une entreprise peut informer ses clients d'un concours auquel certains voudront participer. Beaucoup d'artistes téléchargent leur travail sur le Web et utilisent leur statut pour indiquer à leurs amis et fans où ils peuvent trouver leurs œuvres les plus récentes.

Récemment, Jacques a décidé de déménager et a posté sur son Journal qu'il voulait sous-louer son appartement. Quelques réponses étaient intéressées : « Quand est-ce que je peux venir visiter ? », quand d'autres se voulaient plus utiles : « Besoin de cartons ? » ou juste curieuses : « Tu déménages ? Pourquoi ? Où ? Quand ? ».

Peu importe la manière dont vous remplissez votre Journal, à condition que vous l'utilisiez. Ainsi, vos amis et votre famille, surtout ceux qui sont loin, se sentent plus proches de vous, car ils savent ce que vous faites. En tenant votre Journal à jour, vous vous sentez aussi plus proche de vos amis. D'une part, ils peuvent laisser des commentaires sur vos posts, ce qui vous permet d'échanger avec des personnes qui ne partagent pas votre vie au quotidien. D'autre part, si vos amis connaissent les détails de votre vie, vous évitez les questions ennuyeuses du genre « Comment ça se passe au bureau ? Comment vont les enfants ? » et pouvez directement passer aux sujets intéressants, comme « Comment est-ce que tu t'es retrouvé dans cette tenue à bord d'une montgolfière ? »

Nous avons expliqué que le but d'un réseau social est le partage d'informations plus ou moins personnelles, de réflexions, d'activités, d'événements, bref de tout ce qui s'effectue généralement dans la vie réelle auprès des quelques personnes que vous croisez dans la journée. Sur Facebook, une publication atteindra la totalité de vos amis dont le nombre peut très vite monter à plusieurs centaines de personnes. Bien entendu, nous avons également appris que vous pouviez restreindre la diffusion d'une publication à une liste d'amis, ou l'interdire/l'autoriser à quelques amis spécifiques. Il est même possible, par défaut, de permettre à vos amis de publier sur votre journal. Toutefois, plus le nombre de vos amis Facebook grandit, moins vous connaissez ces amis en profondeur, et plus vous risquez d'être exposé à des publications qui ne sont pas de votre fait et qui peuvent contrevenir à votre manière de penser. Certes, il sera toujours possible de supprimer les publications, sur votre journal, qui ne vous plaisent pas, en restant conscient que, si l'auteur de cette publication s'en aperçoit, il risque de vous en tenir rigueur, voire de publier un texte qui vous culpabilise sur l'acte que vous venez de commettre. Souvent, pour éviter ces désagréments et pour ne pas passer votre temps à « fliquer » les publications des autres sur votre journal, le mieux est d'interdire cette possibilité. Voici comment procéder :

1. **Cliquez sur l'icône du triangle dans la grande barre bleue.**
2. **Dans le menu local qui apparaît, choisissez Paramètres.**
3. **Dans la colonne de gauche de la page qui apparaît, cliquez sur Journal et identification, puis sur le lien Modifier de Qui peut publier sur votre journal ? de la section Journal.**
4. **Ouvrez le menu local, et choisissez Moi uniquement, comme à la Figure 7.1.**

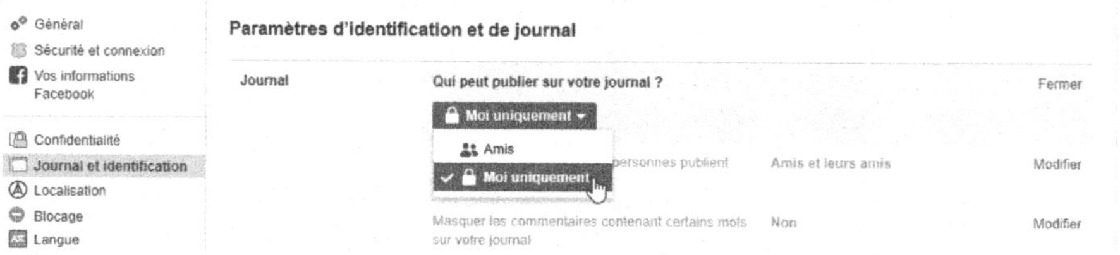

FIGURE 7.1 : Pour éviter que vos amis ne publient sur votre journal.

La foire à la saucisse

Le fil d'actualité est parfois appelé le fil d'accueil, car c'est le fil des mises à jour de vos amis visibles sur la page d'accueil Facebook. Vous y accédez quand vous vous connectez ou quand vous cliquez sur le lien Accueil situé dans la barre bleue. Le fil d'actualité rassemble tous les flux des amis auxquels vous tenez. Dès que vous vous connectez au site, vous voyez le flux de tout ce que vos amis ont fait récemment.

Au Chapitre 3, nous avons présenté le fil d'actualité. Nous y revenons ici, car il faut savoir que le fil d'actualité est bien plus qu'une simple liste numérotée de type « Il a fait ci, elle a fait ça ». En fait, c'est un outil de communication très puissant. Voici comment un utilisateur décrit son expérience avec le fil d'actualité :

Après mon diplôme, à chaque fois que j'ai déménagé ou changé de travail, j'ai rencontré de nouvelles personnes et en ai laissé d'autres derrière moi. Chacune de ces transitions imposait soit de laisser tomber des amis, soit d'avoir de plus en plus de personnes à appeler ou auxquelles envoyer un e-mail régulièrement jusqu'à ce que ça devienne une corvée plus que de l'amitié.

Facebook a tout changé pour moi. Il se peut que je ne parle pas à un ami pendant une année, mais grâce au fil d'actualité, je vois les photos de ses voyages et je suis au courant de ses relations et des nouveautés dans sa vie. De la même manière, il peut voir ce que je fais quand je modifie mon statut, réponds à des événements ou écris sur le Journal d'un ami commun. Occasionnellement, je vois une photo de lui, je clique sur J'aime et je laisse un commentaire. Il sait quand j'assiste à la soirée d'anniversaire d'un ami commun et me demande de lui passer le bonjour de sa part.

Jacques explique comment Facebook a amélioré ses relations avec sa famille :

Cela faisait dix ans que j'avais quitté la maison et j'appelais ma famille une fois par semaine. Parfois, il était difficile pour moi de savoir quels détails de ma vie intéressaient ma famille. Maintenant que nous sommes tous sur Facebook, mes parents et mes frères et sœurs voient quand je vais à une soirée, quand je passe le week-end à la montagne ou quand j'assiste à une conférence. Quand nous discutons au téléphone, je n'ai pas besoin de me remémorer tout ce que j'ai fait ; ma famille s'occupe elle-même de me le rappeler. Même si nous continuons à nous appeler une fois par semaine, nous échangeons souvent des articles, des pokes et jouons à la version en ligne du Scrabble.

Pour que le fil d'actualité cible vos besoins d'informations, lisez les conseils ci-dessous :

» **Annuler l'abonnement :** L'affichage par défaut du fil d'actualité met en évidence chaque détail posté par chacun de vos amis. Sachez cependant que les algorithmes de Facebook sont bien plus impénétrables que les voies du Seigneur car nous avons bien du mal à savoir pourquoi ce réseau social vous présente plutôt telle et telle nouvelle publication d'amis que telle autre.

  Si vous avez beaucoup d'amis productifs, la quantité d'informations peut vite devenir ingérable. De temps en temps, vous pouvez lire des histoires qui ne vous intéressent pas, comme des publications d'un ancien camarade de classe avec qui vous n'avez plus rien en commun ou ceux d'un collègue que vous trouvez ennuyeux ou agressif. Quelle que soit la raison, dès que vous estimez que les posts d'un ami n'ont plus rien à faire dans votre fil d'actualité, annulez l'abonnement. Pour supprimer quelqu'un de votre fil d'actualité, accédez à son profil. Cliquez sur le bouton Déjà abonné(e) situé sur sa photo de couverture. Dans le menu local qui apparaît, choisissez Se désabonner de <nom du profil>, comme le montre la Figure 7.2.

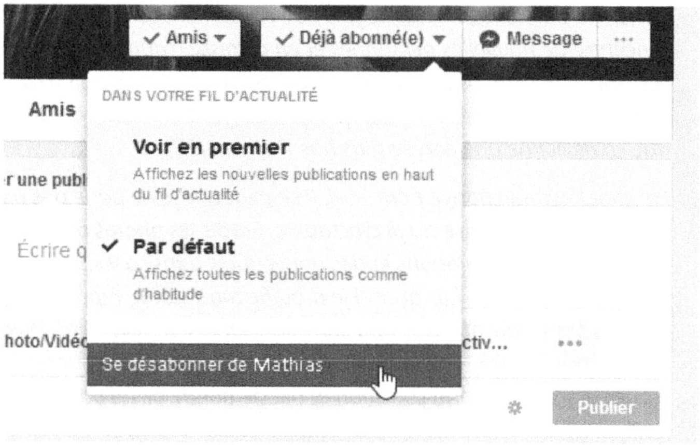

FIGURE 7.2 : Se désabonner d'un ami.

- **Créer et utiliser des Listes d'amis :** Au Chapitre 4, nous détaillons les Listes d'amis. Nous vous rappelons ici à quel point elles sont utiles dans le fil d'actualité. Créez des listes qui reflètent les différentes façons de segmenter votre vie sociale. Certains utilisateurs créent des listes pour leurs collègues, leurs camarades de classe, leur famille, leurs connaissances, leurs meilleurs amis, leurs amis géographiquement proches, *etc*. Si vous avez créé de telles listes, elles servent de filtres dans votre fil d'actualité. Disons que vous avez créé une liste pour votre famille. Consultez-la avant de rentrer pour les vacances. Une liste d'amis proches (en opposition à la famille ou aux collègues) peut être utile pour savoir ce que chacun prévoit pour le week-end prochain. Pour créer une Liste, commencez par cliquer sur le bouton Accueil de la barre de titre bleue de Facebook. Ensuite, dans la colonne de gauche, localisez la section Parcourir et cliquez sur le lien Listes d'amis. Si vous ne voyez pas ce lien, cliquez sur Voir plus. Dans la partie centrale de Facebook, cliquez sur le bouton Créer une liste.

  Si vous avez une Liste d'amis dont vous aimez particulièrement avoir des nouvelles et avec laquelle vous aimez interagir, pensez à créer un groupe avec les personnes qui la composent. Les groupes vous permettent de poster des informations qui restent dans le cercle d'amis. Lisez le Chapitre 10 pour en savoir plus sur les groupes.

- **Contribuer :** Laissez des commentaires ou dites à vos amis quand vous aimez un post (ces fameux « like » Facebook !). Plus les conversations commencent bien et plus vos amis sentent que vous approuvez leur contenu, plus les relations sont actives et soutenues.

Droit au but

Il se peut que vous soyez en contact avec 10, 100 ou 500 amis sur Facebook dont la plupart sont actifs sur le site. L'utilisateur moyen de Facebook a 125 amis, tandis que certains en ont trois, et d'autres 5 000. Ensemble, vos amis réalisent des centaines d'actions par jour sur Facebook. Si vous figurez parmi ceux qui ont plus d'amis que la moyenne, il est quasiment impossible de vous y retrouver avec toutes ces actions. De plus, si vos amis Facebook s'étendent de votre meilleur ami à cette fille avec qui vous étiez en classe à l'école primaire, beaucoup de ces actions risquent de ne pas vous intéresser.

Pour vous aider à vous en sortir, Facebook classe les actualités de votre fil d'actualité dans deux catégories : À la une et Plus récentes. Les actualités récentes regroupent les nouvelles de tous vos amis, publiées par ordre chronologique inverse (la plus récente en haut). Notez que les amis que vous avez masqués du fil d'actualité ne s'affichent dans aucune des deux catégories. Les actualités à la une se distinguent des actualités récentes de deux manières :

- Les actualités à la une affichent les posts d'amis qui ont eu les retours les plus positifs ces derniers jours. Il peut s'agir d'une photo très commentée, d'une mise à jour de statut très appréciée ou d'un article écrit il y a plus d'un an et qui a été commenté par un ami.
- Comme les actualités à la une affichent un échantillon de toutes les histoires possibles et imaginables, elles restent affichées plus longtemps que dans la section Actualités récentes. Si vous vous connectez de temps en temps, les actualités à la une sont idéales pour vous. En revanche, si vous êtes constamment connecté, vous risquez d'être agacé de voir les mêmes actualités pendant si longtemps.

Pour choisir d'afficher les actualités à la une ou les plus récentes, affichez la page d'accueil de votre compte Facebook. Dans la colonne de gauche, ouvrez le menu local Fil d'actualité et choisissez l'une des deux options proposées, comme sur la Figure 7.3.

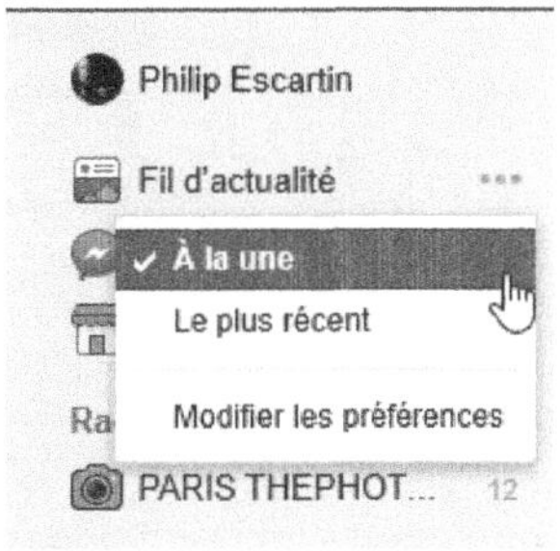

FIGURE 7.3 : Choisissez l'option d'affichage du Fil d'actualité.

Rechercher partout

Le Journal vous apprend tout sur une personne tandis que le fil d'actualité vous renseigne sur vos amis. La recherche vous permet d'en savoir plus sur un sujet, s'il a été abordé durant les 30 derniers jours.

Vous avez tous vécu l'expérience suivante : vous faites la queue au supermarché ou à la cantine, entendez des gens parler d'un sujet qui vous intéresse et vous joignez à la conversation. « Vous avez fait du parapente ce week-end ? J'adore le parapente. C'était comment ? », « Du parapente naturiste ? Ah ! N'en dites pas plus. » Dans d'autres cas, vous entendez une bribe de conversation, mais n'avez pas forcément envie d'y prendre part.

Maintenant, imaginez que vous puissiez entrer dans un lieu public et choisir d'écouter toutes les conversations ou seulement celles qui vous intéressent. L'utilisation de la recherche Facebook équivaut à vous asseoir au milieu de ce lieu où vos amis et les autres ont des conversations semi-publiques, à rechercher les sujets qui vous intéressent et à trouver des résultats d'abord auprès de vos amis. La recherche Facebook revient donc à dire « J'aimerais savoir si quelqu'un parle de ce sujet en ce moment » et à être transporté dans cette conversation comme par magie !

La Figure 7.4 montre une recherche effectuée sur le mot « concert ». Pour utiliser un filtre de recherche, tapez les termes de votre recherche dans le champ situé dans la partie supérieure gauche de votre Facebook, et ceci même s'il indique Retrouver des amis. Ensuite, dans la liste des résultats, cliquez sur Voir tout pour <votre recherche>. Utilisez la section Filtrer les résultats pour affiner la recherche.

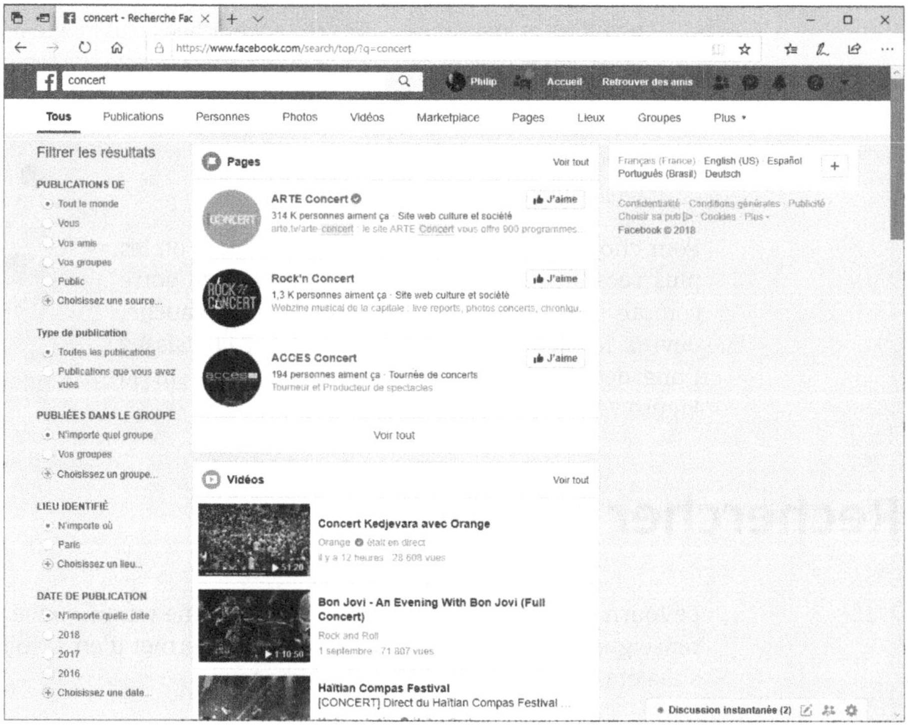

FIGURE 7.4 :
Utilisez la recherche pour trouver des informations ciblées.

La recherche peut être utilisée de différentes façons, en fonction de vos besoins à un moment donné :

- **Sujets d'actualité :** La recherche est idéale pour prendre le pouls sur un sujet d'actualité comme une restructuration annoncée par la direction, le décès d'une célébrité ou le dernier discours du président. Rechercher des informations sur une actualité de dernière minute peut vous lancer dans une conversation avec vos amis ou le monde entier.
- **Faire des projets :** Si vous recherchez « week-end », vous avez de fortes chances de trouver ce que vos amis prévoient de faire ce week-end. Recherchez « dîner » pour voir si quelqu'un prévoit d'organiser un dîner. Les samedis, Jacques tape le nom de son parc préféré dans la zone de recherche pour voir si quelqu'un prévoit d'y aller.
- **Actualités pratiques :** La semaine dernière, Jacques s'apprêtait à prendre le train quand son ami a publié une information par laquelle il serait en retard. Il a commencé à travailler chez lui en gardant un œil sur les informations concernant son train. Dès que la situation s'est débloquée, il a pris ses affaires et s'est rendu au bureau. De la même manière, vous pouvez utiliser la recherche pour suivre le score d'un match, les résultats d'une élection ou pour savoir s'il faut s'équiper de chaînes sur certaines routes de montagne.
- **Recommandations :** Recherchez « dîner » pour consulter les mises à jour de vos amis sur les restaurants qu'ils ont testés récemment. Recherchez « film » pour connaître les films que vos amis sont allés voir ces derniers temps. Si leurs mises à jour n'indiquent pas s'ils ont aimé un restaurant ou un film, posez-leur simplement la question.
- **Réactions :** Les entreprises se servent de la recherche Facebook pour analyser les réactions face aux campagnes publicitaires ou aux bandes-annonces de films. Les artistes peuvent partager un nouveau morceau et utiliser la recherche Facebook pour voir comment il est accueilli.

En une seule recherche sur Facebook, vous pouvez avoir un condensé de ce que vos amis pensent à un moment donné.

Vos amis peuvent récupérer tout ce que *vous* publiez quand ils recherchent des mots qui figurent dans vos posts (à moins que vous empêchiez des amis de voir certains posts). Tous les utilisateurs de Facebook qui recherchent un terme peuvent trouver les éléments que vous postez et auxquels vous affectez l'option de confidentialité Public.

Vous pouvez, parmi les filtres, préciser une date afin de mieux cibler les résultats. Pour cela, activez un des boutons radio de la section Date de publication (en bas de la colonne de gauche). Par défaut, la date couvre une année entière comme 2018, 2017, 2016, etc. Si vous souhaitez une autre année et un mois particulier, cliquez sur + Choisissez une date. Dans le menu local affichant l'année, choisissez celle durant laquelle vous avez souvenir que la publication a été réalisée, puis choisissez un mois dans le menu local situé à gauche de l'année. Bien entendu, vous pouvez d'abord préciser le mois, puis l'année. Attention, car lorsque vous choisissez un mois ou une année Facebook actualise immédiatement les résultats de sa recherche. Vous devrez donc de nouveau cliquer sur + Choisissez une date pour indiquer l'année ou le mois (selon votre choix préalable).

Souvenirs, souvenirs

Au bout d'un certain temps d'activité sur Facebook, il se peut que vous ayez envie de revoir tous les posts, photos taguées et invitations que vous avez publiés sur le profil de vos amis. Facebook vous offre un moyen rapide de consulter tout ce que vous avez partagé avec un ami.

La page Vous et... affiche tous les posts et réponses que vous avez partagés avec un ami, les photos sur lesquelles vous êtes tagués, une liste des invitations à des événements auxquelles vous avez répondu ainsi que la liste de vos amis en commun. Cette page vous propose même une image de profil par défaut.

Pour visualiser la page Vous et... que vous partagez avec un ami, respectez les étapes suivantes :

1. **Accédez au profil de votre ami.**
2. **Cliquez sur le bouton orné de trois petits points à droite du bouton Message sur la couverture de son Facebook.**
3. **Dans le menu local qui apparaît, choisissez Voir les liens d'amitié, comme le montre la Figure 7.5.**

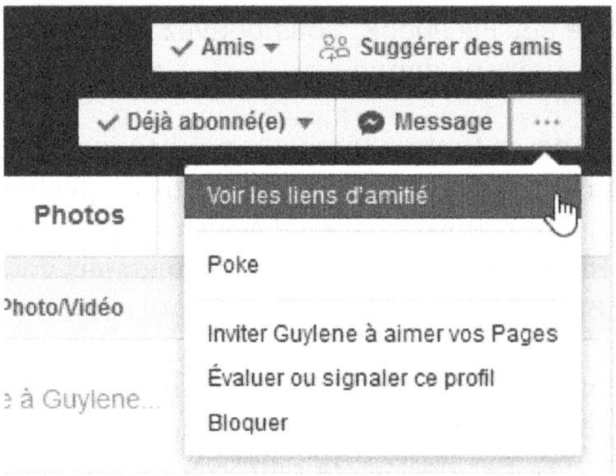

FIGURE 7.5 : Pour faire le bilan d'une amitié Facebook.

Facebook crée automatiquement la page Vous et..., illustrée dans la Figure 7.6. Elle affiche les posts les plus récents que vous avez partagés avec votre ami. Les messages sur le Journal, les photos sur lesquelles vous êtes tagués tous les deux, les groupes auxquels vous appartenez, les événements auxquels vous avez participé, les commentaires partagés sur des mises à jour de statut et les choses que vous aimez figurent dans la colonne centrale de cette page. Notez qu'elle ressemble fortement à votre profil, à la différence près qu'elle concerne deux personnes.

La page Vous et... affiche seulement le contenu Facebook que votre ami peut voir et *vice versa*. Si vous avez bloqué un ami de sorte qu'il ne puisse pas voir certaines photos, commentaires ou votre Journal, ce contenu n'apparaît pas sur la page Vous et...

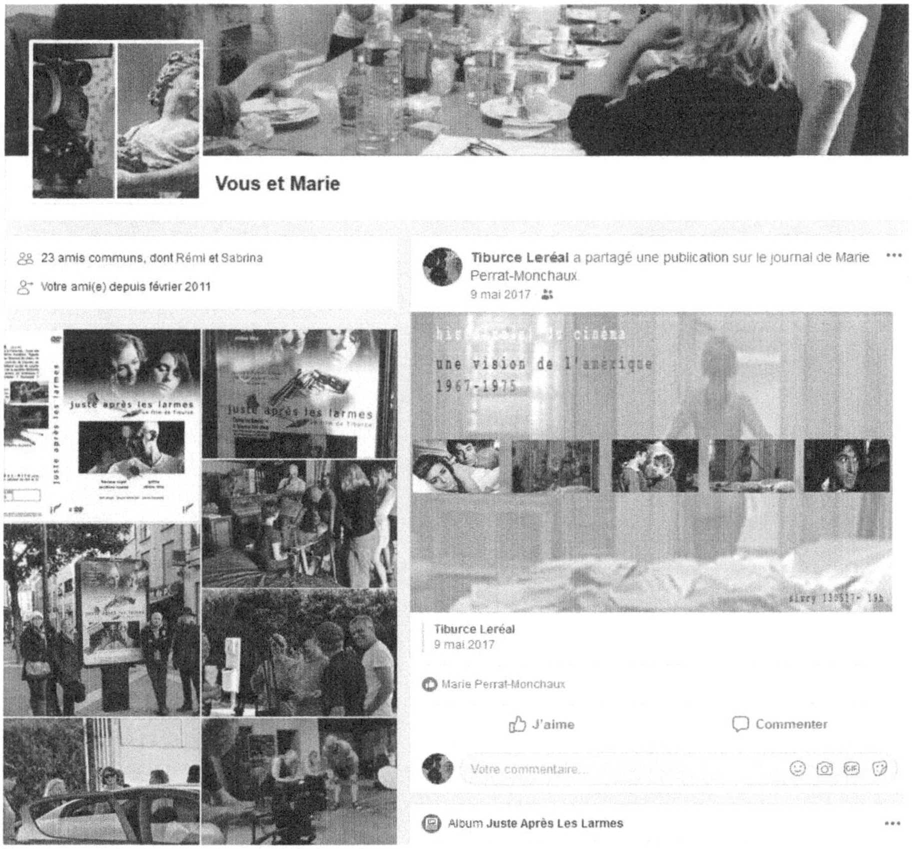

FIGURE 7.6 : Une page Facebook Vous et...

Chapitre 8

Photos, vidéos et articles sur Facebook

DANS CE CHAPITRE :

- **Télécharger, modifier et taguer des photos, vidéos et articles.**
- **Comprendre et utiliser la confidentialité pour ces applications.**
- **Garder la trace de ce qui est créé.**

De nombreux utilisateurs ont l'impression d'être « perdus » sur Facebook, exactement comme nous pouvons parfois nous abandonner dans un bon livre. C'est souvent le cas avec le fil d'actualité ou le profil d'un ami. Vous cliquez sur une photo qui vous interpelle, qui elle-même vous conduit vers un album que vous aimez, qui lui-même vous dirige vers une vidéo de vacances d'un ami, qui à son tour vous emmène vers le profil d'un autre ami qui a publié des tonnes de nouveaux articles sur sa vie. Heureusement que vous n'avez pas un éditeur derrière votre épaule qui vous demande si vous avez fini de rédiger le chapitre sur les photos, les vidéos et les articles !

Dans ce chapitre, nous vous communiquons les bases permettant de partager vos photos, vidéos et articles avec vos amis. Votre profil fera des envieux en racontant l'histoire complète de votre vie de manière interactive. Après avoir créé votre liste d'amis et votre profil sur Facebook, attelez-vous à y ajouter du contenu riche que vous souhaitez partager avec vos amis. Par *contenu riche*, nous entendons un contenu qui a un peu plus de poids qu'une simple liste d'intérêts ou une rapide mise à jour de statut. Ces types de contenu (photos, vidéos et articles sur votre vie) sont très importants pour dessiner une image complète de votre existence. Une publication qui indique un statut tel que « En Espagne ! » raconte une partie de votre histoire, mais un album photo de votre voyage ou un article qui précise votre itinéraire invite vraiment les gens à partager votre enthousiasme et votre expérience.

Photos, Vidéos et Articles sont des applications créées par Facebook qui vous permettent de télécharger et de partager respectivement des photos, des vidéos et des articles. Dans ce chapitre, nous vous expliquons comment utiliser ces applications et en quoi elles améliorent votre profil Facebook.

Points communs des applications

Nous étudions chaque application séparément, mais vous invitons à noter les quelques points qu'elles ont en commun. Ces caractéristiques ne constituent pas le fond de ces applications, mais elles méritent d'être mentionnées :

» **Taguer :** Le tag permet d'identifier des gens sur vos photos, vos vidéos et vos articles. Nous aborderons ce sujet plus tard, sachant qu'il s'applique aux trois applications.

» **Commenter et aimer :** Commenter et aimer permettent à vos amis d'interagir avec le contenu que vous postez ; pas uniquement vos photos, vidéos et articles, mais bel et bien tout le contenu que vous publiez dans votre Journal.

» **Confidentialité :** Comme pour la plupart des éléments sur Facebook, vous pouvez contrôler la confidentialité de ce que les autres personnes peuvent voir, que ce soit une photo que vous ajoutez ou un article qu'un ami écrit sur vous.

Nous vous apprenons à taguer, commenter, « aimer » et configurer la confidentialité au fur et à mesure de la présentation des applications. Alors, gardez ces termes à l'esprit !

Photos et Vidéos

L'application Photos de Facebook est l'une des applications de partage de photos les plus utilisées sur le Web. Cela peut paraître surprenant, car des sites existants sont entièrement dédiés au stockage, à l'affichage et au partage de photos, alors que l'application Photos est juste une pièce du puzzle Facebook. Mais comme nous l'avons déjà mentionné, le fait que *tous* vos amis soient sur Facebook et utilisent Photos concentre en un endroit toutes les photos de vous, celles que vous avez prises et celles de vos amis.

L'application Vidéos de Facebook, intégrée dans l'application Photos, offre aussi un espace unique pour télécharger, enregistrer et partager des vidéos avec vos amis. Elle fournit des possibilités très intéressantes comme envoyer un message vidéo et publier une vidéo sur un Journal. Vous pouvez montrer à tous vos amis cette fameuse vidéo qui traîne sur votre ordinateur depuis si longtemps. Quelle que soit la nature de votre vidéo, elle a certainement sa place sur Facebook !

L'objectif de ces deux applications est de faire en sorte que vos photos et vidéos ne prennent plus la poussière dans un vieux placard, mais soient visualisées, partagées et commentées. Comme elles sont plus faciles à partager avec vos amis, elles prennent de la valeur à vos yeux.

La page Photos

La page Photos est celle dans laquelle vous basculez quand vous cliquez sur Photos dans la colonne gauche de votre page d'accueil, ou sur l'onglet Photos de votre profil. Elle contient toutes les images que vous avez postées ou téléchargées et celles dans lesquelles d'autres amis ou utilisateurs vous ont tagué.

Si vous ne voyez pas l'icône Photos dans la colonne de gauche de l'accueil, cliquez sur Afficher plus.

Vous retrouvez également cette page Photos dans le profil de vos amis, en cliquant sur l'onglet Photos de leur Journal. La Figure 8.1 montre la page Photos avec ses différents onglets :

- **Photos de vous :** Cet onglet regroupe les photos dans lesquelles vous avez été identifié. Bien entendu, si personne ne vous a identifié, cet onglet sera absent de la page Photos.
- **Vos Photos :** Cet onglet rassemble toutes les photos que vous ou vos amis avez téléchargées sur Facebook.
- **Albums :** Cet onglet présente vos photos (ou celles de vos amis) par albums, à savoir :
  - **Vidéos :** Cette rubrique affiche toutes les vidéos que vous ou vos amis avez ajoutées récemment.
  - **Photos à la une :** Contient les photos que vous mettez à la une de votre profil comme expliqué plus loin dans ce chapitre.
  - **Photos de profil :** Cette rubrique regroupe les photos que vous ou vos amis avez choisies en guise d'images de profil, dont celle qui en fait actuellement office.
  - **Photos de couverture :** Cette rubrique regroupe les photos que vous ou vos amis avez choisies en guise d'images de couverture, dont celle qui en fait actuellement office.

- **Photos du journal :** Cette rubrique affiche les photos que vous ou vos amis avez postées sur votre ou leur Journal afin qu'elles apparaissent dans le fil d'actualité.
- **Téléchargements mobiles :** Cette rubrique affiche tout ce que vous ou vos amis avez téléchargé depuis un téléphone portable. Les téléchargements mobiles vous donnent une idée de ce que vos amis sont en train de faire. Peut-être qu'ils mangent un repas original, qu'ils sont assis sur la plage ou qu'ils viennent de trouver une chaussure abandonnée dans la rue.
- **Albums personnels :** Viennent ensuite les albums thématiques que vous ou vos amis avez créés et nommés afin d'y regrouper des photos.
- **Instagram Photos :** Regroupe les photos que vous avez publiées conjointement sur Instagram et Facebook.

FIGURE 8.1 : Observez la page Photos pour visualiser les ajouts de photos et les modifications récentes.

Consulter un album

Qu'il soit dans votre Journal ou sur celui d'un de vos amis, vous pouvez parcourir un album de photo en photo.

Cliquez sur la photo de votre choix, et elle s'affiche en grand à l'écran. Survolez-la, et une série d'options apparaissent. Repérez notamment les flèches placées à gauche et à droite de l'image : il suffit de cliquer dessus pour consulter les photos précédentes et suivantes du même album, ou bien d'appuyer sur les touches directionnelles gauche et droite de votre clavier.

Télécharger des photos et des vidéos

Facebook fournit un espace pratique pour vos photos et vidéos, car vous pouvez les organiser dans des albums et les partager avec ceux qui souhaitent les voir. Vous avez la possibilité de télécharger ces éléments pour des événements tels que des soirées ou des voyages, pour une sélection de photos à montrer absolument ou une vidéo folle de vous et vos amis, prise avec votre téléphone portable.

Voici comment procéder depuis le journal ou l'accueil :

1. **Cliquez sur le bouton Photo/vidéo d'une zone de publication affichant la mention Exprimez-vous.**
2. **Dans la boîte de dialogue Ouvrir, choisissez la ou les photos ou vidéos, et cliquez sur Ouvrir.**
3. **Pour ajouter d'autres photos après téléchargement de la première, cliquez sur l'icône +, comme sur la Figure 8.2, et répétez l'Étape 2 ci-dessus.**

   Pour télécharger plusieurs images simultanément, procédez à une multisélection des fichiers dans la boîte de dialogue Ouvrir. Pour cela, maintenez la touche Ctrl enfoncée, et cliquez sur chaque nom de fichier à importer dans votre publication Facebook.

4. **(Facultatif) Tapez un message à propos de cette publication et cliquez sur Partager une fois que les éléments sont téléchargés.**

N'oubliez pas que vous pouvez aussi bien publier vos photos dans le Fil d'actualité (c'est-à-dire votre Journal) que sous la forme d'une story ! Lorsque pour des raisons techniques la publication en tant que Story est impossible, cette option n'est pas activable dans la partie inférieure de zone de création de votre publication.

FIGURE 8.2 : Ajouter des photos.

Les photos ainsi ajoutées seront également accessibles par un clic sur l'onglet Photos du profil, ou de l'icône Photos de la colonne de gauche de l'accueil.

Ajouter des photos à la une

Cette fonctionnalité est assez récente sur Facebook. Pour agrémenter votre profil et attirer l'attention de vos amis ou des autres utilisateurs du réseau social, vous avez la possibilité de publier jusqu'à 5 photos à la une. Ces photos apparaîtront dans la section Intro de votre compte, c'est-à-dire dans un espace situé dans la partie gauche du profil.

Voici comment procéder :

1. **Accédez au journal de votre compte Facebook.**
2. **Si nécessaire, faites défiler son contenu afin d'afficher, dans la colonne de gauche, la section Intro.**
3. **Comme le montre la Figure 8.3, cliquez sur Ajouter à la une.**
4. **Dans la boîte de dialogue Modifier les photos à la une, cliquez sur les cellules vides afin d'y insérer une image, et sur l'icône X afin de supprimer une photo à la une existante, comme sur la Figure 8.4.**

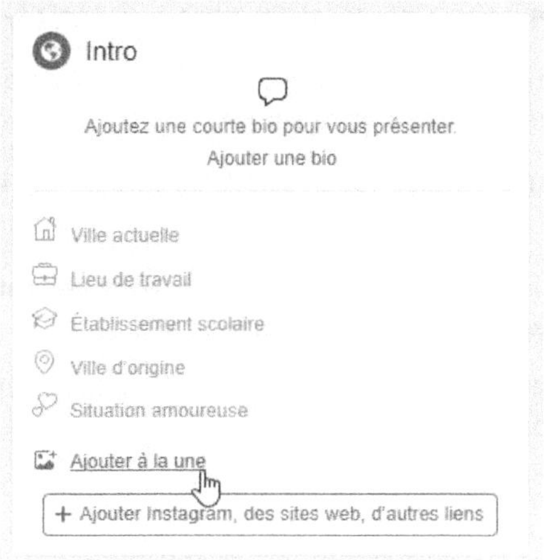

FIGURE 8.3 : Ajoutez des photos à la une.

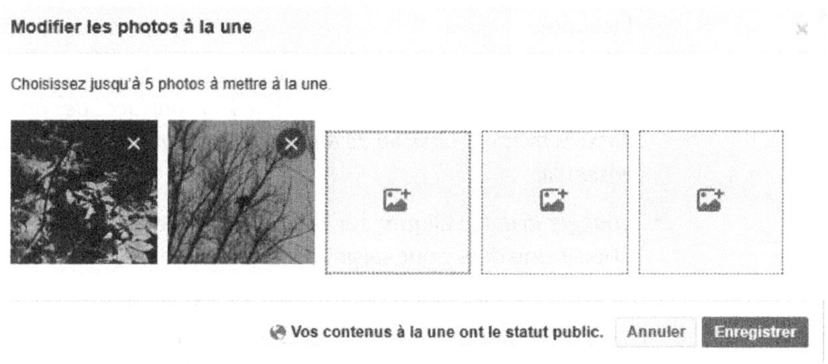

FIGURE 8.4 : Ajouter ou supprimer des photos à la une.

5. **Dans la boîte de dialogue Choisir une photo à la une, sélectionnez une image parmi celles déjà présentes sur votre compte Facebook, ou bien cliquez sur Importer une photo pour la choisir sur votre disque dur.**
6. **Une fois vos photos ajoutées, supprimées, ou remplacées cliquez sur le bouton Enregistrer.**

Vous n'êtes pas obligé de publier 5 photos si une ou deux suffisent à votre bonheur.

Les photos à la une sont publiques !

Créer des albums

Vous pouvez également créer des albums thématiques dans lesquels vous téléchargerez plusieurs photos simultanément. Voici comment procéder :

1. **Accédez à la page Photos, puis cliquez sur le bouton Créer un album.**

   Cette action ouvre le Finder ou l'Explorateur de fichiers Windows pour que vous sélectionniez les photos de votre album.

2. **Parcourez vos disques durs et vos dossiers pour localiser les photos à importer.**

3. **Effectuez une multisélection de vos images à l'aide des touches Maj ou Ctrl (Cmd), et cliquez sur le bouton Ouvrir ou OK.**

   Pendant ce téléchargement multiple illustré à la Figure 8.5, vous pouvez compléter les champs suivants :

   - *Nom de l'album :* Ce champ vous invite à préciser le nom de l'album. Il est obligatoire.
   - *Description :* Ce champ permet de décrire le contenu de l'album.
   - *Lieu :* Entrez le nom du lieu où les photos ont été prises. Ce champ est facultatif.
   - *Ajouter des contributeurs : Si vous cochez cette case, vos amis pourront ajouter des photos dans l'album. Idéal lorsque vous partagez des photos de vacances passées avec vos amis ou de tout autre événement auquel vous avez participé ensemble.*
   - *Changer la date :* Cliquez sur le bouton Utiliser la date des photos ou sur Choisir une date pour saisir vous-même la date.

   Vous disposez également d'un champ de description sous chaque photo de l'album (Commentez cette photo), que vous pouvez remplir, ainsi que de trois icônes pour préciser le lieu de la prise de vue, identifier des amis sur les images, et ajouter le jour et l'heure de la prise de vue.

   Remarquez également la présence de carrés sur les visages présents dans vos photos : ils permettent d'identifier (ou « taguer ») des personnes. Lorsqu'aucun visage n'est détecté par Facebook, vous pouvez tout de même identifier des personnes en cliquant sur l'image, comme cela est indiqué en haut de chaque photo. Nous y reviendrons plus loin dans ce chapitre.

4. **Dans la partie inférieure droite de la page, ouvrez le menu pour définir le niveau de confidentialité de l'album, puis cliquez sur le bouton Publier.**

5. **Si vous avez oublié de sélectionner des images, cliquez sur le bouton Ajouter des photos.**

   En fonction de votre navigateur, vous serez peut-être invité à certifier que vous avez confiance en Facebook dès que vous téléchargez des photos.

6. **L'album photo que vous venez de créer s'affiche (voir Figure 8.6).**

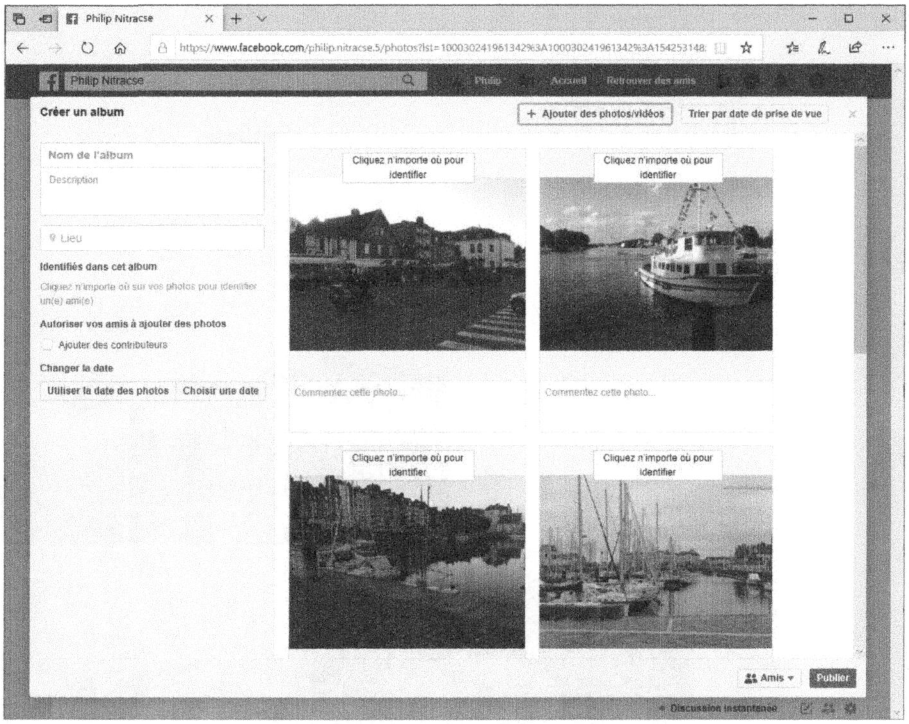

FIGURE 8.5 : Saisissez les informations concernant l'album dans cette fenêtre.

Facebook affiche des conseils (Figure 8.6) pour transformer l'album en album partagé, et pour télécharger l'album.

Une fois l'album publié, quatre boutons sont à votre disposition :

- **Ajouter un contributeur :** Cet album pourra alors être alimenté en photos par toutes les personnes que vous autoriserez.
- **Afficher sur le profil :** L'album est alors affiché sur le profil. Ce bouton devient Ne plus afficher sur le profil.
- **Modifier :** Pour apporter des modifications à votre album, comme ajouter des photos, changer la date, le supprimer, *etc.*
- **Icône engrenage :** Donne accès à des commandes pour Afficher/Ne plus afficher sur le profil, Obtenir le lien de l'album afin de le communiquer par mail et ainsi permettre à tout un chacun de consulter l'album ; Télécharger l'album pour importer son contenu sur votre disque dur ; Supprimer l'album pour le faire disparaître à tout jamais.

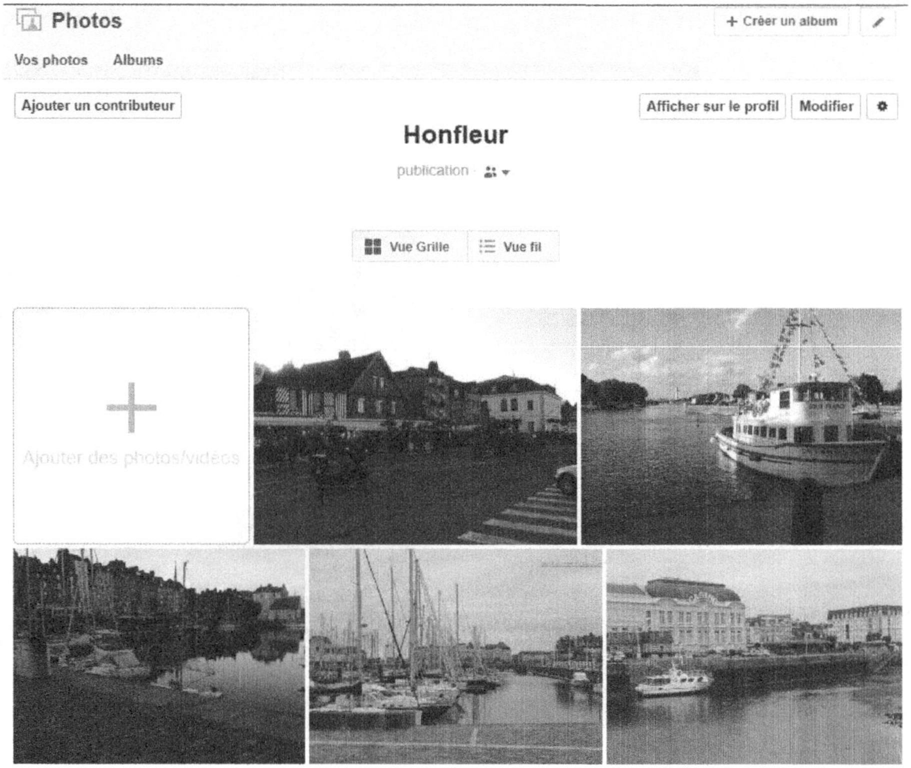

FIGURE 8.6 : Votre nouvel album photo.

Télécharger une vidéo

Télécharger une vidéo sur un site Web signifie sortir au grand air (ou pas), enregistrer quelque chose et le transférer de votre Caméscope, appareil photo numérique ou téléphone portable sur votre ordinateur. Nous supposons que vous avez déjà réalisé cette partie et restons devant notre écran. Pour télécharger une vidéo sur Facebook :

1. **Cliquez sur l'onglet Photos de votre profil, puis sur Vos photos (si nécessaire).**
2. **Cliquez sur le bouton Ajouter des photos/vidéos, situé dans la partie supérieure droite de l'application Photos.**

   La boîte de dialogue Ouvrir s'affiche.
3. **Sélectionnez un fichier vidéo dans votre ordinateur, et cliquez sur le bouton Ouvrir.**
4. **(Facultatif) Pendant le téléchargement, saisissez un message dans la section Dites quelque chose à propos de cette vidéo, et utilisez les icônes**

pour identifier des amis dans la vidéo, placer une émoticône, et indiquer un lieu. Ensuite, choisissez son niveau de confidentialité.

En fonction de la durée et de la taille de votre fichier vidéo, son téléchargement risque de prendre quelques minutes. Votre vidéo ne sera pas effacée si vous abandonnez cette boîte de dialogue.

5. **Cliquez sur le bouton Publier, comme le montre la Figure 8.7.**

Une notification vous informera que la vidéo est prête. Pour y accéder, cliquez sur Album. Les vidéos s'affichent avant tous les autres albums photos.

FIGURE 8.7 : Publier une vidéo.

Modifier et taguer des photos et des vidéos

Pour nous, modifier des albums photo et des vidéos ne signifie pas les retoucher avec un logiciel de traitement d'image. Il s'agit plutôt de modifier l'affichage et la visualisation de ces éléments. Nous explorons cette possibilité pour les photos et pour les vidéos. Notez que l'objectif est de permettre à vos amis de trouver et d'apprécier vos téléchargements plus facilement.

Modifier des photos

Après avoir téléchargé les photos de votre album, vous disposez de plusieurs options. Pour modifier un album à tout moment, cliquez sur l'onglet Photos de votre profil, puis sur Vos photos. Cliquez sur la photo à modifier afin de l'afficher dans une plus grande dimension. À droite figure une série d'options de modifications, illustrées dans la Figure 8.8. Cliquez indifféremment sur Ajouter une description, Ajouter un lieu Identifier, ou Modifier afin d'afficher un formulaire avec les champs suivants :

FIGURE 8.8 : Modifier les informations sur votre photo.

- **Modifier la confidentialité :** Cliquez sur le petit triangle situé à droite de l'icône de la confidentialité actuelle et exécutez la commande Modifier les paramètres de confidentialité des albums.
- **Ajoutez une description :** Ici, vous pouvez ajouter une légende à vos photos.
- **Identifier :** Cliquez sur les amis Facebook présents dans l'image, et indiquez le nom des personnes présentes sur la photo ou au moment de la prise de vue. Dès que vous saisissez une lettre, Facebook dresse une liste de contact. Cliquez sur celui correspondant à votre identification. Une fois l'identification effectuée, cliquez sur Identification terminée.
- **Ajouter un lieu :** Indiquez le lieu de la prise de vue.

Si vous cliquez sur le bouton Modifier vous pouvez préciser les données suivantes :

- **Date :** Utilisez les listes déroulantes de la zone suivante pour indiquer la date de la prise de vue.
- **Ajouter l'heure :** Cliquez sur ce lien pour indiquer l'heure de la prise de vue.
- **Amis :** Réglez le niveau de confidentialité de la photo, autrement dit choisissez qui peut la voir : vous seulement, vos amis, tout le monde, *etc.*

Cliquez sur Modification terminée pour enregistrer les changements que vous venez d'apporter.

Pour quelques options de modification supplémentaires, cliquez sur le bouton Options qui apparaît sous la photo affichée en grand lorsque vous y déplacez le pointeur de la souris. Un menu local s'affiche avec des options pour l'essentiel semblables à celles présentées ci-dessus, complétées des suivantes (voir Figure 8.9) :

FIGURE 8.9 : D'autres options de modification de votre photo.

- **Ajouter un lieu :** Permet d'indiquer le lieu de la prise de vue.
- **Changer la date :** Pour modifier la date de la prise de vue.
- **Modifier le texte alternatif :** Permet de choisir les mots utilisés pour permettre aux personnes ayant des soucis avec leur vue de savoir quel genre de photo est publiée.
- **Pivoter à gauche** et **Pivoter à droite :** Pour modifier l'orientation de la photo.
- **Télécharger :** Pour enregistrer la photo sur votre disque dur.
- **Définir comme photo de profil :** Pour utiliser cette image en guise de photo de profil Facebook.
- **Utiliser comme couverture de l'album :** Cette photo remplacera l'image qui sert actuellement de couverture à votre album.
- **Utiliser comme couverture :** Pour faire de cette photo la couverture de votre Journal.
- **Définir comme photo à la une :** Ajoute (ou remplacera) une de vos photos à la une. La boîte de dialogue Modifier les photos à la une apparaît lorsque vous exécutez cette commande.
- **Obtenir le lien :** Pour afficher le lien permettant d'afficher directement la photo, afin de le copier et de l'envoyer à un contact par e-mail.
- **Déplacer dans un autre album :** Permet de retirer la photo de l'album auquel elle appartient pour la placer dans un autre.

» **Supprimer cette photo :** Pour retirer la photo de Facebook.

» **Afficher en plein écran :** Pour que l'image envahisse votre écran.

Quelques options *via* le lien Options d'une image affichée en grande taille sont disponibles lorsque vous cliquez sur l'icône du crayon qui s'affiche quand vous placez le pointeur de la souris sur une des vignettes affichées par l'application Photos, comme le montre la Figure 8.10.

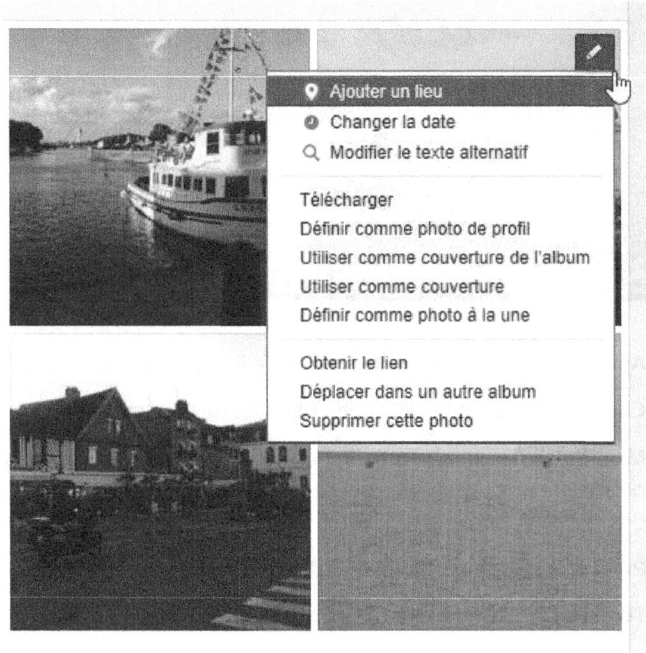

FIGURE 8.10 : Les principales options de vos photos sont disponibles dans ce menu local.

Si vous recherchez des options avancées pour le traitement des images, comme la correction des yeux rouges ou le recadrage, installez un logiciel adapté et traitez vos photos avant de les télécharger sur Facebook ou utilisez une autre application de retouche sur Facebook.

Éditer des photos

Il est possible d'éditer des photos avant de les importer. Pour cela, procédez à une importation classique et avant de cliquer sur le bouton Partager de la boîte de dialogue Ajouter des photos, conformez-vous aux étapes suivantes :

1. **Placez le pointeur de la souris sur la vignette de la photo.**
2. **Cliquez sur l'icône du pinceau qui apparaît, comme le montre la Figure 8.11.**

FIGURE 8.11 : Modifier une photo avant de l'ajouter.

Cette action ouvre la boîte de dialogue Modifier votre photo, illustrée à la Figure 8.12.

3. **Utilisez les commandes de la colonne de gauche :**

   - **Filtres :** Ils apportent quelques modifications sommaires de couleur, de luminosité et de contraste. Bizarrement, ils portent des noms de saison. Neige convertit votre image en noir et blanc.

FIGURE 8.12 : La boîte de dialogue Modifier votre photo.

- **Identifier :** Pour identifier des amis sur la photo.
- **Recadrer :** Permet d'éliminer des portions inutiles d'une image, mais aussi d'appliquer un recadrage carré, et de faire pivoter l'image.
- **Texte :** Les commandes de texte permettent d'insérer du texte sur l'image. Cliquez sur Ajouter du texte, et tapez votre texte dans la zone qui apparaît sur l'image. Redimensionnez-le en agissant sur la poignée supérieure droite de la zone de texte. Choisissez la police dans le menu local Arial (police par défaut). Alignez le texte en cliquant sur le bouton Gauche ou Centré, et choisissez une couleur directement dans le nuancier.
- **Texte alternatif : Permet de définir un texte qui sera utilisé par le système de lecture du contenu des pages destiné aux malvoyants.**
- **Stickers :** Permet d'insérer des autocollants animés, identiques à ceux que vous utilisez dans la messagerie instantanée de Facebook.

4. **Une fois les modifications effectuées, cliquez sur le bouton Enregistrer.**
5. **Cliquez sur Partager.**

Supprimer une photo

Pour supprimer une photo, survolez-la dans la page Photos, puis cliquez sur le bouton Modifier ou supprimer (icône d'un crayon). Cliquez sur Supprimer cette photo dans le menu local qui s'affiche, comme sur la Figure 8.13.

FIGURE 8.13 : Pour supprimer une photo publiée sur votre Journal ou dans un album.

Modifier un album

Vous pouvez également modifier les photos au sein d'un album. Cliquez sur l'onglet Albums dans la page Photos, puis sur l'album de votre choix. Cliquez ensuite sur le bouton Modifier. Une page s'affiche avec toutes les photos de l'album sous forme de miniatures. Entrez une légende dans la zone Dites quelque chose à propos de cette photo située sous les miniatures. Facebook n'impose aucune règle pour les légendes. Vous pouvez ne pas ajouter de description, indiquer où la photo a été prise ou faire une bonne blague sur son contenu. Il suffit de cliquer sur l'icône de localisation, puis d'indiquer un lieu dans le champ Où était-ce qui apparaît.

Sous le titre de l'album, en haut de la page, vous avez également la possibilité d'ajouter une description de l'album dans la zone Dites quelque chose à propos de cet album, et d'indiquer le(s) lieu(x) des prises de vue. Vous pouvez bien évidemment ajouter des photos via le bouton idoine, supprimer une photo via le menu local qui apparaît lorsque vous cliquez sur le petit triangle en haut à droite de chaque vignette. Enfin, supprimez l'album avec le bouton du même nom.

N'oubliez pas d'enregistrer vos modifications en cliquant sur Enregistrer.

Taguer des photos

Taguer (le détail qui fait que l'application Photos de Facebook est si pratique et appréciée) consiste à identifier les personnes qui figurent sur vos photos. Imaginez que vous prenez vos photos, que vous les imprimez, que vous les classez dans des albums et que vous créez un énorme tableau qui énumère les photos et les personnes photographiées. Ensuite, vous fusionnez votre tableau avec ceux de vos amis. C'est le travail du tag ou identification. Quand vous identifiez un ami sur une photo, son profil est associé à la photo et il reçoit une notification lui indiquant que vous l'avez tagué. Vos amis ont ensuite la possibilité de supprimer une identification s'ils ne veulent pas que la photo soit associée à leur profil.

Pour taguer une photo, suivez ces étapes :

1. **Affichez une photo en cliquant dessus.**

2. **Cliquez sur le mot Identifier qui apparaît sous la photo lorsque vous y placez le pointeur de la souris, ou situé dans la partie droite de la fenêtre.**

   Un carré apparaît sur chaque visage de la photo comme le montre la Figure 8.14.

3. **Cliquez dans le champ Entrez un nom, et commencez à saisir le nom de la personne identifiée et cliquez sur Terminer quand vous avez fini.**

4. **Choisissez alors parmi les amis suggérés par Facebook.**

   Lorsque Facebook identifie des visages dans une photo, il suffit de placer le pointeur de la souris dessus pour voir apparaître ce carré. Cliquez alors dans le champ Entrez un nom.

   Si vous avez déjà beaucoup d'amis, la liste de suggestion apparaît dès que vous cliquez sur le champ Entrez un nom.

   Quand vous taguez un album, les personnes taguées sont enregistrées en haut de la liste pour vous faciliter le travail si jamais elles figurent sur d'autres photos de l'album.

   Dès que vous sélectionnez le nom de la personne sur la photo, il s'affiche sous la légende. Vous pouvez vous taguer vous-même en entrant votre nom ou juste « Moi ».

5. **Pensez à cliquer sur Identification terminée quand vous avez fini.**

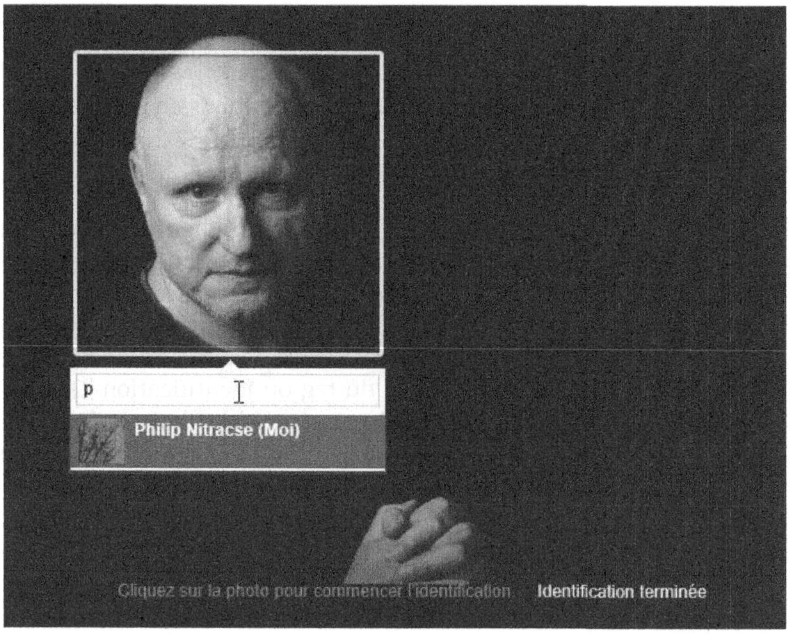

FIGURE 8.14 : Identifier une personne sur une photo.

Pour supprimer une personne identifiée sur une photo :

1. **Cliquez sur la photo pour l'afficher.**
2. **Dans la partie droite, cliquez sur le bouton Modifier.**
3. **Ensuite, cliquez sur le bouton X de l'étiquette d'identification, comme le montre la Figure 8.15.**
4. **Validez par un clic sur le bouton Modification terminée.**

FIGURE 8.15 : Supprimer une identification.

Lorsque Facebook n'identifie pas de visage sur une photo, vous devez vous-mêmes créer le cadre d'identification. Dans ce cas, cliquez simplement sur l'image. Un carré apparaît et une liste de suggestions. Soit vous tapez directement l'identification, soit vous effectuez une sélection dans la liste. Enfin, validez l'identification par un clic sur Identification terminée.

Taguer des photos d'amis

Certaines personnes sont un peu fainéantes et réticentes à l'idée de taguer leurs photos, car elles estiment que cela prend trop de temps et que les gens finiront bien par trouver leurs photos. La bonne nouvelle est que vous pouvez les aider. Quand vous voyez une photo avec des amis qui ne sont pas tagués, procédez exactement comme expliqué dans la précédente section. La personne qui a ajouté la photo et les personnes taguées recevront une notification. Il est possible pour cette personne de refuser l'identification (si son compte est paramétré pour), ou de retirer ladite identification.

Modifier et taguer des vidéos

Par rapport aux nombreuses fenêtres nécessaires pour modifier un album photo, modifier une vidéo est très simple. Que vous téléchargiez ou enregistriez des vidéos, vous disposez d'une fenêtre de modification, dont les champs et options sont semblables à ceux proposés pour les photos. Pensez à ajouter une bande-son ou à monter la vidéo avant de la télécharger sur Facebook.

Ouvrez la page Photos de votre profil, puis cliquez sur l'onglet Albums, et sur l'album Vidéos. Placez le pointeur de la souris sur la vignette de la vidéo et cliquez sur l'icône du crayon qui apparaît alors en haut à droite. Dans le menu local, choisissez Modifier cette vidéo. La page Modifier la vidéo s'affiche, avec ses champs à compléter (voir Figure 8.16) :

- **Dans cette vidéo :** Cette option est identique à celle pour taguer une photo ou un article. Entrez simplement le nom de tous vos amis qui apparaissent dans la vidéo et sélectionnez-les dans la liste qui s'affiche. Ils reçoivent ensuite une notification leur indiquant qu'ils ont été tagués dans une vidéo et peuvent supprimer le tag s'ils le souhaitent. Quand vous enregistrez une vidéo depuis une webcam, vous êtes automatiquement tagué.
- **Titre :** Nommez votre vidéo. Laissez libre cours à votre imagination pour attribuer un nom original à votre vidéo. Si vous ne spécifiez pas de titre, la date d'enregistrement ou de téléchargement s'impose automatiquement comme titre.
- **Miniature :** Utilisez les deux petits triangles sous cet aperçu pour choisir la miniature, c'est-à-dire une des images de la vidéo qui servira à la représenter dans les albums.

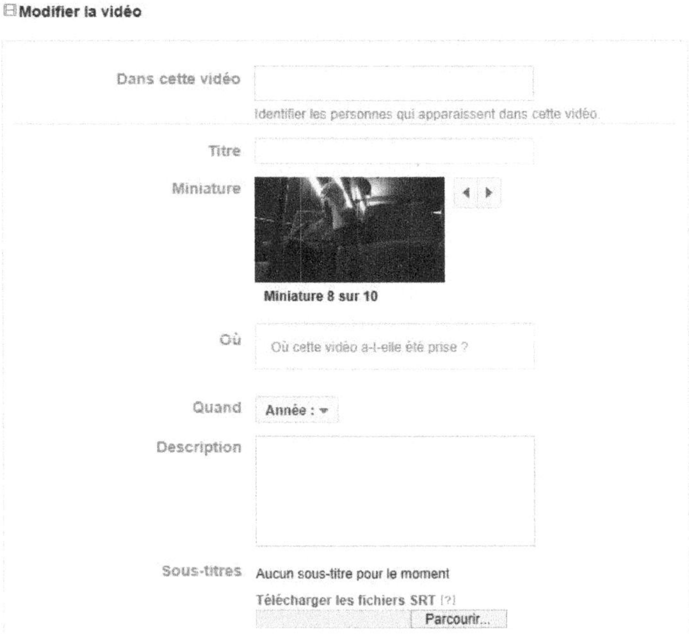

FIGURE 8.16 : Fenêtre pour modifier une vidéo.

- **Où cette vidéo a-t-elle été prise :** Indiquez le lieu de tournage de la vidéo.
- **Quand :** Indiquez l'année, la date et éventuellement l'heure où la vidéo a été filmée. Chaque fois que vous ajoutez une information, un menu local supplémentaire apparaît.
- **Description :** Ce champ vous invite à décrire le déroulement de la vidéo, même si les vidéos parlent souvent d'elles-mêmes.
- **Sous-titres :** Permet de télécharger un fichier de sous-titre afin de sous-titrer votre vidéo.
- **Ancrage :** Activez cette option pour interdire l'intégration de la vidéo dans un site Web.
- **Catégorie :** Choisissez la catégorie à laquelle appartient votre vidéo. Il pourra s'agir de Comédie, Automobile, Famille, *etc.*
- **Confidentialité :** Les options de confidentialité des vidéos sont propres à chaque vidéo. C'est pourquoi vous pouvez choisir l'option la plus appropriée à chacune de vos vidéos. Elles sont quasiment identiques à celles décrites dans la section « Découvrir la confidentialité », proposée plus loin dans ce chapitre. Consultez le Chapitre 5 pour un aperçu complet des paramètres de confidentialité. Pour changer la confidentialité, ouvrez ce menu local et choisissez Modifier la confidentialité de la publication.

Pensez à cliquer sur Enregistrer pour valider vos modifications.

Pour supprimer la vidéo, cliquez sur le bouton Supprimer. Dans le message demandant confirmation, cliquez sur Confirmer. Il est également possible de supprimer la vidéo par un clic sur l'icône du crayon qui apparaît lorsque vous survolez la vignette de la vidéo. Dans le menu local qui s'affiche, choisissez Supprimer la vidéo. Cliquez sur le bouton Confirmer dans le message qui apparaît.

Visualiser les photos et vidéos de soi

Par *photos et vidéos de soi*, nous entendons les photos et vidéos sur lesquelles vous êtes tagué. Peut-être les avez-vous taguées vous-même ou alors vos amis vous ont tagué. La méthode la plus courante pour voir les photos de soi est de cliquer sur Photos de vous dans la page Photos. La plupart de vos amis ont accès à cette page, mais les photos et vidéos qu'ils voient peuvent varier d'un ami à l'autre. Pour en savoir plus, lisez la section à venir « Découvrir la confidentialité ».

Ici, vous pouvez consulter toutes les photos et vidéos de vous que vous avez taguées ainsi que celles que les autres ont taguées. Rappel : si une photo ou une vidéo de vous que vous n'aimez pas a un tag, vous êtes libre de le supprimer.

Remarque : Si la présence d'une photo ou d'une vidéo sur Facebook vous dérange, même après avoir supprimé le tag, parlez-en à l'ami qui l'a publiée et demandez-lui de la supprimer.

Vos amis peuvent commenter toutes vos photos et vidéos et vous pouvez commenter les leurs (voir Chapitre 9 pour plus d'informations sur la communication par le biais des commentaires). Vous avez la possibilité de supprimer les commentaires que vous laissez ainsi que les commentaires sur vos photos que vous n'aimez pas ou que vous estimez inappropriés. Les commentaires de vos albums figurent sous les photos qu'ils contiennent.

À la recherche de l'album Photos du profil

Facebook crée automatiquement un album de toutes vos photos de profil. Il s'intitule Photos du profil. Dès que vous téléchargez une nouvelle photo de profil (voir Chapitre 2), elle s'insère dans l'album Photos du profil.

Pour y accéder, cliquez l'onglet Photos de votre profil. Dans la page Photos cliquez sur l'onglet Albums. Enfin, cliquez sur la vignette Photos de profils. L'album s'ouvre en plein écran. Cliquez sur les flèches de part et d'autre de l'image en cours pour parcourir vos photos de profil, ou bien appuyez sur les flèches gauche et droite de votre pavé directionnel. Il suffit de cliquer sur une photo pour modifier sa légende, la taguer ou la supprimer.

Il est possible de réutiliser automatiquement une photo de cet album comme photo de profil. Cliquez simplement sur la photo pour l'afficher en grand format. Ensuite, cliquez sur le bouton Options. Dans le menu local qui apparaît, choisissez Définir comme photo de profil. Vous pouvez aussi placer le pointeur de la souris sur la miniature d'une photo de profil, puis cliquer sur l'icône du crayon. Dans le menu local qui apparaît, choisissez Définir comme photo de profil.

Découvrir la confidentialité

La confidentialité de vos photos et vidéos concerne d'une part les paramètres de confidentialité propres à chaque album ou vidéo, d'autre part les paramètres de confidentialité appliqués aux photos et vidéos sur lesquelles vous êtes tagué. L'interaction entre les paramètres de confidentialité des photos de vos amis sur lesquelles vous êtes tagué et les paramètres de vos albums peut être un peu confuse. C'est pourquoi nous en faisons la distinction.

Confidentialité des albums et des vidéos

Imaginons que vous créez un album intitulé *Journée à la plage*. L'un des premiers choix que vous devez faire concerne le niveau de confidentialité. Les options possibles en termes de visibilité sont détaillées ci-après, de la plus ouverte à la plus stricte. Elles sont identiques pour les vidéos que vous téléchargez :

- **Public :** Ce paramètre indique que tout le monde peut voir l'album. Cela ne signifie pas forcément que tout le monde *va voir* l'album. Par exemple, si Jacques publie un album et si Carolyn (qui n'est pas son amie et n'est pas connectée par le biais d'amis communs ou d'un réseau) recherche Jacques et consulte son profil, elle est en mesure de voir l'album.
- **Amis :** Seuls vos amis confirmés peuvent voir les photos de *Journée à la plage*.
- **Amis sauf :** Permet de masquer l'album aux comptes Facebook que vous définirez *via* cette option. Il peut aussi s'agir d'une liste d'amis.
- **Moi uniquement :** Vous seul êtes autorisé à voir les photos de *Journée à la plage*.

Pour accéder à d'autres paramètres cliquez sur Plus :

- **Amis spécifiques :** À l'inverse d'Amis sauf, vous spécifiez les comptes de vos amis qui pourront voir cet album. Il peut aussi s'agir d'une liste d'amis.

Pour accéder aux derniers paramètres, cliquez sur Voir tout :

- **Personnalisé :** Les paramètres de confidentialité personnalisés peuvent être ouverts ou fermés. À vous de choisir. Peut-être souhaitez-vous réserver l'accès à *Journée à la plage* aux personnes présentes ce jour-là. C'est possible avec les paramètres personnalisés. Le Chapitre 5 révèle tous les secrets d'utilisation des paramètres personnalisés.

Par défaut, quand vous commencez à utiliser Facebook, les albums et les vidéos que vous ajoutez sont visibles par tous (Public). Si cette option ne vous convient pas, pensez à configurer les paramètres de confidentialité quand vous ajoutez de nouvelles photos et vidéos.

Confidentialité des photos et vidéos de soi

L'avantage de créer un album photo sur Facebook est qu'il génère une grande liste d'informations sur vos photos, indiquant qui y figure, où les photos ont été prises, *etc.* Vous êtes listé dans les photos qui vous appartiennent, mais aussi dans celles qui ne vous appartiennent pas. Heureusement, dans les préférences de votre profil, vous avez la possibilité de préciser qui peut voir ces photos. Pour définir ces préférences, cliquez sur le triangle à droite dans la grande barre bleue, puis sur Paramètres. Dans la page qui apparaît, sélectionnez Journal et identification. La page Paramètres d'identification et de journal s'affiche, avec la liste des paramètres actuels. C'est la rubrique Lorsque quelqu'un vous identifie sur une publication, quelles personnes voudriez-vous ajouter à l'audience pour leur permettre d'y avoir accès ? qui nous intéresse.

La première option permet de déterminer si vous voulez examiner les identifications (tags) que d'autres ont ajoutées à vos photos ou vidéos avant qu'elles soient publiées sur Facebook, autrement dit à les vérifier afin de les accepter ou de les refuser.

La deuxième option concerne le public que vous autorisez à voir les photos de vous, avec les trois choix suivants possibles :

- **Amis :** Seuls vos amis confirmés peuvent voir les photos et vidéos de vous dans votre profil.
- **Moi uniquement :** Vous seul pouvez voir les photos et vidéos de vous dans votre profil.
- **Personnalisé :** Comme pour tous les paramètres de confidentialité personnalisés, vous pouvez choisir plus ou moins de visibilité. Par exemple, les professeurs qui sont amis avec leurs élèves préfèrent certainement ne pas autoriser leurs élèves à voir leurs photos taguées.

Gardez en tête que les photos de vous qui appartiennent à d'autres personnes sont soumises aux paramètres de confidentialité que le propriétaire de l'album a définis. Même si vous autorisez tous les membres de vos réseaux et vos amis à voir les photos de vous, il se peut que certains ne puissent pas les voir toutes à cause des paramètres appliqués à l'album lui-même.

Articles

L'application Articles est un blog. Comme tous les blogs, l'application Articles permet de rédiger des articles sur votre vie, vos pensées ou votre dernier morceau de musique préférée et de les partager avec vos amis Facebook.

Comme Photos, l'avantage d'Articles est de pouvoir tenir un blog sans devoir distribuer une adresse Web à vos amis pour qu'ils y aient accès. Au lieu de cela, il suffit que vos amis se connectent à votre profil. Pour les y inciter, dès que vous commencez à écrire des articles, l'information est relayée sur leur fil d'actualité.

Si vous tenez déjà un blog, importez-le dans Articles et diffusez-le à vos amis *via* cette application.

Rédiger un article

Aucune règle ne régit la longueur ni même le contenu des articles. Certains préfèrent qu'ils soient courts et informatifs, d'autres aiment occuper tout l'espace et s'étaler sur un sujet. Tenté ? Pas inspiré ? Pensez à un souvenir drôle, un moment inoubliable ou un sujet qui invite à la réflexion. Faites preuve de créativité avec des poèmes, ou bien encore des nouvelles. Qui vous empêche d'écrire un roman sous forme de feuilleton ? Un article très couramment posté sur Facebook s'intitule « 25 choses à propos de moi ». Lancez-vous, c'est très simple :

1. **Affichez votre profil.**
2. **Ouvrez le menu local Plus situé sous votre photo de couverture, et choisissez Commentaires, comme le montre la Figure 8.17.**
3. **Dans la page Commentaires, cliquez sur le bouton Ajouter un article, situé dans le coin supérieur droit.**

   Un article vide s'affiche, comme le montre la Figure 8.18.
4. **Cliquez sur Titre pour saisir le titre de l'article.**
5. **Cliquez sur Écrivez quelque chose pour rédiger le contenu de votre article.**

6. **Vous pouvez illustrer l'en-tête de votre article avec une photo en la glissant-déposant directement dans la zone prévue à cet effet, ou bien en cliquant sur cette zone afin de choisir les photos dans la boîte de dialogue qui apparaît, comme à la Figure 8.19.**

FIGURE 8.17 : Créez un article.

FIGURE 8.18 : La page blanche de votre premier article. Ne vous laissez pas impressionner !

Choisissez parmi vos photos et vos albums. Sinon, cliquez sur Importer une nouvelle photo pour utiliser une image que vous n'avez pas encore utilisée sur Facebook. Cherchez alors des photos sur votre disque dur depuis la boîte de dialogue Ouvrir qui apparaît.

FIGURE 8.19 : Illustrez votre article avec des photos.

7. **En bas à droite, définissez la confidentialité de votre article.**
8. **Quand l'article est terminé, cliquez sur Enregistrer si vous voulez y revenir ultérieurement.**
9. **Quand votre article vous satisfait, cliquez sur Publier.**
10. **Dans la boîte de dialogue indiquant que l'article est bien publié, cliquez sur le bouton Fermer.**

    Voilà ! Vous venez de partager votre article avec toutes les personnes autorisées à le voir dans votre profil.

Vous pourrez toujours modifier un article en le choisissant dans la section Articles qui apparaît dans la colonne de gauche de votre profil. Cliquez dessus, puis sur le lien Modifier l'article situé dans la partie supérieure droite de la fenêtre.

Les prochaines sections vous indiquent comment mettre en forme et optimiser vos articles.

Ajouter des photos dans un article

Il est également possible d'insérer des photos dans le corps du texte de l'article.

1. **Créez un article ou bien modifiez un article existant.**
2. **Placez le point d'insertion dans le texte à l'endroit où vous souhaitez insérer l'image.**

3. **Placez le pointeur de la souris sur le signe + gris clair qui apparaît en en-tête de ligne, et choisissez Photo comme à la Figure 8.20.**

FIGURE 8.20 : Insérer une photo dans le texte.

4. **Dans la boîte de dialogue qui s'affiche, sélectionnez une photo parmi celles que vous avez déjà importées sur votre profil, ou bien cliquez sur Importer une nouvelle photo.**
5. **Dans ce cas, parcourez les dossiers de votre disque dur afin de trouver la photo à ajouter, puis sélectionnez-la et cliquez sur Ouvrir.**

   Vous pouvez ajouter une seule photo à la fois. Répétez l'opération si vous souhaitez en ajouter d'autres.
6. **Pour chaque photo, spécifiez une légende et choisissez sa disposition.**

   Les options d'alignement s'affichent lorsque vous placez le pointeur de la souris sur l'image.

   Pour saisir une légende, cliquez sur la zone Cliquez pour ajouter une légende.
7. **Cliquez sur Publier ou Publier la mise à jour.**

Lire, aimer et commenter les articles d'amis

Faites défiler la page du profil d'un ami pour accéder aux articles dans la colonne de gauche.

Pour commenter un article, cliquez dessus afin de l'afficher, puis sur Commenter au bas de l'article. Si vous aimez vraiment ce que vous lisez, faites-le savoir à l'auteur et cliquez sur J'aime au bas de l'article. Une notification est alors envoyée à l'auteur et vous êtes notifié dès que l'article est commenté.

Chapitre 9

Garder le contact

DANS CE CHAPITRE :

- **Envoyer des messages à ses amis.**
- **Apprendre à partager du contenu du Web.**
- **Améliorer la communication avec des relations Facebook ouvertes.**
- **Rester en contact sans effort.**
- **Discuter en vidéo.**
- **Diffuser en direct.**

Comme l'objectif de Facebook est de connecter les gens, la priorité est de permettre à chacun de communiquer, quels que soient les moyens utilisés. Ce chapitre présente les modes de communication sur Facebook, notamment les conversations privées, la boîte de messagerie, les échanges publics *via* le journal, les pokes, les partages, les commentaires, *etc.*

Quelle que soit votre façon d'utiliser Facebook pour contacter les autres, soyez sûr qu'ils en seront notifiés. Qu'ils se connectent souvent sur le réseau social ou jamais, mais vérifient juste leurs e-mails, toutes les communications *via* Facebook génèrent une notification envoyée au destinataire par e-mail ou sur l'écran d'accueil de leur téléphone mobile. De plus, vous ne risquez pas de déranger quelqu'un puisque chacun est libre de désactiver les notifications.

Entre vous et moi (et plus si affinités)

Souvent, les utilisateurs Facebook interagissent de manière semi-publique, ce qui permet à d'autres amis de se joindre à la conversation. Plus loin dans ce chapitre, nous étudierons les différentes formes de communication ouverte et les avantages d'un environnement *open*. Quelquefois, les personnes ont besoin d'engager des discussions privées, personnelles ou intimes. Cette section détaille les différentes méthodes pour communiquer en privé ou semi-privé sur Facebook.

Sur plusieurs points, la fonction Messages de Facebook tente de remplacer votre boîte de messagerie, mais avec une petite subtilité propre à ce réseau social. Pensez à tout ce que vous êtes susceptible de recevoir dans votre boîte de réception :

- un message d'un ami proche ;
- une newsletter d'une boutique que vous fréquentez ;
- un mot de votre conjoint pour vous occuper du dîner ;
- un e-mail groupé d'un ami pour vous rappeler que vous êtes invité à sa soirée le week-end prochain ;
- un message de l'ami d'un ami qui cherche à en savoir plus sur votre carrière ;
- une mise à jour d'un politicien ou d'une cause que vous soutenez ;
- un relevé mensuel de votre banque.

Même si tous ces éléments sont importants pour vous, dans un sens ou dans un autre, l'hypothèse de Facebook est que les personnes auxquelles vous tenez le plus sont celles que vous connaissez le mieux (votre famille et vos amis). Donc, quand nous disons que la fonction Messages est semblable à une messagerie avec une petite subtilité Facebook, cela signifie qu'elle cible vos amis et se présente plutôt comme une *boîte de messagerie sociale*.

À l'image de votre agenda social qui est orienté vers d'autres activités que votre agenda professionnel, une messagerie sociale a pour objectif de faciliter la communication avec vos amis et d'effectuer un suivi de ces conversations.

Les autres aspects de la messagerie, comme les invitations et les annonces, sont aussi présents sur Facebook, mais ils sont relégués au second plan pour ne pas gêner les messages privés que vous recevez de vos contacts proches.

Messages Facebook

Pour comprendre le fonctionnement de Messages Facebook, nous allons observer l'organisation de votre boîte de réception Messages. Dans votre page d'accueil, cliquez sur Messenger à gauche pour accéder à la boîte de réception de Messenger (voir Figure 9.1).

La liste des messages reçus est affichée sur la gauche. La partie centrale contient les messages échangés avec le contact sélectionné dans cette partie gauche. La partie droite contient des icônes qui autorisent le lancement d'un appel vocal *via* Messenger et d'une discussion vidéo. Ces deux fonctions n'existent que si un micro et/ou une webcam est connecté(e) à votre ordinateur.

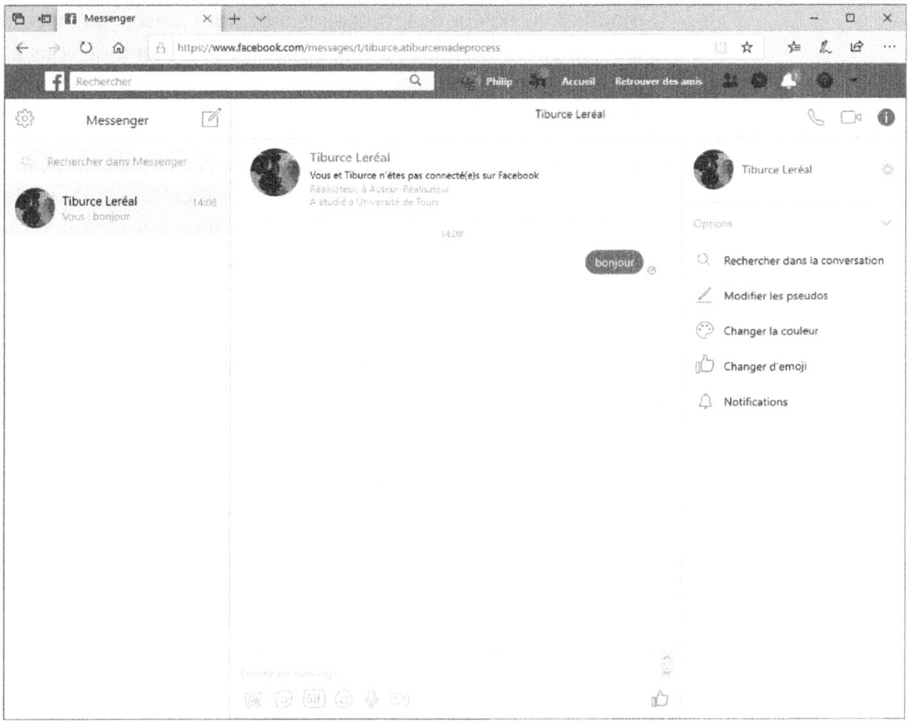

FIGURE 9.1 : La boîte de réception de Messenger.

Sous ces icônes, vous localisez une zone contenant des informations sur votre profil ainsi que des options qui permettent, entre autres, de personnaliser la conversation :

» **Rechercher dans la conversation :** Permet de retrouver un message *via* une phrase ou un mot. Cliquez sur cette mention pour ouvrir une zone de saisie au-dessus de la conversation. Ensuite, tapez un ou plusieurs mots, voire une phrase. Cliquez sur Rechercher. Facebook met en surbrillance ces mots ou ce texte dans la conversation. Pour passer d'un message à un autre contenant les mots recherchés, cliquez sur les chevrons situés à gauche du nombre de résultats trouvés. En cliquant sur le lien Charger plus (en bas ou en haut de la conversation), vous accédez à d'autres messages qui ne contiennent pas forcément les mots saisis.

» **Modifier les pseudos :** Ouvre une boîte de dialogue dans laquelle vous pouvez modifier le nom sous lequel vous et la personne allez apparaître dans la conversation. Cliquez sur un des noms, puis saisissez son nouveau nom.

Cliquez sur Enregistrer. Vous comprenez alors que le nom de votre ami sur Messenger ne sera plus le même que celui de son compte Facebook.

- **Changer la couleur :** Ouvre une palette dans laquelle vous pouvez assigner une autre couleur de conversation. Cliquez sur un des cercles colorés. Cela va modifier la couleur des messages. Attribuer ainsi une couleur permet de bien distinguer les conversations. Cela est très utile lorsque vous échangez avec plusieurs personnes simultanément. Cela évitera d'envoyer un message au mauvais destinataire.
- **Changer d'émoji :** Un émoji est présent en bas à droite de la zone de saisie de votre message. Lorsque vous cliquez dessus, il s'insère dans la conversation. Pour utiliser un autre émoji que celui attribué par défaut, cliquez sur cette commande. Ensuite, choisissez le nouvel émoji dans la boîte de dialogue qui apparaît.
- **Notifications :** Ouvre une boîte de dialogue où vous activerez (ou pas) les notifications pour les nouveaux messages et/ou les réactions.

La boîte de réception

Aucun élément de l'interface des messages ne porte ce nom. Toutefois, nous pouvons considérer la colonne de gauche comme l'équivalent de la boîte de réception de votre logiciel de messagerie, c'est-à-dire vos fameux e-mails. Il suffit de cliquer sur une conversation pour que son contenu s'affiche dans la colonne centrale de la page.

Les *conversations* entre vous et vos amis ne nécessitent pas d'objet, car elles ne sont pas organisées par objet, à l'inverse des e-mails. Au lieu de cela, ces conversations collectent les messages partagés par la ou les personnes concernées. Reportez-vous aux sections « Analyse d'une conversation... », plus loin dans ce chapitre pour en savoir plus sur ce concept.

Les conversations que vous avez tenues ou que vous tenez en ce moment sont listées sur la gauche sous la forme de vignettes. Elles comportent les indications suivantes :

- **Le nom de la personne (ou son surnom) ou celui de la conversation.** En effet, vous pouvez renommer une conversation, notamment lorsque vous y regroupez plusieurs amis afin de discuter sur un sujet spécifique.
- **La date et l'heure de la conversation** figurent en gris à droite de l'aperçu de la conversation. Elle indique quand le dernier message a été envoyé. Pour les conversations qui ne sont pas du jour, la date se limite à la mention du jour en abrégé.

» **La petite icône de l'engrenage** qui apparaît quand vous placez le pointeur de la souris sur une conversation propose de nombreuses options comme Sourdine (pour désactiver les notifications de la conversation), Quitter le groupe (quand plusieurs personnes sont réunies dans la même conversation), Supprimer, Archiver, marquer une conversation comme lue ou non lue, et signaler le contenu de la conversation comme étant indésirable. Vous pouvez également bloquer la conversation afin de cesser de converser avec une personne, ou bloquer les messages.

» **Le texte en gras** d'une conversation indique que le message n'a pas encore été lu par le destinataire. Cette indication n'est malheureusement pas toujours fiable.

Analyse d'une conversation entre vous et un ami

Si vous cliquez sur le nom de la personne avec qui vous discutez, vous basculez dans votre conversation commune. Dans la Figure 9.2, nous avons cliqué sur Film qui est une conversation entre les collaborateurs à un projet de long métrage. Le nom Film (conversation) est affiché avec, entre parenthèses, le nombre de personnes qui suivent la conversation.

Il est important de retenir que, contrairement à une boîte de réception classique, le message le plus récent s'affiche en bas de page. Il suffit de faire défiler la page pour lire toute la conversation qui a commencé il y a quelques heures.

Contrairement aux e-mails, *l'objet* n'a aucune importance. Tout ce qui compte c'est votre *interlocuteur*.

Vous n'envoyez pas toujours vos messages depuis un ordinateur. Vous pouvez utiliser votre téléphone portable ou discuter en temps réel *via* Messenger de Facebook, qui, comme tout programme de messagerie instantanée, permet de répondre immédiatement ou ultérieurement.

Au bas de la conversation, sous le message le plus récent, vous disposez de la zone de saisie. En haut et à gauche de Messenger, vous disposez d'une icône qui permet de choisir ce que vous souhaitez consulter : Paramètres, Contacts actifs (c'est-à-dire les personnes actuellement connectées à Messenger), Invitations par message (liste des personnes qui cherchent à entrer en contact avec vous *via* Messenger), Conversations archivées, Conversations non lues, Aide, et Signaler un problème.

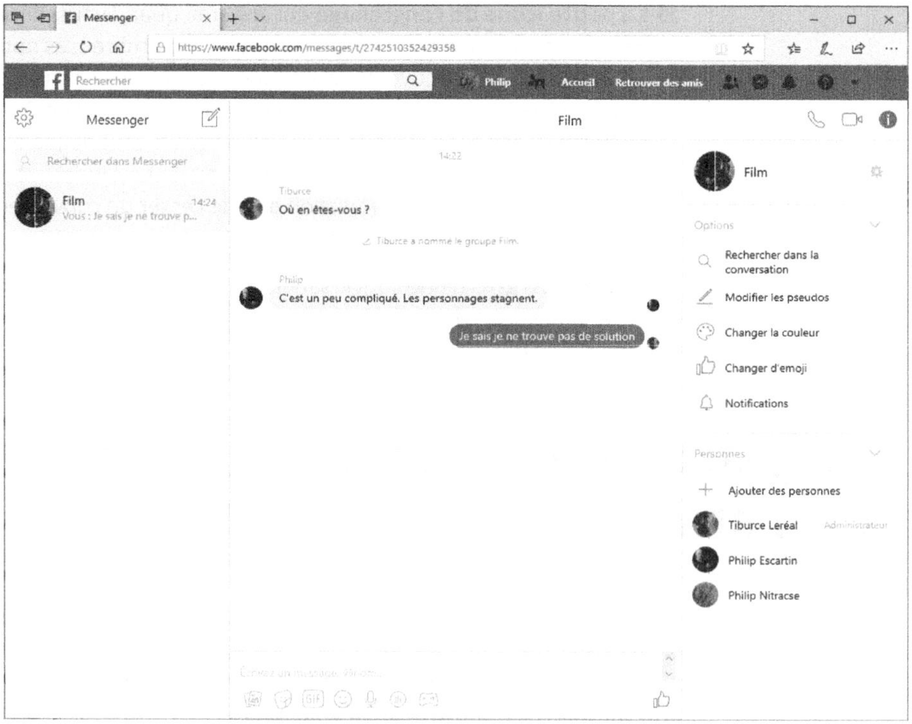

FIGURE 9.2 : 3 personnes échangent dans la conversation Film.

Le bouton Nouveau message (icône d'une feuille et d'un crayon) ouvre un message vide. Indiquez les personnes ou le groupe à qui vous souhaitez écrire. La zone de saisie Recherche dans Messenger permet de lancer une recherche dans les conversations.

Les conversations instantanées peuvent également se dérouler sur votre profil, comme le montre la Figure 9.3.

La conversation apparaît dans une zone de saisie de petite dimension en bas à droite de la fenêtre de Facebook. Dans sa barre de titre, elle contient un certain nombre de boutons qui permettent d'ajouter des personnes à la conversation en cours, de démarrer une discussion vidéo, ou encore un appel.

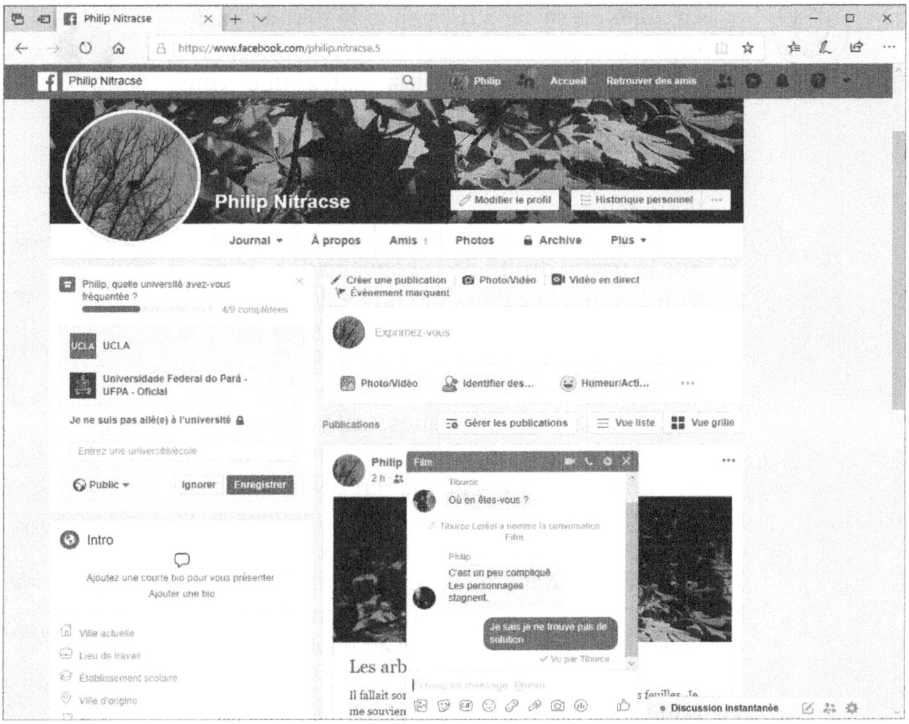

FIGURE 9.3 : La même conversation mais affichée sur le profil.

Analyse d'une conversation entre plusieurs personnes

Lorsque vous avez créé un groupe, c'est-à-dire une conversation contenant plusieurs personnes, il suffit de cliquer sur ladite conversation dans Messenger pour afficher la liste des personnes qui la composent. Cette liste est localisée dans la section Personnes située dans la partie droite de la fenêtre Messenger, comme sur la Figure 9.4.

À l'image des conversations privées, le fil de la conversation se lit de haut en bas, avec le message le plus récent en bas de page. Faites défiler la page vers le haut pour afficher les messages les plus anciens.

Au fil de la lecture, vous voyez ce que chaque interlocuteur a écrit. En effet, son nom et sa photo de profil identifient chaque message. Tous les groupes de messages sont séparés et datés pour que vous sachiez quand ils ont été envoyés.

La zone de saisie située sous le dernier message vous invite à répondre à tous. Dans les conversations à plusieurs, notez que vous ne pouvez pas répondre individuellement à chaque membre de la conversation. Quand vous répondez, tous les interlocuteurs voient votre réponse.

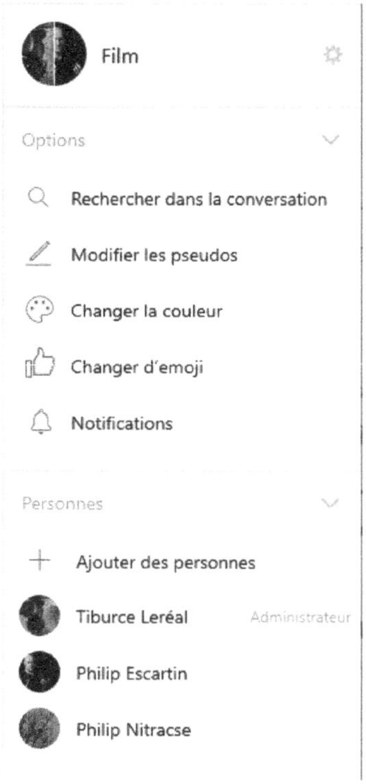

FIGURE 9.4 : Conversation entre plusieurs amis.

Sur la partie droite de la conversation, la section Rechercher dans la conversation permet de rechercher un contenu spécifique dans la conversation en cours.

Dans la section Personnes, utilisez la commande Ajouter des personnes pour augmenter le nombre d'interlocuteurs. En revanche, pour retirer une personne du groupe que vous avez ainsi constitué, placez le pointeur de la souris sur son nom dans la section Personnes. Cliquez sur les trois points qui apparaissent à droite de son nom. Dans le menu local, choisissez Supprimer du groupe. Ce menu local permet également de contacter la personne en privé ou de voir son profil.

L'option Quitter le groupe est accessible *via* l'icône de l'engrenage d'une conversation spécifique, comme le montre la Figure 9.5. Si cette conversation à plusieurs ne vous intéresse plus, cliquez sur cette option pour la quitter. Dès qu'un participant a quitté la conversation, une mention l'indique dans le fil de la conversation.

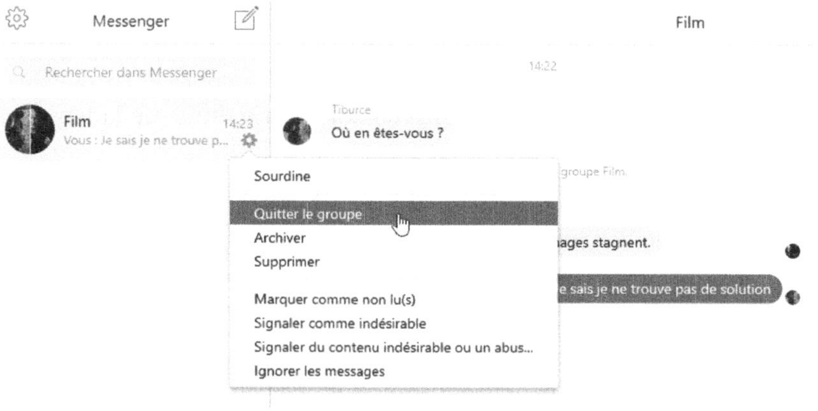

FIGURE 9.5 : Pour quitter une discussion à plusieurs personnes.

Nouveaux messages

Le bouton Nouveau message se situe en haut à gauche de la page Messenger. Elle se compose d'une feuille et d'un crayon. C'est l'une des possibilités pour composer un nouveau message destiné à un ami ou un groupe d'amis.

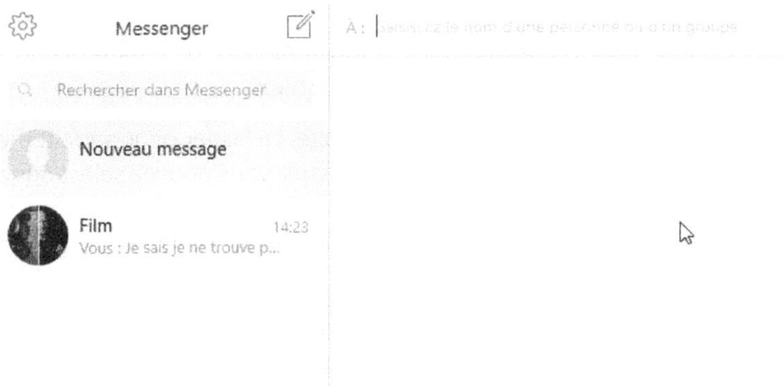

FIGURE 9.6 : Composition d'un nouveau message dans la page Messenger.

Lorsque vous cliquez sur ce bouton, une nouvelle conversation apparaît sur la gauche sous le nom Nouveau message, et le point d'insertion clignote dans la zone de saisie du nom de l'ami à qui vous souhaitez écrire. Saisissez un nom de compte Facebook. À mesure que vous tapez des lettres, Facebook vous fait des suggestions de compte. Cliquez sur celle de l'ami recherché. Vous voici alors prêt à écrire à cette personne, comme sur la Figure 9.6.

Pour envoyer un nouveau message à un ami, cliquez sur le bouton + Nouveau message et suivez ces étapes :

1. **Commencez à taper le nom du destinataire.**

   Au fur et à mesure de la saisie, un menu déroulant vous propose une liste de suggestions. Dès que vous apercevez le nom souhaité, cliquez dessus pour le sélectionner ou continuez à taper jusqu'à ce que le nom soit marqué en bleu et appuyez sur Entrée. Si vous ne sélectionnez pas le bon nom, appuyez sur la touche d'effacement arrière ou cliquez sur la croix à côté du nom à effacer.

   Pour envoyer un message à un ami qui n'est pas sur Facebook, entrez son adresse e-mail complète et appuyez sur Entrée.

2. **(Facultatif) Pour ajouter un destinataire supplémentaire, tapez son nom ou son adresse e-mail.**

   Inutile d'utiliser une virgule, un point-virgule ou tout autre signe pour séparer les noms.

3. **Complétez la zone de saisie Écrivez un message.**

   Avant d'envoyer le message, nous vous recommandons de relire ce que vous avez écrit, car Facebook ne dispose pas de correcteur.

   De plus, une fois un message envoyé, c'est trop tard. Vous ne pouvez plus le supprimer dans la boîte de réception de son ou ses destinataires. Par conséquent, réfléchissez bien avant d'envoyer un message désobligeant, vous risquez de le regretter.

4. **(Facultatif) Cliquez sur le bouton Ajouter des fichiers (deux photos superposées) pour joindre un fichier.**

   Ce bouton se situe sous le message. Le fichier peut parfaitement bien être une photo. Après avoir cliqué dessus, vous pouvez sélectionner, dans le disque dur de votre ordinateur, les éléments à joindre. Cette opération devrait vous être familière si vous avez l'habitude d'envoyer des pièces jointes avec vos e-mails.

   Vous pouvez également ajouter une photo en glissant-déposant son fichier depuis une fenêtre du Finder (Mac) ou de l'Explorateur de fichiers (Windows) sur la zone de saisie du message.

5. **(Facultatif) Cliquez sur le bouton Choisir un sticker, c'est-à-dire choisir une sorte de grosse émoticône animée.**

   Ce bouton se situe également sous le message. Vous effectuerez votre choix parmi les stickers proposés par défaut, sachant que vous pourrez en télécharger de nombreux autres gratuitement. Il s'agit souvent de petites animations qui permettent de savoir sur quel ton vous avez pris un message ou que vous avez envoyé le vôtre. En effet, le second degré n'est pas toujours bien compris par écrit. Un sticker rigolo dédramatise un texte qui pourrait sembler sévère.

6. **(Facultatif) Cliquez sur GIF pour accéder à des animations GIF que vous insérerez dans le message.**

7. **(Facultatif) Cliquez sur l'icône Choisir un émoji pour indiquer votre état d'esprit de l'instant.**

   Une émoticône (*smiley* en anglais) est une icône de visage que vous insérez dans un message et dont l'expression indique votre humeur du moment : sourire, clin d'œil, énervement, tristesse, *etc.*

8. **(Facultatif) Cliquez sur l'icône du micro pour enregistrer un clip vocal.**

   En d'autres termes, vous parlez dans le micro de votre webcam et l'interlocuteur pourra écouter ce message en cliquant sur un bouton de lecture.

9. **Cliquez sur l'icône Créer un sondage pour lancer une enquête.**

10. **Cliquez sur l'icône de la manette de jeu pour jouer à un jeu avec vos interlocuteurs.**

11. **Pour envoyer le message depuis Messenger, appuyez sur la touche entrée de votre clavier, ou cliquez sur Envoyer.**

    Pour retourner à la ligne sans envoyer le message, vous devez maintenir la touche Ctrl enfoncée tout en appuyant sur Entrée.

    Le petit pouce levé permet d'indiquer rapidement son accord sur un message. Cliquez dessus pour intégrer ce pouce dans le fil de la conversation. Si vous maintenez le bouton de la souris enfoncé sur le pouce, vous pourrez choisir sa taille. Relâchez le bouton de la souris dès que la taille voulue est atteinte. Si vous ne relâchez pas ce bouton, une taille maximale est prédéfinie par Messenger.

Si vous composez un message dans le cadre d'un fil de discussion déjà existant, la démarche est la même, mais il convient de noter quelques détails :

- Comme les destinataires sont déjà mentionnés, il suffit de vérifier que vous intervenez bien dans cette conversation. En effet, vous constaterez, hélas, un jour ou l'autre, l'embarras qui est le nôtre lorsque nous nous trompons de conversation.
- Pour répondre à votre interlocuteur, il suffit de saisir un message dans la zone de saisie Écrivez un message, et de cliquer sur le bouton Envoyer ou bien d'appuyer sur la touche Entrée.
- Lorsque vous êtes en conversation instantanée, c'est-à-dire que vous et votre interlocuteur êtes connectés à Facebook et disponibles, une animation de trois petits points faisant des vagues indique que votre ami est en train d'écrire.

Envoyer des messages à des « non-amis »

Vous pouvez partager avec des amis sur Facebook ou des personnes qui ne sont pas sur Facebook par le biais de leur adresse e-mail. Vous pouvez aussi envoyer des messages à des personnes qui sont sur Facebook, mais ne sont pas vos amis (si les paramètres de confidentialité de cette personne le permettent). C'est particulièrement pratique quand vous rencontrez quelqu'un sur ce réseau social et que vous souhaitez lui dire quelque chose sans être pour autant certain de vouloir qu'il devienne un ami. Voici quelques raisons pour procéder de la sorte :

- **Identification :** Vous recherchez un vieil ami et trouvez trois personnes portant le même nom. Un profil affiche une photo de quelqu'un qui n'est clairement pas votre ami. La deuxième personne appartient au réseau Nantes et vous n'êtes pas sûr que votre ami ait vécu à Nantes. Le troisième profil ne possède pas de photo, juste une silhouette de remplacement. Dans la page des résultats de la recherche, cliquez sur le menu local affiché à droite de son nom et optez pour Envoyer un message comme sur la Figure 9.7.

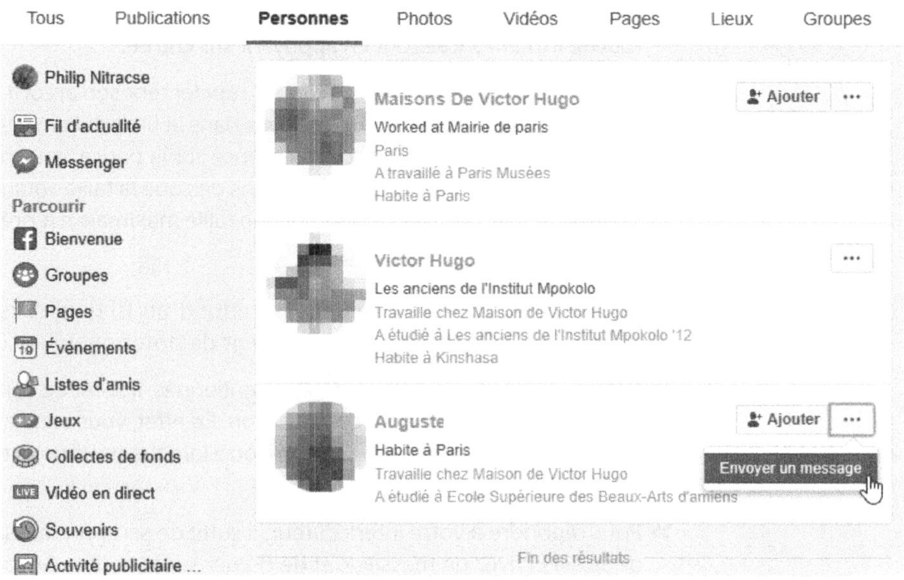

FIGURE 9.7 : Contactez un compte Facebook que vous pensez être un ami.

- **Ami d'un ami :** Dans de nombreux cas sur Facebook, vous devez être l'ami de quelqu'un ou au moins être membre du réseau de quelqu'un pour interagir avec lui de manière satisfaisante. Pourtant, il arrive que vous ayez une bonne raison pour contacter quelqu'un qui ne figure pas dans votre liste d'amis. La messagerie Facebook est idéale pour ce genre d'interactions.
- **Se faire connaître :** Imaginez que vous venez d'intégrer une nouvelle entreprise et que vous connaissez très peu de monde. Vous pouvez utiliser la recherche pour trouver des personnes de cette société curieuses de vous connaître ou poser une question et l'envoyer *via* la messagerie Facebook.

Sachez qu'en fonction des paramètres de confidentialité d'une personne que vous contactez, votre message risque d'être classé parmi les demandes de contact. Dans ce cas, la conversation ne pourra être engagée que si cette personne accepte votre demande. Ce n'est d'ailleurs que dans ce cas qu'elle pourra lire votre message. En règle générale, et malgré cette possibilité de ne pas être importuné à tout bout de champ, soyez prudent quand vous envoyez un message à quelqu'un qui n'est pas votre ami et cela même si sa confidentialité le « protège » des messages provenant de personnes qui ne sont pas ses amis. En effet, si vous la sollicitez trop souvent, ou si trop de personnes signalent vos messages comme indésirables, votre compte risque d'être automatiquement signalé dans le système Facebook.

D'abord, vous recevez un avertissement, mais si vous continuez, votre compte peut être désactivé. Si tout le monde pouvait envoyer des messages à n'importe qui sur Facebook, les boîtes de réception seraient pleines de messages impersonnels et indésirables, ce qui les rendrait trop confuses pour être utiles.

Rechercher des messages

Si vous êtes aussi populaire que nous le pensons, vous devez avoir un nombre incalculable de messages privés. Pour éviter de fouiller dans des tonnes de discussions afin de trouver celle que vous recherchez, il vous faut un outil permettant d'accéder rapidement à l'information convoitée. C'est pourquoi vous disposez d'une zone de recherche en haut de la page Messenger. Vous pouvez ainsi rechercher un nom. Si vous recherchez un mot, Messenger n'affichera que des comptes ou des groupes répondant à ce critère spécifique. Pour trouver ce mot dans l'ensemble de vos conversations, cliquez sur Rechercher « mot » dans les messages, comme le montre la Figure 9.8.

FIGURE 9.8 : Recherche dans la Boîte de réception.

Pour retrouver un mot dans une conversation particulière, commencez par la sélectionner dans la partie gauche de Messenger, puis cliquez sur Rechercher dans la conversation (sur la droite). Cette technique a été expliquée plus haut dans ce chapitre à la section « Messages Facebook ».

Partager, c'est s'intéresser aux autres

Avez-vous déjà lu une information sur le Web qui vous rappelait un ami ? Ou qui s'adressait vraiment à quelqu'un que vous connaissez ? Ou qui traitait d'un sujet à propos duquel vous discutiez l'autre jour ? Ou qui vous a fait tant rire que vous deviez en faire part à quelqu'un ? Si vous flânez souvent sur Internet, nul doute que les réponses vont être « Oui », « Oui », « Oui », voire « Bien sûr que oui ».

Pour toutes ces fois manquées, Facebook vous propose la fonction Partager. *Partager* vous permet d'envoyer facilement un lien, un aperçu ou même l'intégralité d'un contenu à un ami, qu'il soit ou non sur Facebook. Si vous pensez que l'e-mail est assez efficace pour envoyer ce type de contenu Web, parions que vous n'avez jamais testé Partager !

Partager depuis la Boîte de réception

Dans une certaine mesure, le partage depuis la boîte de réception est la méthode la plus complexe pour partager, car elle nécessite plus de clics et quelques copier-coller. Mais dans l'ensemble, elle ressemble fortement à celle que vous utilisez pour partager un contenu Web avec un e-mail :

1. **Copiez le lien d'une page que vous voulez partager.**
2. **Cliquez sur Messenger dans le menu de la colonne gauche de la page d'accueil.**
3. **Cliquez sur l'icône Nouveau message qui est représentée par une feuille et un crayon.**
4. **Collez le lien dans la zone de saisie du message et spécifiez le nom de votre ami dans la zone À.**
5. **Cliquez sur le bouton Envoyer.**

Quand vous collez le lien dans la zone de saisie d'un message, la fenêtre s'agrandit pour afficher un aperçu de la page que vous voulez partager. L'aperçu inclut le titre de la page et un extrait de texte tiré de la page. Si la page que vous partagez contient des images, l'une d'entre elles s'affiche aussi. C'est exactement l'aperçu que vos destinataires voient quand ils reçoivent le message.

Liens Partager sur Facebook

Vous avez certainement remarqué les petits liens Partager un peu partout sur Facebook. Ils sont présents dans les albums, les photos, les articles, les événements, les groupes, les nouvelles du fil d'actualité, les profils des utilisateurs, *etc.* Ils servent à partager du contenu rapidement sans avoir à effectuer un copier-coller. Ce partage n'a absolument rien à voir avec celui effectué *via* Messenger.

Si vous visualisez sur Facebook le contenu du compte d'un ami et que vous trouviez une de ses publications très intéressante, vous pouvez la partager de plusieurs manières avec les autres utilisateurs du réseau social. Voici la marche à suivre :

1. **Commencez par afficher soit le fil d'actualité, soit le compte Facebook de votre ami.**
2. **Dès que vous voyez une publication qui vous intéresse, cliquez sur son bouton Partager.**
3. **Dans le menu local qui apparaît, comme sur la Figure 9.9, vous avez le choix entre :**
   - **Partager maintenant (Amis) :** Dans ce cas, la publication sera affichée sur votre profil et accessible à tous.
   - **Partager :** Ouvre une boîte de dialogue illustrée sur la Figure 9.10, dans laquelle vous choisirez dans le menu local Partager sur votre propre journal la méthode de partage de la publication (Figure 9.8). Ainsi, vous pourrez partager une publication sur le journal d'un ami si et seulement si ses préférences le permettent. Cette boîte de dialogue s'ouvre systématiquement lorsque vous cliquez sur la mention Partager affichée sous une photo.

FIGURE 9.9 : Les multiples options de partage d'une publication.

- **Partager maintenant (Amis) :** La publication ainsi partagée ne sera visible que par vos amis.

(Amis) n'est pas la règle. Cette mention dépend de la confidentialité que vous avez définie dans le paramètre Qui peut voir vos futures publications ? de la rubrique Confidentialité.

- **Partager :** Ouvre la boîte de dialogue Partager sur votre propre journal. Pour effectuer le partage différemment, ouvrez le menu local situé en haut de cette boîte de dialogue. Vous pouvez partager sur le journal d'un(e) ami(e), dans un groupe, en tant qu'évènement, ou bien enfin dans un message privé. Vous pouvez ensuite saisir un message dans le champ Dites quelque chose à propos de ceci. Trois icônes situées dans la partie inférieure de la boîte de dialogue permettent d'identifier des amis, de localiser la publication, et d'ajouter une émoticône.

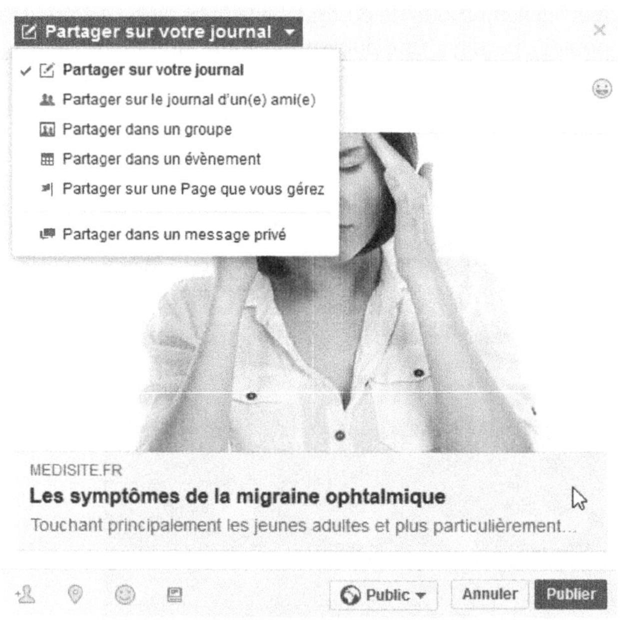

FIGURE 9.10 : La boîte de dialogue Partager.

- **Envoyer comme message :** Envoie la publication sous la forme d'un message privé. Il suffit d'indiquer les destinataires Facebook dans le champ Noms. Ajoutez éventuellement un message dans le champ Dites quelque chose à propos de ceci.

- **Partager dans un groupe : Permet de partager la publication dans un groupe d'amis.**

- **Partager sur le journal d'un(e) ami(e) :** Ouvre la même boîte de dialogue que Partager. Cette fois, un champ Amis permet de spécifier le nom du compte Facebook faisant partie de vos amis sur lequel vous souhaitez partager cette publication. Vous pouvez ensuite saisir un message dans le champ Dites quelque chose à propos de ceci. Trois icônes situées dans la partie inférieure de la boîte de dialogue permettent d'identifier des amis, de localiser la publication, et d'ajouter une émoticône.

- **Partager sur une page : Permet de partager la publication sur une de vos pages Facebook.**

Boutons Partager sur le Web

Facebook propose énormément de contenus intéressants, tout comme le reste du Web. Facebook permet et encourage les sites Web à insérer des boutons Facebook Partager près des contenus intéressants. Par exemple, chaque vidéo sur `www.youtube.com` dispose d'un bouton Partager. Lorsque vous cliquez sur Partager sur ces sites, vous avez la possibilité de partager le contenu sur des sites Web, dont Facebook. Si vous optez pour Facebook, une fenêtre de partage s'ouvre (voir Figure 9.11), en grande partie semblable à celle qui s'affiche quand vous cliquez sur Partager dans Facebook. Des dizaines de milliers de sites Web ont associé les boutons Partager de Facebook à leur contenu pour vous permettre de le partager facilement.

FIGURE 9.11 : Partager une vidéo sur Facebook depuis YouTube.

Discussion instantanée

Il arrive d'avoir envie de dire quelque chose à quelqu'un immédiatement. Si votre interlocuteur n'est pas assis à vos côtés, peut-être est-il prêt à envoyer et à recevoir des messages *via* la discussion instantanée Facebook. Cette discussion instantanée peut se tenir dans deux endroits différents sur Facebook : la fenêtre Messenger ou tout autre emplacement de Facebook comme le journal ou le profil. La discussion instantanée peut se tenir à plusieurs exactement comme une discussion Messenger.

En réalité, il n'y aucune différence entre les messages échangés sur Messenger et ceux d'une discussion instantanée. Pour qu'une conversation devienne immédiate, il suffit que les interlocuteurs soient sur Facebook au même moment (ou *via* Messenger sur leur smartphone), et qu'ils aient activé la possibilité d'être sollicités par message privé.

La discussion instantanée sans quitter vos déambulations Facebook se déroule dans le coin inférieur droit de toutes les pages Facebook. Cliquez sur Discussion instantanée pour voir ce qu'elle cache.

Structure de la discussion instantanée

Dans cette section, nous détaillons tous les composants de la discussion instantanée Facebook que vous suivez en dehors de la fenêtre Messenger, afin de vous préparer à discuter en temps réel avec vos amis.

- **Amis en ligne :** Les amis que vous pouvez contacter sont listés sur le bord droit de l'écran sous le télex. Un petit point vert indique qu'ils sont actuellement connectés, donc disponibles pour une éventuelle discussion instantanée. Leur mode de connexion (Web ou mobile) précède ce point vert.

  Ce n'est pas parce que la vignette d'un ami n'apparaît pas dans cette liste que ledit ami n'est pas connecté à Facebook. Il est en effet tout à fait possible d'utiliser Facebook sans que personne ne sache que vous êtes connecté. Idem, ce n'est pas parce qu'un point vert ne figure pas en regard d'une vignette d'un ami que celui-ci n'est pas sur Facebook. Par conséquent, la discussion instantanée peut tout à fait avoir lieu. Dans ce cas, envoyez un message privé à un ami *a priori* non connecté, et vous verrez bien s'il vous répond dans la seconde.

- **Rechercher des amis en ligne :** Vous allez bientôt avoir plein d'amis sur Facebook (si ce n'est pas déjà le cas). Pour trouver rapidement celui avec qui vous voulez discuter en temps réel ou pour vérifier s'il est en ligne, cliquez dans le champ Rechercher situé tout en bas de la liste des contacts affichés sous le télex. Entrez les premières lettres de son nom dans la zone de recherche. La liste des contacts trouvés se réduit au fur et à mesure que vous saisissez des caractères. Cliquez sur le nom de l'ami recherché pour commencer à discuter. Il se peut que la personne ne soit pas disponible ou connectée sur Facebook.

- **Statut en ligne :** Le point vert indique à vos amis qui consultent leur liste d'amis en ligne que vous êtes actuellement en ligne. Pour eux, cela signifie que vous êtes disponible pour discuter. Si vous ne l'êtes pas et voulez continuer à naviguer sur Facebook tranquillement, cliquez sur la petite roue dentée (ou engrenage) puis sur Désactiver le statut en ligne. Vous accédez à une boîte de dialogue qui vous propose plusieurs options de désactivation, comme le montre la Figure 9.12. Elle permet de choisir les personnes autorisées ou non à vous contacter en discussion instantanée.

FIGURE 9.12 : Les options de désactivation de la discussion instantanée.

Le bouton Discussion instantanée change d'aspect pour refléter votre statut hors ligne. Quand vous êtes hors ligne, vos amis peuvent tout de même vous envoyer des messages privés. Pour relancer la discussion instantanée, cliquez sur le lien Activer le statut en ligne affiché en bas de la liste des personnes connectée.

» **Fenêtre de discussion :** Il est temps de s'intéresser à l'essentiel : la discussion ! Pour discuter avec quelqu'un en temps réel, cliquez simplement sur son nom dans la liste d'amis en ligne. Une petite fenêtre s'ouvre. Entrez le texte au bas de la fenêtre et appuyez sur Entrée. Votre ami voit la même petite fenêtre s'afficher au bas de son écran et entend un petit signal sonore si le son est activé. Quand il répond, vous entendez également le petit signal et votre fenêtre de discussion instantanée clignote. La Figure 9.13 présente une fenêtre de discussion instantanée.

Si vous naviguez sur Facebook en même temps que vous discutez en temps réel, vous pouvez réduire la fenêtre de la discussion instantanée dans le coin inférieur droit de l'écran, comme vous le faites avec une fenêtre classique. Ensuite, il suffit de cliquer sur le nom de votre ami pour rouvrir la fenêtre. Pour la fermer, cliquez sur X. Votre ami ne le remarque pas. D'ailleurs, si vous ouvrez une nouvelle fenêtre, la discussion reprend exactement là où vous l'aviez laissée. Si vous vous déconnectez de Facebook ou passez hors ligne, vos amis en sont informés.

FIGURE 9.13 : Une discussion instantanée avec un ami.

Poke

« Qu'est-ce qu'un poke ? » est l'une des questions que nous rencontrons le plus souvent. Nous sommes en mesure de vous dire ce qu'il *fait*, mais pas ce que *c'est*. Un poke peut signifier quelque chose de différent pour chacun. Dans certains cas, c'est une marque d'affection. Dans d'autres, un moyen de dire *je pense à toi*. Certaines personnes l'utilisent juste pour faire un petit coucou.

Pour envoyer un poke, affichez le profil d'un ami. Ensuite, cliquez sur le bouton orné de trois points. Dans le menu local qui apparaît, choisissez Poke, comme à la Figure 9.14.

FIGURE 9.14 : Envoyer un poke à un ami.

Admettons que votre conjoint vous envoie un poke (qui peut signifier *tu penseras à sortir la poubelle?*). Lors de votre prochaine connexion sur Facebook, vous verrez le poke dans la partie droite de votre page d'accueil. Deux options s'offrent à vous : envoyer un poke en retour ou le supprimer. Si vous le renvoyez, votre conjoint verra le même poke que vous lors de sa prochaine connexion (avec votre nom à la place du sien). Cliquez sur X près du poke pour le supprimer de votre page d'accueil. Vous sentez aussi le cercle vicieux ?

Demandes

Le type de demande le plus fréquent sur Facebook est la demande d'ami. Lorsque quelqu'un vous trouve sur Facebook et clique sur Ajouter, vous verrez, lors de votre prochaine connexion, qu'une demande de contact vous a été adressée. Les autres types de demandes sont des invitations à participer à des événements, à rejoindre des groupes, à jouer à des jeux, ou à donner pour une œuvre, *etc.* Dès que vous avez une demande en attente, une notification s'affiche (sous forme de rectangle rouge avec un chiffre indiquant le nombre de demandes en attente) dans le haut de votre page d'accueil à droite du logo Facebook. Si aucune notification n'apparaît, vous n'avez pas de demande en attente.

Même si l'envoi d'une demande est une affaire privée, la réponse est souvent publique. Par exemple, si vous demandez quelqu'un comme ami, seule cette personne est au courant de la demande jusqu'à ce qu'elle accepte la demande. Ensuite, les autres voient dans leur télex ou fil d'actualité que vous êtes désormais amis. De même, personne ne voit vos invitations à rejoindre un groupe ou à participer à un événement, mais si vous acceptez, cette information peut générer une publication dans le télex ou le fil d'actualité de vos amis.

Notifications

Quelquefois, plutôt que de communiquer *avec* vous sur Facebook, vos amis communiquent *sur* vous. Par exemple, disons que vous assistez à un concert avec un ami. Le lendemain, cet ami peut rédiger un article à propos de ses impressions sur le concert et vous taguer dans son article puisque vous partagez ses impressions (voir Chapitre 8 pour plus de détails sur le tag d'article). Votre ami a écrit une note sur vous, mais il n'a pas besoin de vous le dire, car Facebook vous notifie quand vous êtes tagué dans un article ou sur une photo. C'est un moyen de vous avertir que quelqu'un pense à vous ou parle de vous. Quand vous recevez une notification de tag, un petit rectangle rouge s'affiche sur l'icône en forme de cloche, située dans la grande barre bleue, à droite du logo Facebook. Une petite icône rouge indique le nombre de notifications que vous avez reçues.

Lorsque vous cliquez sur l'icône Notifications en forme de cloche, un menu déroulant affiche les dernières notifications reçues. Quand vous cliquez sur Voir tout, vous basculez dans la page Vos notifications, où vous pouvez voir toutes les notifications reçues au cours des sept derniers jours.

Voici quelques exemples de notifications utiles :

- Quand quelqu'un tague des personnes qui figurent sur une photo que vous avez téléchargée, vous tague dans un article ou dans une photo.
- Quand quelqu'un a écrit dans votre Journal ou dans celui d'un groupe ou d'un événement dont vous êtes l'administrateur.
- Quand quelqu'un publie un commentaire juste après que vous avez commenté une photo, un article ou un message.
- Quand quelqu'un répond à un post que vous avez publié.
- Quand quelqu'un commente un post, un article ou une photo que vous avez publié ou dans lequel vous êtes tagué.
- Quand quelqu'un vous invite à un événement ou publie dans la page d'un événement auquel vous avez accepté de participer.
- Quand quelqu'un a indiqué aimer une publication que vous avez effectuée ou dans laquelle vous avez été tagué.
- Quand quelqu'un publie dans une Page ou un groupe dont vous avez demandé à recevoir des notifications.
- Quand quelqu'un dont vous avez demandé à recevoir les notifications d'activité publie dans son Journal.

Pour ne plus recevoir de notifications des différentes applications, effectuez les étapes suivantes :

1. **Dans la grande barre bleue, cliquez sur l'icône Notifications en forme de cloche puis sur Paramètres (en haut à droite).**

   La page Paramètres de notifications s'affiche.

2. **Dans la section Notifications que vous recevez, ouvrez le menu local d'une notification spécifique et choisissez entre Oui et Non.**

   Certaines notifications proposent un bouton Modifier.

3. **Faites votre choix, a priori Non.**
4. **Pour les notifications d'identification, choisissez entre Tout le monde, Amis et leurs amis, ou Amis.**

Pour cesser de recevoir des notifications émanant d'un ami ou d'une Page, rendez-vous sur son compte. Ouvrez le menu local Amis situé sur la couverture de son profil, et décochez l'option Recevoir des notifications.

Notifications est un terme surexploité sur Facebook. Les notifications décrites dans cette section sont celles que vous recevez sur Facebook quand quelqu'un s'exprime sur vous.

En revanche, les *notifications de messages* font référence aux messages que vous recevez dans votre boîte de réception. Ces notifications veillent à ce que vous sachiez que vous avez des messages non lus dans votre boîte de réception.

Marques publiques d'affection : commentaires, zones de publication et Journal

Jusqu'à présent, nous avons traité la communication privée entre des personnes spécifiques. Les conversations privées sont idéales pour discuter de sujets qui intéressent seulement quelques personnes, pour se confier à ses amis ou apprendre à connaître (et passer du temps avec) quelqu'un. Cette section traite d'un autre type de communication : la conversation que vous avez avec vos amis en soirée, à un concert ou dans un café et que chacun peut entendre. Cette section vous indique comment Facebook vous permet d'avoir des conversations publiques qui incitent vos amis à y prendre part s'ils sont d'humeur. Facebook encourage l'ouverture en ce sens qu'il favorise le flux d'informations vers un maximum de personnes, ce qui approfondit et renforce les relations.

Écrire dans le Journal

Vous n'avez jamais eu envie de dire à quelqu'un qu'il est génial et de le crier au monde entier ? C'est l'esprit du Journal. Chaque utilisateur, vous y compris, a un Journal sur son profil où ses amis (ou les personnes autorisées) peuvent écrire des choses sur lui et pour lui, que le monde entier peut voir. Pour écrire sur le Journal de quelqu'un, il suffit d'aller sur son profil. L'onglet qui s'affiche alors par défaut est l'onglet Journal, sous les photos de profil et de couverture. Écrivez votre message dans la zone Écrire quelque chose à <prénom du compte>, et cliquez sur Publier. Quand vous écrivez dans le Journal de quelqu'un, n'oubliez pas que cette action génère une publication dans le fil d'actualité et que tous vos amis peuvent la voir.

Bien entendu, vous ne pourrez écrire sur le journal d'un ami que si cette fonctionnalité n'a pas été désactivée par cette personne.

Certaines personnes utilisent le Journal pour des conversations basiques. D'autres l'utilisent pour commenter des changements survenus sur un profil. Le message « Joyeux anniversaire » est une pratique courante des utilisateurs Facebook. Si vous autorisez que vos amis voient votre date de naissance sur votre profil (vous pouvez masquer l'année), un rappel s'affichera sur leur page d'accueil peu avant le jour J. Le jour de votre anniversaire, attendez-vous à recevoir, sur votre mur, des messages « Joyeux anniversaire » du matin au soir. Si ce n'est pas le cas, soit vous n'avez pas d'amis sur Facebook, soit vous avez tout intérêt à offrir ce livre à vos amis !

En observant le Journal d'un ami, vous devriez noter un élément *très familier*. Dans les Chapitres 2, 3 et certains autres, nous mentionnons la zone de publication ; une liste d'actions située en haut de votre page d'accueil et de votre profil, dans laquelle vous pouvez publier tous types de contenus. La Figure 9.15 montre les liens disponibles et la liste ci-après décrit comment ils fonctionnent :

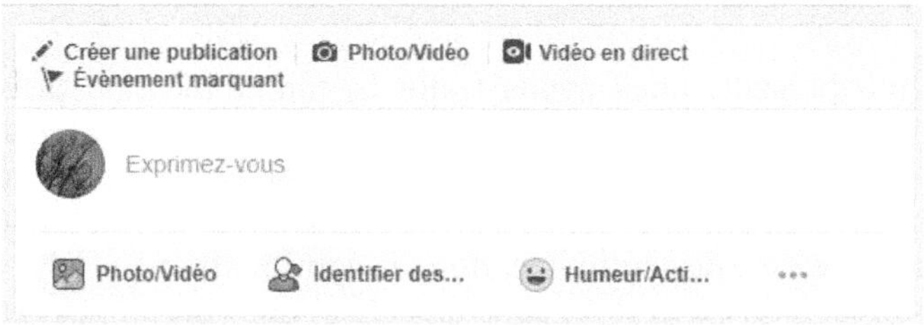

FIGURE 9.15 : Partie supérieure du mur.

- **Créer une publication :** Cliquez dans le champ Exprimez-vous pour saisir le texte à poster dans le Journal (appelé « mur » jusqu'à il y a peu) de votre ami.
- **Photo/Vidéo :** Cet onglet permet de télécharger une photo ou une vidéo dans le Journal d'un ami.
- **Vidéo en direct :** Permet de diffuser un événement en direct ou, plus modestement, ce que vous êtes en train de faire. Bien entendu, cette fonction n'est possible que si une webcam est installée sur votre ordinateur, ou si vous l'invoquez depuis un smartphone (voir plus loin dans ce chapitre).

Dans la partie inférieure, vous disposez d'un certain nombre d'options dont nous avons traité dans ce chapitre. Tout message peut être agrémenté de photos et de vidéos, d'une indication de votre humeur ou de votre activité, du lieu où vous vous trouvez, des amis identifiés sur cette publication, *etc.*

Un commentaire ?

Publier des commentaires est une autre forme de communication publique. Pour commenter une photo, une vidéo, un article ou autre, cliquez sur le lien Commenter situé sous l'objet. Commenter répond à deux objectifs : donner un avis à votre ami sur un contenu qu'il a publié et attirer l'attention des autres sur le contenu puisque le commentaire s'affiche dans leur fil d'actualité.

Public plus large

Il arrive d'avoir quelque chose à dire, mais pas forcément à un interlocuteur précis. Dans ce cas, utilisez la zone de publication qui vous invite à vous exprimer. Nous détaillons la zone de publication aux Chapitres 2 et 3 et la mentionnons encore ici, car elle est pratique pour envoyer un message que tout le monde peut voir, et éventuellement pour lancer une conversation. Quelquefois, les gens utilisent leur statut pour favoriser le contact humain : *Je suis au café Brandt si quelqu'un veut me rejoindre.* Les utilisateurs se servent aussi de la zone de publication pour informer tout le monde : *Je suis en Argentine. N'attendez pas de réponse de ma part.*

Dès que vous publiez, le message s'affiche dans votre Journal et dans le fil d'actualité de vos amis. Donc si vous postez une publication intrigante, vous allez certainement recevoir des réactions de vos amis en retour.

Diffuser en direct

La zone de publication, c'est-à-dire celle où vous vous exprimez par des textes, des photos, des vidéos, et des liens, permet de diffuser du contenu en direct si une webcam est connectée à votre ordinateur. Cela permet à vos amis de vous suivre pendant une activité en cours. Voici comment procéder :

1. **Vérifiez que votre webcam est bien opérationnelle.**
2. **Ensuite, dans votre profil, cliquez sur Vidéo en direct de la zone de publication, comme sur la Figure 9.16.**

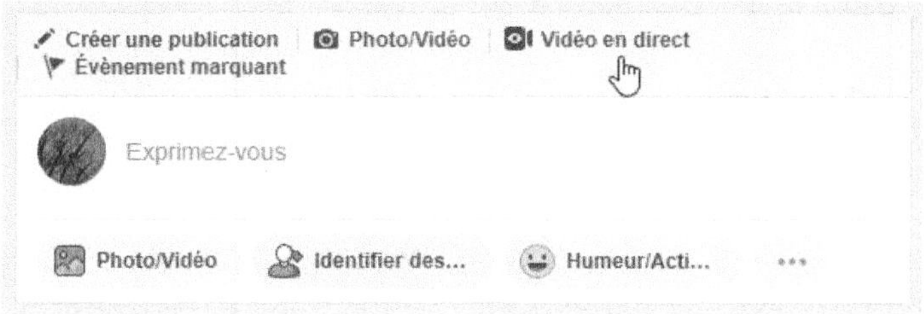

FIGURE 9.16 : Montrez-vous en direct !

Cette action ouvre une nouvelle interface. Il vous est alors demandé d'autoriser Facebook à utiliser votre webcam. Répondez par un clic sur Autoriser une fois ou Toujours autoriser. Un aperçu permet de viser (c'est-à-dire cadrer) ce que vous filmez.

3. **Dans la partie droite, ouvrez le menu local Choisissez où publier votre diffusion en direct et optez pour une option de partage.**

   Ces options ont été présentées dans la section « Liens Partager sur Facebook » plus haut dans ce chapitre.

4. **(Facultatif) Tapez un message dans le champ Dites quelque chose à propos de cette vidéo en direct.**

5. **(Facultatif) localisez la vidéo, indiquez avec qui vous êtes, et ajoutez une émoticône de votre humeur actuelle.**

6. **Spécifiez la confidentialité de cette diffusion.**

7. **Enfin, dès que vous êtes prêt, cliquez sur Diffuser en direct, comme sur la Figure 9.17.**

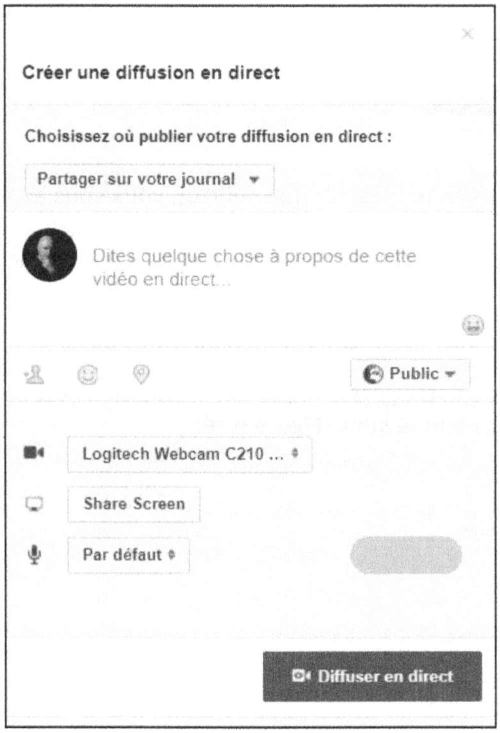

FIGURE 9.17 : La diffusion en direct va commencer.

8. **Après un décompte commençant à 3, la diffusion est visible pour tous ceux qui y ont accès en fonction du niveau de confidentialité que vous avez appliqué.**

Votre audience pourra commenter en direct. Vous connaissez le nombre de personnes qui vous regardent grâce à un indicateur qui s'affiche en haut à gauche de la fenêtre.

N'oubliez pas qu'on vous entend !

9. **Pour interrompre cette diffusion, cliquez sur le bouton Terminer.**
10. **Cliquez sur Fin pour que Facebook enregistre cette vidéo et la publie sur votre journal afin que vos amis ou tout le monde puissent la regarder en différé.**
11. **Cliquez sur Supprimer la vidéo pour ne pas la publier, puis sur le bouton Confirmer.**

Dialoguer par Vidéo

Facebook dispose d'une fonction d'appel vidéo implémentée dans la Discussion instantanée et dans Messenger. Il faut d'une part disposer d'une webcam, et d'autre part avoir au préalable installé le module correspondant sur les ordinateurs des deux interlocuteurs. Dans une fenêtre de discussion avec un ami, si ce dernier est équipé d'une webcam, cliquez sur l'icône (ornée d'une caméra) Démarrez une discussion vidéo <prénom de l'ami>. Si le module n'est pas encore installé, une fenêtre vous propose de le télécharger et de l'installer sur votre ordinateur.

Une fenêtre invite votre correspondant à répondre à l'appel vidéo. Il doit cliquer sur Répondre à l'appel pour établir la discussion en vidéo.

Aussitôt, l'image diffusée par la webcam de votre ami s'affiche, avec celle de votre propre webcam en incrustation. Pour finir la conversation, cliquez sur l'icône du combiné téléphonique, puis fermez la fenêtre de l'appel.

III

Le sens de l'organisation

DANS CETTE PARTIE...

- Parler d'organisation en matière de réseaux sociaux ne signifie pas ranger son bureau et placer toutes ses piles de documents bien parallèles les unes aux autres. Dans ce contexte spécifique, s'organiser signifie ici s'organiser autour d'une idée, d'un intérêt commun ou même d'un moment commun.
- Dans cette partie, nous étudions l'utilisation des Pages et des groupes pour organiser les gens autour de croyances, de préférence et même de slogans. Nous examinons aussi comment organiser votre vie (et celle de vos proches) autour d'événements parfaitement planifiés, ou récoltes de fonds. S'organiser sur Facebook, c'est aussi s'organiser dans la vie réelle.

Chapitre 10

Créer et gérer des groupes sur Facebook

DANS CE CHAPITRE :

- **Comprendre la notion de groupe.**
- **Communiquer avec les membres d'un groupe.**
- **Configurer les notifications d'un groupe.**
- **Rechercher des groupes.**
- **Créer un groupe.**
- **Modifier un groupe et les membres d'un groupe.**

Si vous avez parcouru chronologiquement le contenu de ce livre, vous savez rechercher des amis, répondre à des demandes d'invitation, communiquer par Messenger (et la discussion instantanée), voire diffuser en direct une activité en cours. Cette communication s'est déroulée à titre individuel. Pourtant, les amis que vous retrouvez ou que vous vous créez sur Facebook ne sont pas tous identiques. Un jour, Carolyn a tenté de dresser un tableau de ses amis et s'est retrouvée avec plusieurs catégories : les amis de la natation, les amis du lycée, les amis de la fac, les amis du boulot. Mais finalement, elle s'est aperçue qu'il y avait aussi les amis nageurs du lycée, les amis nageurs de la fac et l'équipe de natation qu'elle a rassemblée l'an dernier, *etc.* Vous suivez ?

En d'autres termes, elle a pu conclure que, sur Facebook, les groupes d'amis existaient exactement comme dans la réalité. Eh bien, sachez que ce réseau social permet de rassembler des amis dans des groupes afin de cibler vos échanges.

La taille des groupes sur Facebook peut aller de l'énorme groupe des anciens élèves de la classe 1958 au petit groupe d'amis qui sont partis en week-end ensemble. Comme toujours sur Facebook, vous choisissez les membres ainsi que les informations auxquelles ils peuvent accéder.

Se lancer avec Groupes

Comme Photos, Groupes est une application conçue pour vous par Facebook. Pour y accéder, ouvrez votre page d'accueil et cliquez sur Groupes dans la section Parcourir de la colonne gauche. La page qui s'ouvre affiche une suggestion de groupes. Pour accéder à la liste des groupes dont vous êtes membre, cliquez sur l'onglet Groupes. Dans cette section, nous vous expliquons la notion de Groupes Facebook.

Pourquoi y a-t-il différents types de groupes ?

Au début de Facebook, l'application Groupes servait à connecter des gens autour d'idées et de sujets. Souvent, cela réunissait de parfaits étrangers, par exemple, des personnes portant le même nom ou ayant les mêmes habitudes nocturnes. Après des années durant lesquelles des amis Facebook ont rejoint des groupes et ont fini par les oublier, Facebook a décidé de recentrer l'application Groupes autour d'un concept plus proche de ce qu'il se passe dans la réalité.

Analyse d'un groupe

Vous avez certainement déjà été notifié de l'adhésion d'un ami à un groupe. Si ce n'est pas encore le cas, cela ne devrait pas tarder. Ou alors vous avez découvert un groupe intéressant et l'avez rejoint ou avez été invité à le rejoindre. Peut-être préférez-vous aussi lire ce chapitre avant de vous lancer.

La première chose que vous voyez quand vous visitez un groupe est sa page, comme le montre la Figure 10.1. Tout comme votre profil fournit un résumé de vous, cette page propose un aperçu de ce qui s'est passé récemment dans le groupe, y compris des photos, vidéos et commentaires de membres les plus récents.

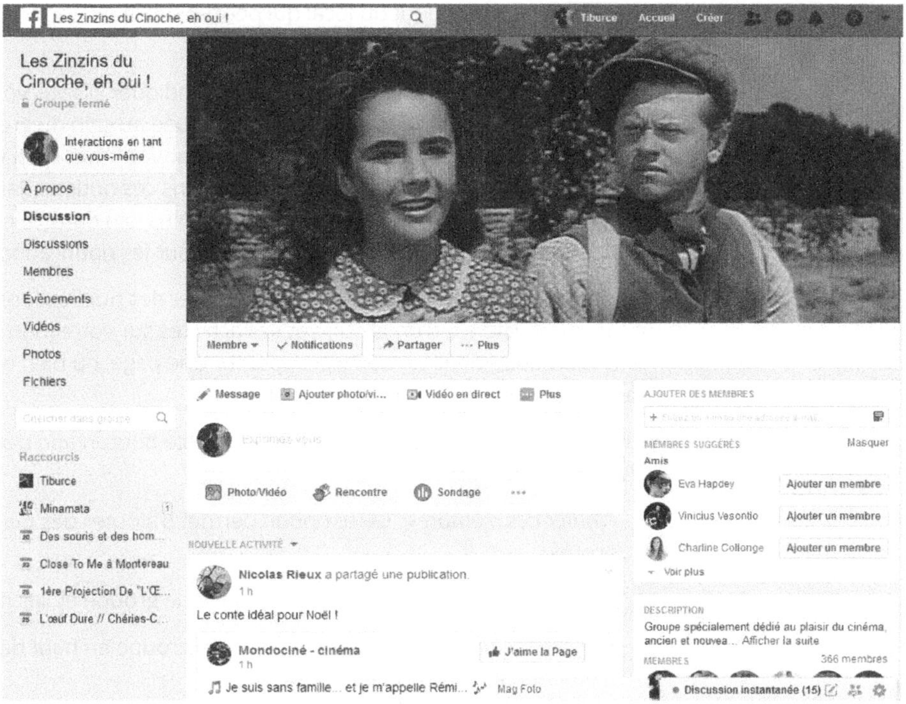

FIGURE 10.1 : Un groupe… classique.

En haut de la page du groupe, vous voyez le nom du groupe. En fonction des paramètres de confidentialité (voir la section « Créer un groupe » pour en savoir plus), vous devriez être capable de voir tout le contenu d'un groupe avant de le rejoindre, même si vous ne pouvez pas en publier.

En faisant défiler la page vers le bas, vous ne devriez pas être dépaysé. En effet, le groupe se présente sous forme de Journal sur lequel les membres peuvent poster du contenu, des événements et des idées auxquels les autres membres peuvent répondre à l'aide de commentaires. Et bien évidemment, en haut, vous disposez de la zone de publication qui vous invite à partager des posts, des liens, des photos, des vidéos, des événements et des fichiers (documents de type *wiki* que tous les membres du groupe peuvent modifier). Vous pouvez même solliciter les autres membres du groupe pour leur poser une question. Nous expliquons ces éléments dans la section « Ajouter sa pierre à l'édifice ».

La section Membres indique le nombre de membres du groupe et affiche les vignettes de leur compte Facebook.

Sous la couverture, quelques boutons, liens et sections sont à votre disposition. Nous les présentons de haut en bas :

» **Membres :** Ouvre un menu local qui permet de ne plus suivre le groupe, voire de le quitter.

» **Notifications :** Cliquez sur ce bouton pour indiquer si vous voulez recevoir des notifications à chaque publication effectuée au sein du groupe, ou seulement pour les publications produites par vos amis, ou si vous préférez ne recevoir aucune notification. Nous étudions ces options dans la section « Contrôler la surcharge due aux groupes », plus loin dans ce chapitre. Lisez également le Chapitre 9 pour en savoir plus sur les notifications.

» **Partager :** À l'instar des photos, des vidéos, et des publications, vous pouvez partager l'existence d'un groupe et ses activités sur votre journal, celui d'un ami, mais aussi dans un autre groupe, sur une page, ou bien encore en message privé.

» **Plus (avec trois petits points) :** Cliquez sur ce bouton afin d'afficher la liste d'options suivantes :

- *Ajouter des membres :* Cette option permet d'ajouter des personnes au groupe.
- *Gérer les demandes :* Permet de faire vivre le groupe et ses membres.
- *Épingler/Détacher aux raccourcis :* Place le groupe en haut de la liste des éléments de la section Parcourir.
- *Signaler le groupe :* Ouvre une boîte de dialogue dans laquelle vous pouvez signaler un problème rencontré avec le groupe. Activez une des hypothèses, et cliquez sur le bouton Continuer. Suivez alors la procédure du signalement choisi.
- *Créer un groupe :* Cette option permet de créer un groupe dont vous serez l'administrateur.

Sur la gauche, vous disposez des options suivantes :

- **À propos :** Donne des informations sur la raison d'être du groupe.
- **Discussion :** Donne accès à la zone d'envoi de messages, de photos et de vidéos, de création d'un sondage, et du bouton Plus pour vendre, ajouter un fichier, créer un album photo et vidéo, et créer un évènement.
- **Membres :** Cliquez dessus pour afficher les membres du groupe. Ils apparaissent sous forme de vignettes.
- **Événements :** Permet de créer un événement planifié pour le groupe.
- **Vidéos :** Donne accès aux vidéos publiées par des membres du groupe.
- **Photos :** Donne accès aux photos publiées par des membres du groupe.
- **Fichiers :** Dresse la liste des fichiers communiqués par le groupe. Cliquez sur le bouton orné de trois points et, dans le menu local qui apparaît,

choisissez Aperçu (pour voir le contenu du fichier), Télécharger (afin d'enregistrer le fichier sur votre disque dur), et Voir la publication d'origine (pour accéder à la publication dans laquelle le fichier a été joint).

» **Champ Recherche dans groupe :** Cliquez dans ce champ pour rechercher un contenu précis au sein du groupe. Validez votre requête en cliquant sur la loupe ou en appuyant sur Entrée.

» **Ajouter des membres au groupe :** Dans la section Ajouter des membres située dans la colonne de droite, cliquez sur le bouton Ajouter un membre affiché à droite d'un compte Facebook suggéré. Vous pouvez également taper la première lettre d'un compte Facebook dans le champ Entrez un nom ou une adresse e-mail. Ensuite, cliquez sur le nom du membre à ajouter au groupe. Une notification lui sera envoyée. Une autre méthode consiste à cliquer sur le bouton Plus (sous la couverture). Dans le menu local, choisissez Ajouter des membres. Dans la boîte de dialogue Ajouter des membres qui apparaît, tapez le nom d'un ami Facebook dans le champ Qui souhaitez-vous inviter dans ce groupe ? Validez l'ajout par un clic sur le bouton Ajouter.

Créer un groupe

La procédure de création d'un groupe est assez simple. Elle profite d'une assistance efficace qui vous guide dans la procédure. Voici comment créer un groupe sur Facebook :

1. **Affichez votre profil.**
2. **Ouvrez le menu local Plus, et choisissez Groupes, comme à la Figure 10.2.**

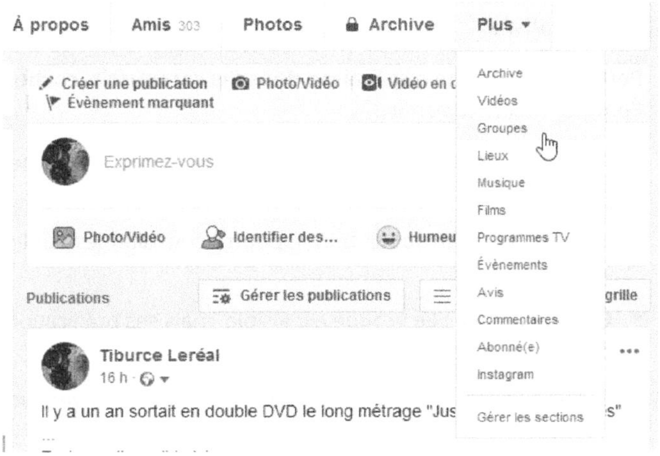

FIGURE 10.2 : Choisissez Groupes dans le menu local Plus.

Cette action ouvre la section Groupes de votre compte Facebook.

Groupes est absent du menu local Plus ? Pour l'y ajouter, ouvrez ce menu local et cliquez sur Gérer les sections. Dans la boîte de dialogue qui apparaît, cochez la case Groupes et cliquez sur le bouton Enregistrer.

3. **Cliquez sur le bouton Créer un groupe, comme l'illustre la Figure 10.3.**

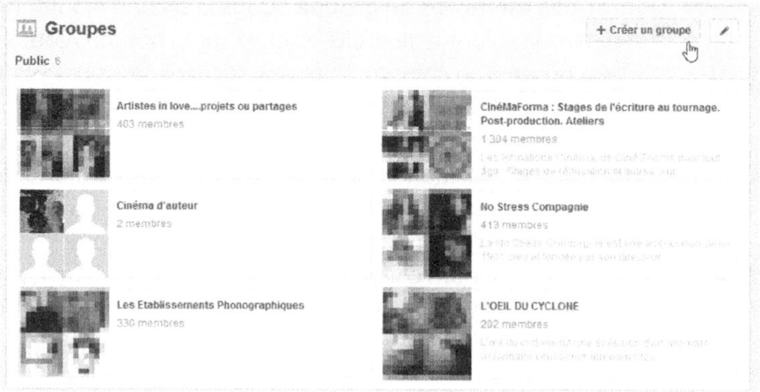

FIGURE 10.3 : Créez facilement un groupe.

4. **Dans la boîte de dialogue du type de groupe que vous créez, saisissez le nom du groupe dans le champ Nommez votre groupe.**

5. **Cliquez dans le champ Ajouter des personnes et tapez le nom des comptes (amis) Facebook que vous souhaitez inviter à rejoindre le groupe.**

   Il est possible que Facebook vous fasse des suggestions de comptes à ajouter.

6. **(Facultatif) Cliquez sur l'icône de la note (à droite des personnes invitées). Dans le champ qui apparaît, tapez une invitation personnalisée.**

7. **Pour que le groupe apparaisse dans les raccourcis, cochez l'option Épingler aux raccourcis.**

8. **Définissez le niveau de confidentialité du groupe, comme sur la Figure 10.4 :**

   - **Groupe Public :** Tout le monde pourra consulter les publications du groupe.
   - **Groupe Fermé :** Le groupe est visible, mais ses publications ne sont accessibles qu'au membre du groupe.
   - **Groupe Secret :** Seuls les membres du groupe peuvent accéder à ses publications et au groupe lui-même.

9. **Cliquez sur le bouton Créer.**

10. **Facebook vous propose de choisir une icône pour identifier le groupe. Cliquez sur une icône puis sur le bouton OK. Si aucune ne vous convient, choisissez Ignorer.**

Le groupe sera accessible dans la section Raccourcis de la colonne de gauche lorsque vous affichez l'accueil de votre compte Facebook.

FIGURE 10.4 : La confidentialité du groupe.

Informations sur le groupe

Lors de la création d'un groupe, vous n'avez peut-être pas communiqué toutes les informations nécessaires à sa bonne représentation et identification sur Facebook. Là encore, le réseau social vous suggère quelques tâches à accomplir lorsque vous affichez le groupe.

Ainsi, sur la Figure 10.5, vous constatez la présence d'une rubrique Premier pas dont le contenu vous invite à Ajouter une photo de couverture, une description du groupe, mais aussi une section Exprimez-vous exactement comme pour un compte Facebook.

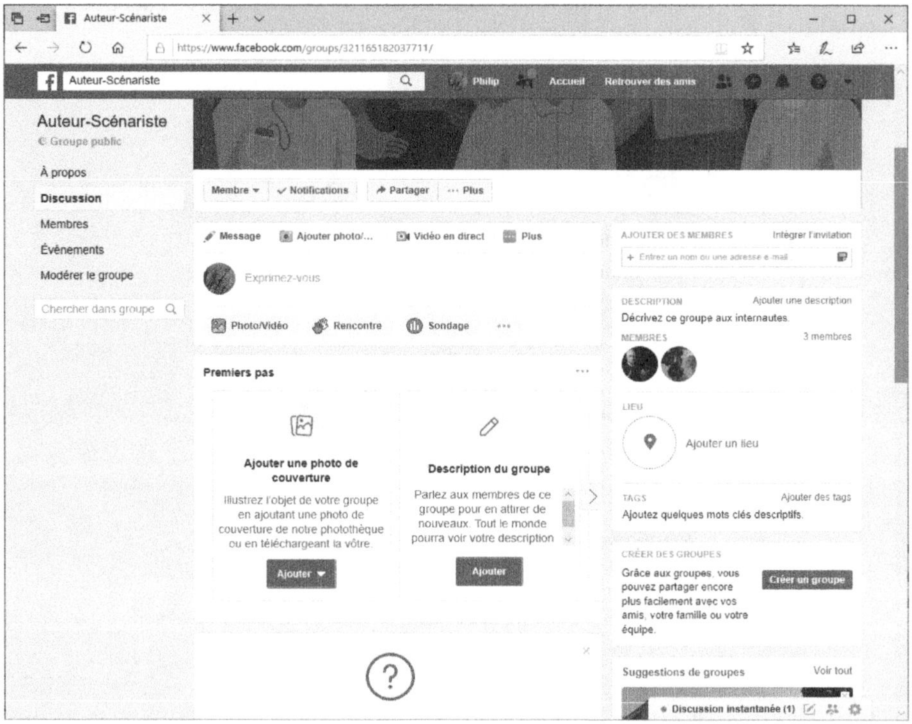

FIGURE 10.5 : Laissez-vous guider.

Pour apporter des précisions au groupe, ouvrez le menu local Plus et choisissez Modifier les paramètres du groupe. De nombreuses rubriques permettent de changer le nom du groupe, de choisir un type de groupe, d'indiquer un lieu et bien d'autres choses encore.

Facebook vous invite à enrichir l'identification de votre groupe par la mise en place d'une photo de couverture. Pour cela, cliquez sur le bouton Importer une photo pour choisir une image stockée sur votre disque dur, ou bien ouvrez le menu local Choisir une photo, et choisissez entre Choisir parmi mes photos, Choisir parmi les photos du groupe, et Choisir une illustration.

Ajouter sa pierre à l'édifice

L'intérêt de créer et de rejoindre un groupe est de pouvoir communiquer. Alors, entamez la communication ! Les moyens mis à votre disposition sont les suivants : publier dans le Journal du groupe, discuter en temps réel avec des membres, et commenter les messages du groupe.

Publier dans le Journal

Publier sur le Journal d'un groupe, c'est comme publier sur son propre Journal ou sur celui d'un ami. Il suffit de cliquer sur le lien adéquat pour partager votre contenu. Même si ces liens fonctionnent comme ailleurs sur Facebook, nous les expliquons brièvement, dans le cadre des groupes. La zone de publication des groupes compte quatre boutons, dont le dernier renferme quelques surprises : Message, Photo/vidéo, Vidéo en direct, et Plus comme le montre la Figure 10.6.

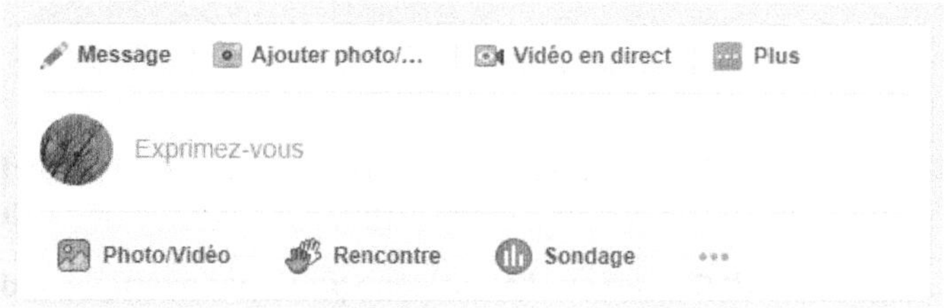

FIGURE 10.6 : Utilisez la zone de publication pour communiquer avec les membres du groupe.

Publier un message

Le message que vous publiez ici est uniquement partagé avec les membres du groupe (à moins que le groupe soit ouvert, auquel cas tout le monde peut le voir). Vous pouvez publier un message juste pour faire un petit coucou ou pour démarrer une discussion avec les membres du groupe. Pour créer un message, respectez les étapes suivantes :

1. **Dans la partie gauche de la page du groupe, cliquez sur Discussion.**
2. **Dans la zone de publication, cliquez sur le champ Exprimez-vous.**

   La zone de publication s'agrandit, comme le montre la Figure 10.7. Elle propose des icônes d'arrière-plan du message ainsi que toute une série de boutons qui s'affichent sous le message.
3. **Tapez ce que vous avez à dire dans la zone de saisie.**

   Laissez libre cours à vos pensées et exprimez-vous au sein de votre groupe.

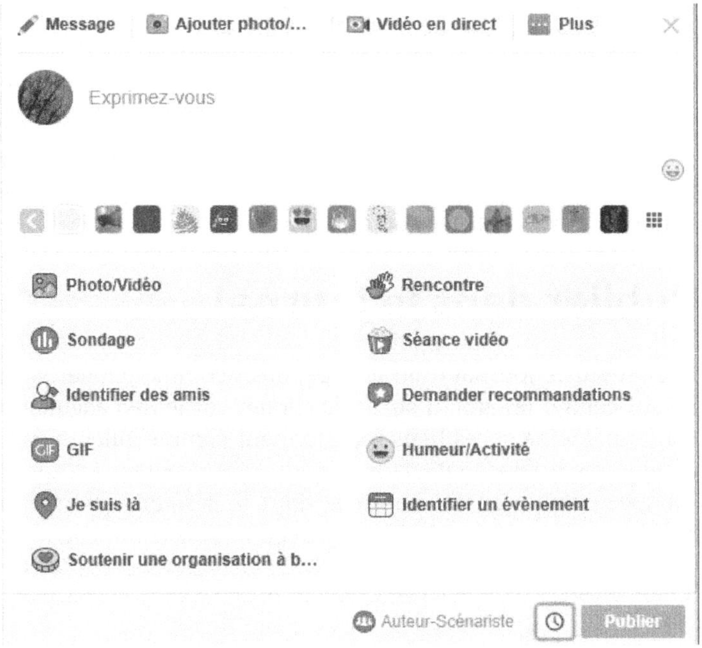

FIGURE 10.7 : La zone de publication.

4. **(Facultatif) Si votre message est bref, appliquez-lui un arrière-plan en cliquant sur un des rectangles situés sous la zone de saisie.**
5. **(Facultatif) Cliquez sur l'émoticône pour, par exemple, indiquer l'humeur de votre publication.**
6. **(Facultatif) Cliquez sur un des boutons situés sous le message pour ajouter une Photo/Vidéo, identifier des amis, indiquez où vous êtes actuellement, créer un sondage, spécifier votre humeur et votre activité, ou identifier un évènement (et j'en passe).**
7. **(Facultatif) Cliquez sur l'icône de l'horloge à gauche du bouton Publier pour programmer votre publication. Dans la boîte de dialogue qui apparaît, indiquez la date et l'heure où le message sera publié sur le journal du groupe. Validez par un clic sur Programmer.**
8. **Cliquez sur Publier.**

   Votre message s'affiche dans le Journal du groupe, et les membres du groupe reçoivent une notification et sont éventuellement avertis dans leur fil d'actualité.

Publier une photo ou vidéo

Écrire un post n'est pas toujours la meilleure solution. Parfois, une image valant mille mots, il est plus judicieux de publier une photo :

1. **Cliquez sur Ajouter Photo/vidéo dans la zone de publication.**

   Les options Importer des photos/vidéos et Créer un album photos/vidéos apparaissent.

2. **Sélectionnez Importer des photos/vidéos.**

3. **Dans la boîte de dialogue Ouvrir qui s'affiche pour localiser une photo ou un fichier vidéo sur votre disque dur, cliquez sur la photo ou la vidéo, puis sur Ouvrir (ou Choisir sur Mac).**

4. **(Facultatif) Ajoutez un commentaire sur la photo ou la vidéo dans la zone de saisie.**

5. **Cliquez sur Publier, ou planifiez le moment de la publication comme expliqué précédemment.**

   Le post s'affiche sur le Journal du groupe et tous les membres (en fonction des paramètres des notifications) en sont notifiés. Ils peuvent ensuite le commenter s'ils le souhaitent.

Retrouvez les photos et vidéos déjà postées en cliquant sur Photos récentes du groupe dans la colonne de droite de la page du groupe (sous les photos des membres).

Poser une question

L'objet d'un groupe est de réunir des amis sur un sujet commun, et donc il semble judicieux de pouvoir les solliciter si une question liée à ce sujet vous taraude. Cliquez pour cela sur Sondage dans la zone de publication, et saisissez votre question dans le champ Demander quelque chose. Pour ajouter vos propositions, cliquez sur Ajouter une option, et saisissez ladite proposition. Dans le menu local Choix de réponse, activez ou non la possibilité aux autres membres du groupe d'ajouter des réponses, et si vous autorisez plusieurs réponses. Cliquez sur Publier. Le sondage apparaît, comme sur la Figure 10.8.

FIGURE 10.8 : Posez vos questions au groupe.

Ajouter un fichier

Si vous êtes membre d'un groupe qui doit effectuer des tâches du monde réel, par exemple publier un magazine littéraire ou rédiger un discours pour un mariage, les documents vous permettent de travailler en groupe. Pour créer un nouveau document, placez le pointeur de la souris sur le bouton Plus. Dans le menu local qui apparaît, choisissez Fichier. Saisissez un commentaire (voir Figure 10.9), puis cliquez sur le bouton Choisir un fichier. Sélectionnez le fichier et cliquez sur Ouvrir. Enfin, cliquez sur Publier.

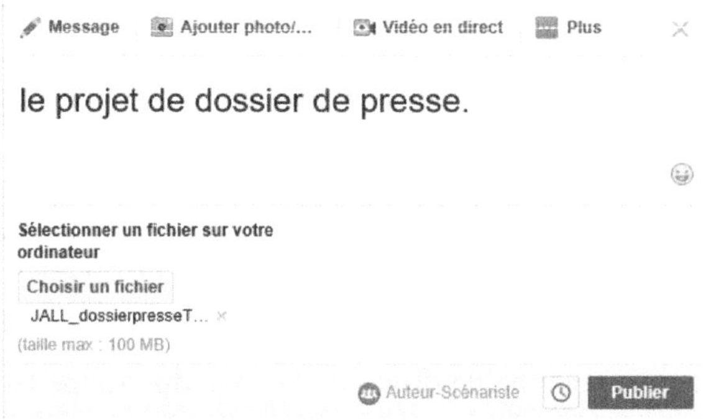

FIGURE 10.9 : Publier un fichier.

Pour retrouver les documents déjà ajoutés au groupe, cliquez sur À propos dans la colonne de gauche, puis localisez la section Fichiers récents du groupe dans la colonne de droite. Si besoin, cliquez sur le lien Voir la suite.

Lorsqu'un fichier est publié, quelques boutons spécifiques sont présents dans la zone de publication. Télécharger permet de récupérer le fichier sur votre ordinateur, Aperçu permet de voir un aperçu du contenu du fichier, et Importer une révision permet de remplacer ce fichier par une version actualisée.

Créer un événement

Votre groupe, comme beaucoup, est peut-être fondé sur des activités. C'est pourquoi Facebook facilite la planification d'événements pour les membres d'un groupe, que ce soit une conférence ou une réunion de famille. Agissez comme suit pour créer un événement :

1. **Dans la partie gauche de la page du groupe, cliquez sur Événements, puis sur le bouton Créer un événement.**

   La boîte de dialogue Créer un événement s'ouvre, comme le montre la Figure 10.10.

2. **Complétez les informations relatives à l'événement.**

Indiquez le nom, la date et l'heure de l'événement, l'objet, le lieu, *etc*. Pour apprendre à planifier un événement, reportez-vous au Chapitre 11.

Ajoutez le cas échéant une photo qui illustrera votre événement.

FIGURE 10.10 : Créez un événement pour les membres de votre groupe.

3. **Pour inviter tous les membres du groupe, veillez à cocher la case idoine en bas à gauche de la boîte de dialogue. Sinon, décochez-la et vous inviterez des membres comme indiqué dans la prochaine procédure.**

4. **Cliquez sur Créer.**

Une fois l'évènement créé, affichez-le et invitez-y des membres du groupe et/ou des amis de la manière suivante :

1. **Cliquez sur le bouton Partager, puis sur Inviter des amis, comme sur la Figure 10.11.**

   Lorsque l'évènement vient d'être publié, cliquez sur le bouton Inviter.

2. **Dans la boîte de dialogue Inviter qui apparaît, choisissez des personnes susceptibles d'être intéressées par l'évènement.**

   Si nécessaire tapez le nom des personnes dans le champ Rechercher des personnes à inviter.

FIGURE 10.11 : Inviter des membres du groupe à votre évènement.

3. **Cliquez sur le bouton Envoyer des invitations.**

En tant que créateur de l'événement, vous êtes automatiquement ajouté à la liste de ceux qui participent. Le post s'affiche dans le fil d'actualité et les notifications des membres. Pour répondre à un événement de groupe, suivez ces étapes :

1. **Cliquez sur le nom de l'événement dans le Journal du groupe.**

   La page de l'événement s'affiche avec son nom, la date, l'heure, le lieu, le nom de la personne qui vous a invité et le nombre d'amis qui y participent.

2. **Cliquez sur Intéressé(e), Participe, ou Ignorer, comme le montre la Figure 10.12.**

   Pour en savoir plus sur les événements, consultez le Chapitre 11.

FIGURE 10.12 : Participer ou non à un évènement.

Commenter des posts

Les groupes incitent à prendre part aux échanges, alors n'hésitez pas à commenter les posts que vos amis et membres du groupe publient sur le Journal du groupe, à cliquer sur J'aime ou à vous abonner. Si vous avez été invité à être membre du groupe, votre avis compte.

- **J'aime :** Dès que vous cliquez sur J'aime, l'auteur du contenu concerné reçoit une notification. C'est un moyen simple et rapide de féliciter l'auteur si vous n'avez pas de commentaire à ajouter.
- **Commenter :** Lorsque vous voyez une publication que vous souhaitez commenter, cliquez sur Commenter sous le post et partagez votre avis (cette action vous abonne aux prochaines notifications sur le post).
- **Partager :** Pour partager le post du groupe sur votre profil. Si cette option n'est pas disponible, cela tient au fait que le groupe est fermé. Pour modifier la confidentialité d'un groupe, par passer d'un statut Fermé ou Public, consultez la prochaine section.

Il se peut que vous ayez commenté ou soyez abonné à un groupe qui prend une direction telle que vous ne vous y intéressez plus. Dans ce cas, accédez au groupe. Ouvrez le menu local Membre et, choisissez Quitter le groupe.

Modifier les paramètres de confidentialité du groupe

Nous savons que lors de la création d'un groupe, nous lui assignons un niveau de confidentialité. Par exemple, vous avez peut-être créé un groupe fermé. Comment faire si vous changez d'avis, c'est-à-dire si vous souhaitez ouvrir à tous un groupe fermer, ou bien fermer un groupe ouvert à tous ? Voici comment procéder :

1. **Accédez au groupe.**
2. **Cliquez sur le bouton Plus et, dans le menu local qui s'affiche, choisissez Modifier les paramètres du groupe.**
3. **Faites défiler le contenu de la page des paramètres qui s'affiche pour localiser la section Confidentialité.**
4. **Cliquez sur le bouton Changer la confidentialité.**
5. **Dans la boîte de dialogue Changer paramètre de confidentialité (Figure 10.13), choisissez un autre niveau de confidentialité.**

FIGURE 10.13 : Choisissez un autre niveau de confidentialité.

Contrôler la surcharge due aux groupes

Il n'est pas rare, surtout dans les grands groupes, de se sentir submergé par toutes les notifications d'activité. Pour éviter cela, il suffit de maîtriser les paramètres des notifications. Pour y accéder, cliquez sur le bouton Notifications dans la page du groupe. Un menu de quatre options s'affiche, comme dans la Figure 10.14.

» **Toutes les publications :** Cette option affiche une notification (icône rectangulaire rouge dans la barre bleue de Facebook) dès qu'un membre du groupe publie ou commente un post.

FIGURE 10.14 : Contrôlez les notifications en provenance d'un groupe.

» **En Bref :** Vous ne recevez que les meilleures publications ainsi que les publications de vos amis.

» **Publications de vos amis :** Dans les groupes très étendus, il est possible que vous ne soyez pas ami Facebook avec tous les membres du groupe. Cette option permet donc de filtrer le contenu et de limiter les notifications aux interventions de vos amis.

» **Non :** Cette option bloque toutes les notifications émanant du groupe.

Trouver le bon groupe

Groucho Marx disait qu'il ne voulait pas être membre d'un club dont il serait membre. Il n'aurait certainement pas aimé Facebook qui possède des millions de groupes publics qui l'accepteraient lui, vous ou n'importe qui. Cette section vous aide à cibler les groupes qui partagent vos intérêts. Pour ce faire, vous pouvez rechercher des groupes spécifiques, naviguer dans les groupes ou testez les groupes que vos amis aiment.

Rechercher des groupes

Si vous avez un sujet en tête, la démarche suivante est la plus rapide pour trouver des groupes qui s'y intéressent :

1. **Cliquez dans la zone de recherche de votre compte Facebook.**

La zone de recherche se situe dans la grande barre bleue en haut de toutes les pages Facebook.

2. **Entrez le nom d'un groupe que vous recherchez, comme loups.**
3. **Cliquez sur l'onglet Groupes.**

   Une liste de groupes (illustrée dans la Figure 10.15) s'affiche.

4. **Cliquez sur l'un des groupes pour en savoir plus.**

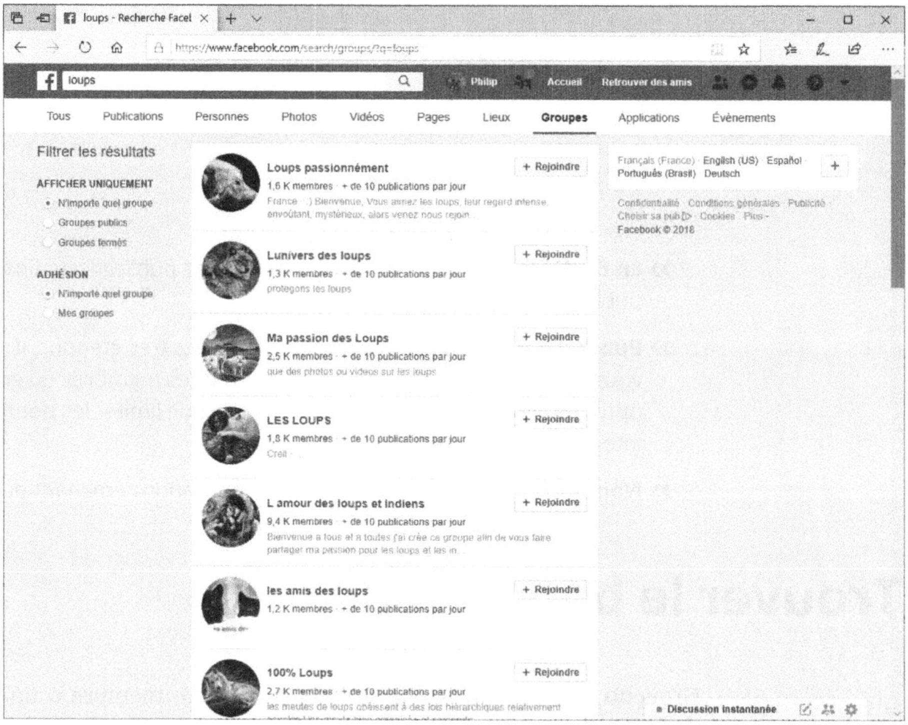

FIGURE 10.15 : Recherche de groupes consacrés aux loups.

Quand un administrateur crée un groupe, il peut limiter l'accès à un réseau (s'il en a un) ou opter pour un accès Fermé ou Secret, deux possibilités que nous étudierons dans une prochaine section, intitulée « Créer un groupe ». Facebook affiche seulement les groupes que vous êtes autorisé à voir dans la liste des résultats.

Signaler un groupe offensant

Si vous rencontrez un groupe offensant au cours de vos recherches, signalez-le à Facebook pour que ses responsables puissent prendre les mesures nécessaires. Agissez ainsi pour signaler un groupe :

1. **Cliquez sur le bouton orné de trois petits points dans la page d'accueil du groupe, puis sur Signaler le groupe.**

   Une fenêtre semblable à celle de la Figure 10.16 s'ouvre.

2. **Activez une étiquette correspondant au signalement, comme Nudité ou acte sexuel.**
3. **Cliquez sur Envoyer.**

FIGURE 10.16 : Si vous trouvez un groupe offensant au cours de vos recherches, Facebook est là pour vous aider.

Facebook supprime tous les groupes qui :

- Présentent du contenu pornographique ou une nudité inappropriée.
- Attaquent un individu ou un groupe.
- Encouragent l'utilisation de substances illicites.
- Prônent la violence.
- Harcèlent ou intimident.
- Servent de publicités ou sont considérés comme des spams.

Beaucoup de groupes sur Facebook ont des avis très tranchés sur des sujets controversés tels que l'avortement ou le contrôle des armes. Afin de rester neutre et d'encourager le débat, Facebook ne va pas supprimer un groupe parce que vous n'êtes pas d'accord avec ses idées.

Administrer un groupe

Si vous êtes le créateur d'un groupe, vous êtes automatiquement désigné comme son *administrateur.* En outre, vous pouvez être ajouté comme administrateur du groupe de quelqu'un d'autre (nous vous montrons comment faire dans cette section). Une fois que vous avez des membres dans votre groupe, vous pouvez utiliser la liste des membres pour supprimer (ou exclure définitivement) des membres indésirables, désigner les membres les plus fiables comme administrateurs ou destituer des administrateurs existants (s'ils existent) de leur fonction pour qu'ils redeviennent membres.

Modifier le groupe

Pour débuter dans votre carrière d'administrateur, nous vous invitons à jeter un œil à la page de modification du groupe, présentée dans la Figure 10.17. Pour accéder à cette page, cliquez sur le bouton Plus de la page d'accueil du groupe, puis sur Modifier les paramètres du groupe.

FIGURE 10.17 : L'administrateur peut modifier le groupe.

Si vous êtes le créateur du groupe, cette page devrait vous être familière, car elle a beaucoup d'options en commun avec la fenêtre dont vous disposiez lors de la création du groupe :

- **Nom du groupe :** Modifiez le nom du groupe ici. Ne semez pas le trouble parmi les membres en passant, par exemple, de PSG à OM !
- **Icône :** Le bouton immédiatement à gauche de Nom du groupe permet, à tout moment, de modifier l'icône associée au groupe.
- **Type de groupe :** Cliquez sur le bouton + pour choisir parmi 15 types prédéfinis dont Amis proches, Club, Parents, *etc*.
- **Description :** Si vous le souhaitez, vous pouvez ajouter du texte pour décrire votre groupe.
- **Lieux :** Indiquez le lieu de votre groupe qui sera probablement votre lieu puisque vous en êtes l'administrateur. Cette information permettra aux autres utilisateurs de Facebook de trouver les groupes qui se situent près de chez eux (donc de chez vous).
- **Mots-clés :** Définissez des mots-clés pour aider les utilisateurs de Facebook à retrouver votre groupe.
- **Applications :** Permet d'ajouter au groupe des outils et des fonctionnalités supplémentaires.
- **Pages associées :** Permet de créer une page Facebook qui sera associée à votre groupe. Ainsi, le groupe pourra facilement communiquer avec les autres.
- **Couleur :** Permet de modifier la couleur d'identification du groupe.
- **Adresse Web et e-mail :** Enregistrez une adresse e-mail (avec pour nom de domaine `@groups.facebook.com`) pour votre groupe que vous utiliserez ensuite pour partager des informations par e-mail. Quand des membres envoient un e-mail au groupe, il s'affiche sous forme de post sur le Journal du groupe. Cliquez sur le bouton Personnaliser l'adresse.
- **Confidentialité :** Le niveau de confidentialité du groupe peut être modifié ici. Nous vous conseillons de ne pas passer d'un groupe secret à ouvert si les membres partagent du contenu qu'ils estiment sensible. Cliquez sur le bouton Changer la confidentialité.
- **Badges :** Permet de gagner des badges afin d'encourager les membres à participer. Pour cela, cliquez sur le bouton Gérer les badges.
- **Approbation d'adhésion :** Choisissez la méthode pour accepter de nouveaux membres dans le groupe : N'importe quel membre peut ajouter ou approuver des membres, ou bien Chaque membre peut ajouter des membres, mais un administrateur ou un modérateur doit les approuver.
- **Autorisation de création et de discussion :** Autorisez uniquement les membres ou uniquement les administrateurs à publier dans le groupe.

- **Préapprobation d'adhésion :** Permet d'anticiper l'approbation d'une adhésion au groupe en fonction de certains critères comme l'appartenance à d'autres groupes du même type que le vôtre.
- **Demandes d'adhésion :** Permet de poser des questions aux personnes qui souhaitent rejoindre votre groupe.
- **Permissions de publication :** Limite ou non les publications à tous ou seulement aux administrateurs.
- **Approbation des publications :** Décidez si les publications doivent être approuvées par un administrateur avant d'être affichées dans le Journal du groupe.
- **Autorisations de publication de la Story :** Autorisez uniquement les membres ou uniquement les administrateurs à publier dans la Story du groupe.
- **Approbation de publication de Story :** Décidez si les publications de la Story doivent être approuvées par un administrateur avant d'être affichées dans le Journal du groupe.

De plus, il est possible d'ajouter une image de groupe qui va apparaître dans le bandeau de la page du groupe, comme une couverture de Journal, comme le montre la Figure 10.18. Suivez ces étapes pour ajouter une miniature :

1. **Si une couverture a déjà été importée, placez le pointeur de la souris dessus, et cliquez sur le bouton Modifier la photo de couverture.**

   La première fois que vous choisissez la photo de couverture du groupe, cliquez simplement sur le bouton Importer une photo.

2. **Dans le menu local qui apparaît, cliquez sur Importer une photo, Choisir parmi les photos du groupe, Choisir parmi mes photos, ou Choisir une illustration.**

   Une fenêtre vous invite à sélectionner une photo parmi celles postées dans le groupe dans un cas, dans le disque dur de votre ordinateur dans l'autre cas.

FIGURE 10.18 : Changez la photo de votre groupe.

3. **L'image choisie s'affiche dans le bandeau en guise d'image de groupe. Faites-la glisser pour la positionner comme bon vous semble.**

4. **Cliquez sur le bouton Enregistrer en bas à droite de la couverture.**

Pour modifier ou supprimer la photo du groupe, survolez-la, puis cliquez sur Changer la photo du groupe, et choisissez l'option appropriée dans le menu qui s'affiche.

Modifier le statut ou supprimer des membres

En tant qu'administrateur, vous pouvez supprimer ou exclure des membres du groupe, mais aussi désigner d'autres administrateurs pour vous épauler.

Pour supprimer des membres ou les nommer administrateurs, respectez les étapes suivantes :

1. **Dans la partie gauche de la page du groupe, cliquez sur Membres.**
2. **Pour supprimer un membre du groupe, cliquez sur le bouton orné de trois petits points et, dans le menu local qui apparaît, cliquez sur Supprimer du groupe.**

   Vous devez confirmer la suppression. Si quelqu'un publie constamment du contenu gênant ou abusif, vous pouvez l'exclure définitivement avec l'option Bloquer la personne. Cela signifie que cette personne ne pourra plus jamais rejoindre le groupe.
3. **Pour nommer un membre administrateur, cliquez sur le bouton affichant trois petits points situé à droite de sa photo, puis sur Nommer administrateur.**

   De même, quand un membre est administrateur, il est possible de lui retirer son statut en cliquant sur Supprimer des administrateurs.

Chapitre 11

Organiser votre vie avec Facebook

DANS CE CHAPITRE :

- **Se familiariser avec les événements.**
- **Trouver des événements intéressants.**
- **Créer et gérer ses propres événements.**

Pensez au pire anniversaire de votre vie ; la fameuse fête-surprise que votre mère avait organisée et à laquelle aucun de vos amis n'est venu parce qu'elle avait oublié de les inviter !

Si votre mère avait créé un événement Facebook pour organiser cette fête, les invités auraient été conviés ! Facebook vous épargne les tâches pénibles liées à l'organisation d'un événement (création et envoi des invitations, gestion de la liste des invités) et vous permet de vous concentrer sur la préparation de l'événement lui-même.

Vous voulez organiser une soirée, mais n'avez pas l'âme d'un organisateur ? Pas de souci, Facebook permet aussi de planifier des événements impromptus, de plus petite envergure. Il est très facile de trouver des candidats pour un dîner ou une partie de Frisbee. Et si cela ne suffit pas, des centaines d'événements sont proposés chaque semaine sur Facebook. Ce chapitre vous montre comment trouver le *nec plus ultra* pour ce week-end.

À Événements, événement et demi

Comme Photos, Articles, et Groupes, Événements est une application créée par Facebook. Pour accéder à la page Événements, cliquez sur Événements, dans la colonne gauche de votre page d'accueil. La page Événements, représentée Figure 11.1, affiche tous les anniversaires à venir et les événements Facebook pour lesquels votre nom figure dans la liste des invités, c'est-à-dire les événements auxquels vous avez été invité, comme ceux auxquels vous avez participé.

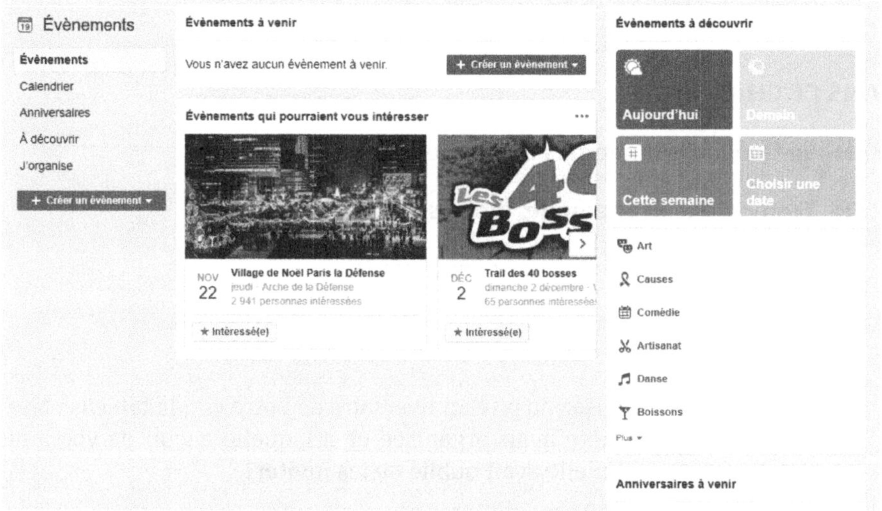

FIGURE 11.1 : Page de l'application Événements.

Au cas où vous changeriez d'avis, les événements pour lesquels vous avez répondu que vous ne participerez pas figurent aussi dans la liste. Pour modifier votre réponse, cliquez sur le bouton qui indique votre réponse, sous l'événement en question.

Pour en savoir plus sur un événement, cliquez sur son titre. Cette action ouvre la page d'accueil de l'événement qui contient un aperçu détaillé. Nous y reviendrons à la section suivante.

Facebook intègre aussi un résumé des informations les plus importantes, telles que la date et l'heure de l'événement, votre réponse et les amis participant, directement sous le titre de l'événement dans la liste des événements.

Dès que vous rencontrez une liste d'événements sur Facebook (dans la page Événements ou dans les résultats d'une recherche), ces informations sont spécifiées.

La liste des événements propose différentes rubriques pour modifier son contenu et son mode d'affichage :

- **Événements :** Affiche tous les événements sans distinction, c'est-à-dire aussi bien ceux à venir que ceux suggérés par Facebook, et les plus populaires. Lorsque vous créez un événement, vous le retrouvez sous la rubrique éponyme et dans la section Événements à venir.
- **Invitations :** Elles sont normalement notifiées sous le bouton des notifications de votre compte Facebook. Lorsque vous recevez une invitation, elle propose les boutons Participe, Intéressé(e), Pas intéressé(e). Utilisez l'un de ces boutons pour faire part de votre intention sur cet événement.

  Vous accédez également aux invitations *via* la rubrique Calendrier et en cliquant sur l'onglet Invitations. Un chiffre entre parenthèses indique le nombre d'invitations que vous avez reçues.
- **Calendrier :** Accessible depuis la colonne de gauche Événements, cette rubrique liste les événements par mois comme à la Figure 11.2. L'onglet À venir dresse la liste des futurs événements, Invitations liste les événements pour lesquels vous avez reçu des invitations, et Passés affiche les événements auxquels vous avez participé ou tout au moins indiqué que vous participeriez. Les anniversaires de vos amis sont répertoriés sur la droite dans une section appelée Anniversaires à venir. Vous y accéderez également *via* la rubrique Anniversaires accessible dans la partie gauche de la page Événements. Cliquez sur le nom d'un événement pour afficher ses détails.

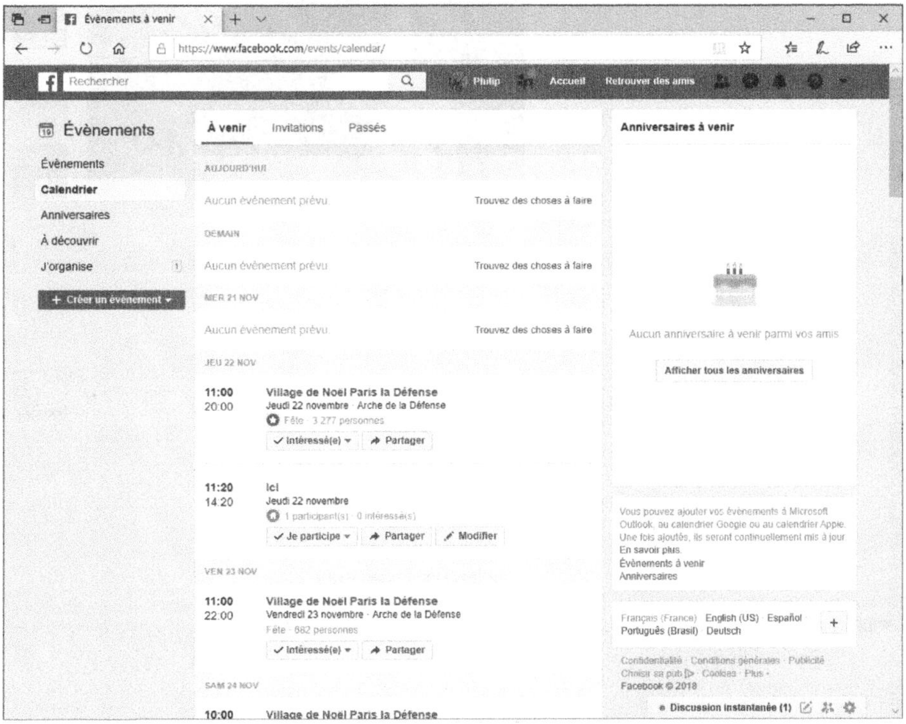

FIGURE 11.2 : Les événements affichés sous la forme d'un calendrier.

- **À découvrir :** Affiche un ensemble d'événements sur lesquels Facebook souhaite attirer votre attention. Dans la partie gauche, vous pourrez appliquer des filtres comme l'heure, le lieu, et la catégorie.
- **J'organise :** Affiche les événements dont vous êtes à l'initiative.
- **Créer un événement :** Ce bouton permet de créer votre propre événement. Nous en reparlerons plus tard dans ce chapitre.

Analyse d'un événement

Sur Facebook, un événement est représenté par sa page d'accueil, comme le montre la Figure 11.3. Pour y accéder, cliquez, dans la page Événements, sur le nom d'un événement. Une page d'accueil évolue au fil de la vie de l'événement. Avant la tenue de l'événement, sa page d'accueil sert d'invitation et fournit aux participants des informations essentielles telles que la date et le lieu de l'événement. Une page d'accueil d'événement indique aussi qui participera et qui participera peut-être, permettant aux organisateurs de prévoir en fonction. Une fois que l'événement a eu lieu, sa page d'accueil permet aux participants de partager leurs impressions sous forme de photos, de vidéos et de discussions.

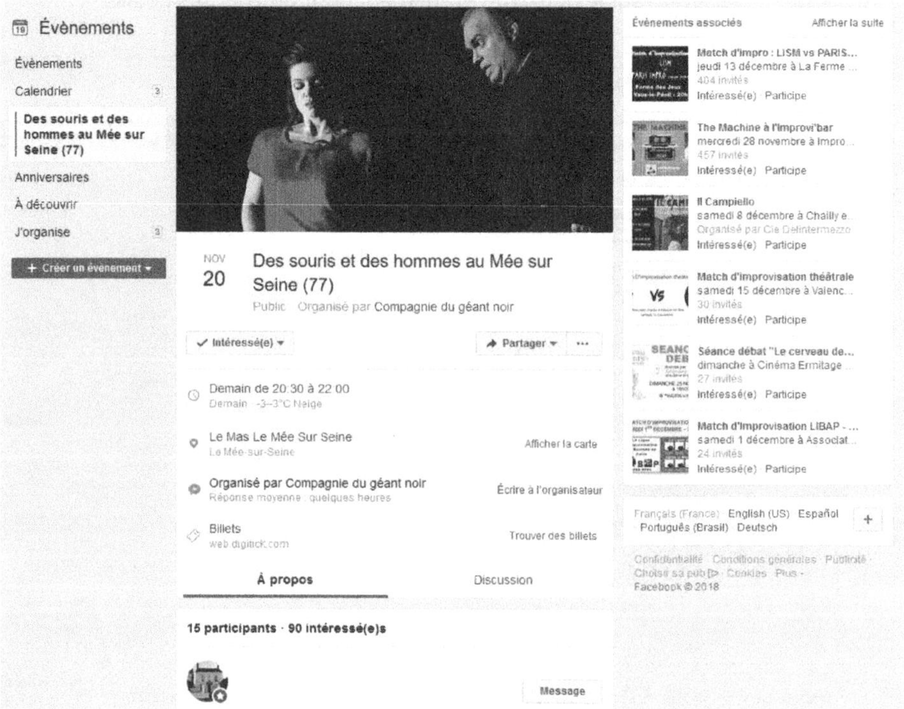

FIGURE 11.3 : Page d'accueil d'un événement.

Une page d'accueil d'événement est divisée en deux colonnes (en plus de la colonne droite qui concentre les événements associés, les publicités et autres liens commerciaux). Chaque colonne est scindée en plusieurs sections. En haut de la page, vous pouvez voir l'image (couverture) et le nom de l'événement, ainsi que votre statut de participation. Ce statut figure à droite du nom de la personne qui vous a invité. Vous avez le choix entre : Intéressé(e), Participe, et Pas intéressé(e), comme le montre la Figure 11.4. Lorsque vous avez été invité, le bouton Je ne participe pas s'ajoute à ces deux propositions. Cliquez sur la réponse qui vous convient. Vous avez également la possibilité de modifier votre réponse en cliquant ultérieurement sur un autre bouton. Par exemple, si vous avez répondu J'y vais, et que vous changiez d'avis, accédez à cet événement. Ouvrez le menu local J'y vais, et choisissez entre Intéressé(e) et Ne peux pas.

FIGURE 11.4 : Ira, ira pas ?

Le nombre de participants est indiqué dans une section située en dessous de l'événement. Cliquez dessus pour accéder à une fenêtre Invités. Elle se compose de trois onglets qui contiennent les trois attitudes que l'on peut adopter par rapport à un événement : Intéressés, Participants, et Invités. Entre parenthèses figure le nombre de personnes correspondant à ce statut particulier. La vignette du profil Facebook et le nom des comptes qui ont répondu sont affichés dans la partie inférieure de cette fenêtre. À droite de certains d'entre eux figure le bouton Ajouter qui permet de leur adresser une demande d'amis.

Vous pouvez partager l'événement en ouvrant le menu local du bouton Partager situé en bas à droite de la couverture. Exécutez alors la commande Inviter des amis.

La colonne centrale est divisée en plusieurs sections. La première est une zone d'informations qui indique la date, l'heure et le lieu de l'événement. Dessous figure une description de l'événement, un plan permettant de le localiser, et éventuellement un lien pour acheter des billets.

Si le plan n'est pas visible, cliquez sur le lien Afficher la carte.

Vient ensuite le Journal de l'événement, qui fonctionne comme celui de tout profil, avec un espace où les participants peuvent publier des messages, des photos, des vidéos et des liens pertinents à partager avec tous les invités. Généralement, le Journal sert aux gens à préciser pourquoi ils ne peuvent pas participer ou à partager leur enthousiasme par rapport à l'événement à venir.

Si l'événement est public, le bouton Partager est disponible sous l'image de l'événement. Quand vous cliquez dessus, un menu local permet d'inviter des amis, de partager l'événement dans le fil d'actualité, ou de le partager dans messenger. Si vous cliquez sur la commande Inviter des amis, la fenêtre Inviter s'ouvre pour vous permettre de sélectionner les amis à inviter. Nous y revenons plus tard dans ce chapitre.

La *possibilité* d'inviter des personnes à un événement ne signifie pas que vous *devez* absolument le faire. Assurez-vous que l'organisateur de l'événement veut bien agrandir sa liste d'invités (*via* le Journal de l'événement) avant d'inviter tous vos amis.

Lendemain de fête

Quand vous rentrez d'une fête d'anniversaire ou d'une conférence organisée *via* Facebook, retournez sur le Journal de l'événement et publiez-y les photos ou les vidéos que vous avez faites. Cliquez dans la zone de publication, au-dessus du Journal et sélectionnez l'option adaptée pour ajouter des photos, des vidéos ou des liens. La démarche est la même qu'avec la zone de publication de votre propre Journal. Pour plus d'informations sur l'ajout de contenu *via* la zone de publication, lisez le Chapitre 8.

Notez que vous pouvez publier ce type de contenu uniquement si l'administrateur de l'événement vous y autorise. Gardez un œil sur votre propre fil d'actualité pour savoir quand d'autres invités publient leurs photos et leurs vidéos. Généralement, les publications de ce type affluent un jour ou deux après l'événement. Après tout, rien de mieux pour se remémorer de bons moments !

Trouver des événements intéressants

Avec plus de 2 milliards d'utilisateurs actifs en 2017 (oui, vous avez bien lu ce chiffre), il n'est pas étonnant que les événements Facebook pullulent. Ce réseau social fournit plusieurs outils pratiques pour vous aider à trouver les bons plans du week-end.

Rechercher des événements

Si vous avez un événement en tête, la meilleure façon de le trouver est de le rechercher.

1. **Cliquez dans la zone de recherche.**

   La zone de recherche est la zone de texte située dans la barre bleue, en haut de chaque page.

2. **Entrez le sujet de l'événement à trouver.**

   Au fur et à mesure de votre saisie, une liste de résultats s'affiche sous la zone de recherche.

3. **En haut de la page des résultats, cliquez sur l'onglet Événements afin d'afficher uniquement les événements correspondant à ces résultats de recherche.**

La Figure 11.5 représente les résultats d'une recherche d'événement.

Vous pouvez affiner la recherche avec les options de la colonne Filtrer les résultats (à gauche).

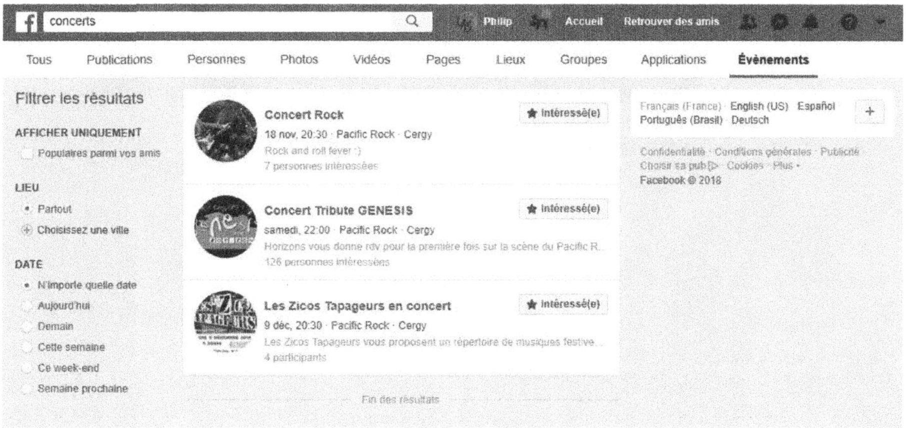

FIGURE 11.5 : Consultez les résultats pour trouver l'événement recherché.

Créer ses propres événements

Marre d'être *invité* ? Prêt à recevoir ? Envie d'organiser votre propre événement, de contrôler votre propre liste d'invités et de décider qui *peut* et qui *ne peut pas* participer ? Suivez ces étapes :

Prenez une douche froide.

Maintenant que vous avez les idées claires, revenons-en à vos projets : organiser des événements sympas. Vous avez les cartes en main, alors lancez-vous !

Grands événements

Quelles que soient les idées qui vous ont traversé l'esprit avant de vous connecter à Facebook, sachez que créer un événement est très simple. Pour commencer, respectez les étapes suivantes :

1. **Depuis la page de votre profil, ouvrez le menu local Plus, et cliquez sur Événements.**

   Vous pouvez également cliquer sur Événements dans la colonne gauche de votre page d'accueil.

   La section ou la page Événements s'ouvre.

2. **Cliquez sur le bouton Créer un événement.**

   Vous obtenez la fenêtre Créer un événement, illustrée dans la Figure 11.6.

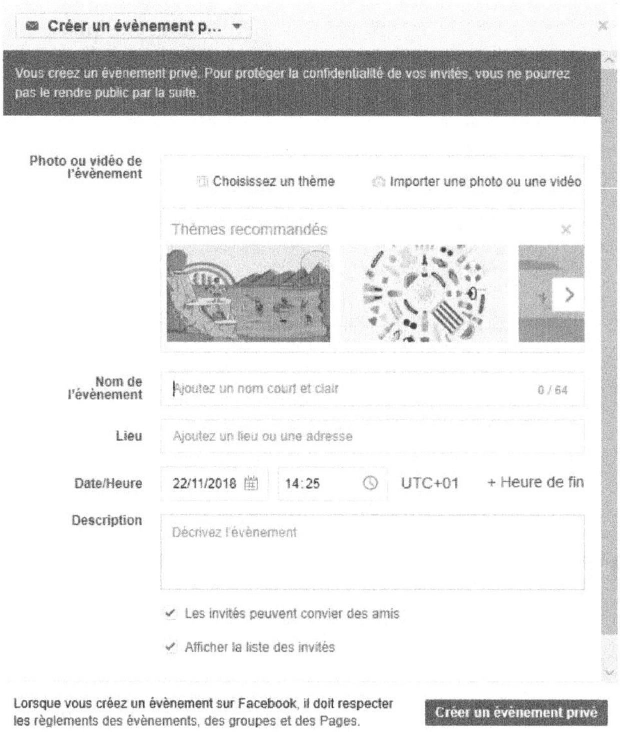

FIGURE 11.6 : Créez votre propre événement.

3. **Complétez les informations concernant votre événement.**

Il y a plusieurs données à communiquer :

- **Confidentialité :** TRES IMPORTANT car vous ne pourrez pas revenir en arrière ! Dans le premier menu local de la boîte de dialogue, précisez le degré de confidentialité de votre événement, comme sur la Figure 11.7 : Public (tout le monde peut le voir dans Facebook et s'y inscrire), ou Privé (seuls les invités peuvent afficher l'événement et s'y inscrire). Facebook détermine par défaut un événement privé. Donc soyez certain du niveau de confidentialité à appliquer à l'événement. Si vous vous trompez, il faudra annuler l'événement et en créer un nouveau.

FIGURE 11.7 : Confidentialité d'un événement.

- **Photo ou vidéo de l'événement :** Quand votre événement est privé, vous pouvez choisir une des illustrations de thème par un clic sur Choisir un thème. Facebook affiche alors un contenu avec des onglets envisageant différents types d'événements comme Fête, Anniversaire, Alimentation, Famille, *etc*. L'onglet Plus propose d'autres thèmes. Cliquez sur une des familles de thèmes puis sur la vignette de l'illustration. Pour utiliser une de vos photos ou de vos vidéos, cliquez sur Télécharger une photo ou une vidéo, et choisissez-la *via* la boîte de dialogue Ouvrir qui apparaît.

En revanche, lorsque l'événement est public, vous n'avez qu'une seule possibilité, Télécharger une photo ou une vidéo.

- **Nom :** Indiquez le titre de l'événement, par exemple *Les 30 ans de Maxime*. Vous êtes limité à 64 caractères.
- **Lieu :** Même si cette information n'est pas obligatoire, les professionnels de l'organisation ont remarqué qu'il pouvait être judicieux d'indiquer aux invités où se rendre. Ce n'est pas forcément une adresse postale. Cette information peut se présenter sous la forme *Appart de Marc* ou *Jardin d'Anne*. À mesure que vous saisissez le nom de l'endroit, une liste de lieux répertoriés par Facebook risque de s'afficher. Si votre événement a lieu dans un espace public, vous le trouverez peut-être dans cette liste.
- **Date/Heure :** Par défaut, Facebook suppose que vous êtes un planificateur de dernière minute, car il affiche la date du jour. Cliquez sur le calendrier pour changer la date, et sur l'horloge pour changer l'heure. Cliquez sur le lien Heure de fin si vous souhaitez indiquer l'heure de la fin de l'événement.
- **Description :** Décrivez succinctement l'événement. Des textes trop longs découragent les utilisateurs.

Des thèmes sont disponibles lorsque vous créez un événement privé. Il s'agit d'illustrations qui symbolisent des événements.

4. **Si l'événement est privé, cliquez cochez l'option Les amis peuvent convier des ami(e)s, si vous souhaitez que l'événement soit plus aisément partagé.**
5. **Cliquez sur le bouton Créer un événement privé ou sur Créer (quand l'événement est public).**
6. **Dans la page de l'événement qui apparaît, ouvrez le menu local Partager, et optez pour Inviter des amis.**

   Cette action ouvre une fenêtre de sélection, représentée dans la Figure 11.8. Cliquez simplement sur le nom d'un ami ou sa photo de profil pour le sélectionner. Cliquez une nouvelle fois pour le retirer de la liste des invités. Utilisez la zone Recherches des personnes à inviter en haut de la page pour spécifier le nom d'un ami.
7. **À la fin de la sélection, cliquez sur Envoyer des invitations.**

Voilà ! L'événement est créé et les invitations envoyées sans même devoir coller un seul timbre. Vous basculez dans la page d'accueil de votre événement. Bienvenue chez vous !

Dès que vous cliquez sur Envoyer des invitations, tous vos invités reçoivent les informations que vous venez de spécifier. Vérifiez bien l'heure, la date et l'orthographe avant de cliquer.

Vous avez oublié quelqu'un ? Certains invités demandent à être orientés ? Pas de souci, nous vous expliquons comment ajouter des invités et modifier votre événement dans la prochaine section.

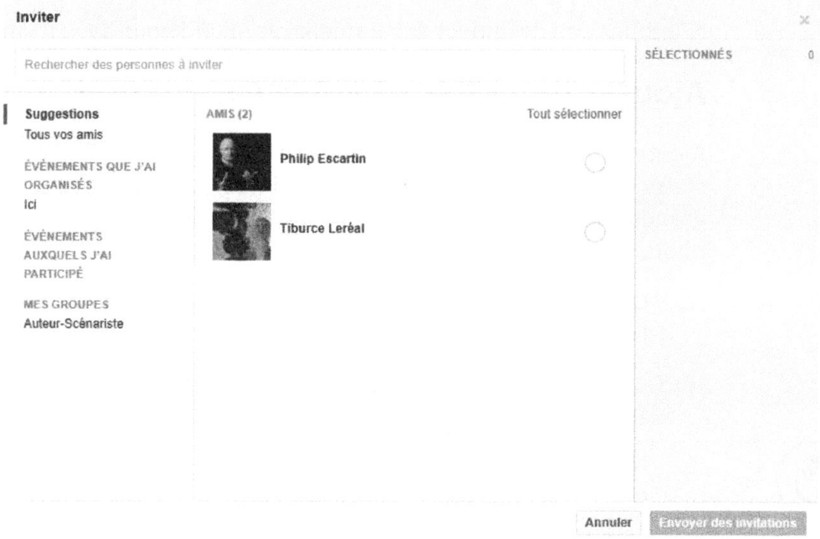

FIGURE 11.8 : La fenêtre de sélection vous permet d'inviter vos amis.

Gérer son événement

Après la création d'un événement, les possibilités sont nombreuses. La plupart des actions possibles se présentent sous forme de boutons disponibles dans la page de votre événement. Elles sont visibles et accessibles uniquement par vous et les autres administrateurs. Cette section souligne les privilèges dont vous bénéficiez en tant qu'administrateur d'événement.

Modifier les informations sur l'événement

Besoin de modifier l'heure de l'événement ou d'ajouter des informations sur le code vestimentaire ? C'est possible à tout moment. Depuis votre Journal, cliquez sur Plus et choisissez Événements dans le menu local qui apparaît. Cliquez alors sur la vignette de votre événement. Cette action l'ouvre dans la page Événements de Facebook. Là, dans la colonne de gauche, cliquez sur Événements. Dans la liste des événements à venir, localisez le vôtre et cliquez sur son bouton Modifier. Vous obtenez la fenêtre Modifier l'événement, qui est à peu de choses près la même que celle que vous avez complétée lors de la création de l'événement. Vous pouvez y modifier toutes les informations que vous voulez.

Vous avez en outre la possibilité d'indiquer si vous voulez afficher la liste des invités sur la page de l'événement. L'option (cochée par défaut) Afficher la liste des invités permet à vos amis de voir quels sont les autres invités. Ainsi, ils peuvent s'organiser pour venir ensemble ou prévoir un cadeau commun.

N'oubliez pas de cliquer sur Enregistrer quand vous avez terminé.

Ajouter une photo à votre événement

Ajouter une photo à un événement le rend plus chaleureux. Notez que la photo s'affiche à la fois sur la page d'accueil de l'événement et sur les invitations. Les grands événements officiels utilisent leur tract comme image. Pour ajouter une photo, agissez comme suit :

1. **Cliquez sur le bouton Ajouter une photo de couverture sous le titre de l'événement.**
2. **Cliquez sur Choisissez un thème (s'il s'agit d'un événement privé) ou sur Télécharger une photo ou une vidéo.**

   N'oubliez pas que si l'événement est public, vous n'avez pas d'autre possibilité que Télécharger une photo ou une vidéo.

   La première option permet de choisir une illustration proposée par Facebook afin d'illustrer le thème de votre événement. La deuxième permet d'utiliser une photo déjà présente sur votre ordinateur.
3. **Sélectionnez l'image à ajouter.**
4. **Une fois l'image affichée, faites-la glisser dans son bandeau afin d'ajuster sa position.**
5. **Cliquez sur Enregistrer.**

L'image sélectionnée s'affiche comme une couverture de Journal, au sommet de la page de l'événement. Elle s'affiche également comme image d'événement dans le Journal et le fil d'actualité de vos amis, de la même façon qu'une image de profil.

Pour modifier l'image, survolez-la, et cliquez sur Changer la photo de l'événement.

Annuler l'événement

Si des changements dans votre vie viennent bouleverser vos projets, pas de souci. Facebook vous permet d'annuler votre événement et d'envoyer des excuses à vos invités. Cliquez sur le bouton Modifier. Dans la partie inférieure gauche de la boîte de dialogue Modifier l'événement, cliquez sur le lien Annuler l'événement.

Dans la boîte de dialogue Que voulez-vous faire? (Figure 11.9) qui apparaît, choisissez Annuler l'événement ou Supprimer l'événement. Si vous annulez l'événement, vous avez la possibilité d'ajouter une explication sur les raisons de cette annulation dans le champ situé en bas de ce message de confirmation. Si vous optez pour Supprimer l'événement, celui-ci sera supprimé sans explication. Une fois le choix opéré, cliquez sur le bouton Confirmer.

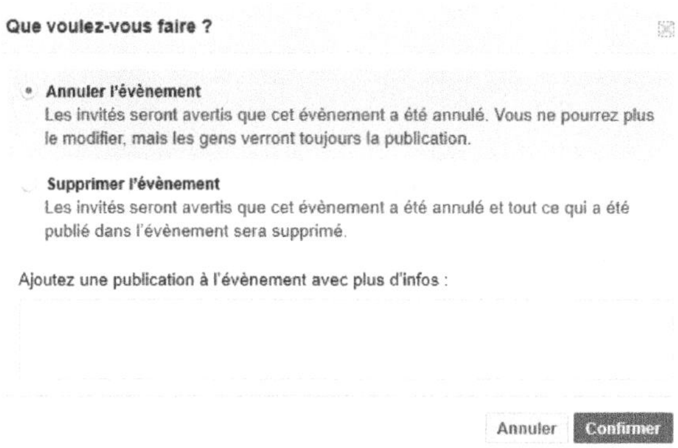

FIGURE 11.9 : Annuler ou supprimer un événement.

Envoyer un message aux invités

Envie de reporter l'événement à cause de la pluie annoncée? Envoyez un message Facebook à vos invités pour les tenir au courant. Ils recevront ce message dans leur boîte de réception et en seront informés par une notification.

Pour envoyer un message à vos invités, affichez l'événement, puis localisez la section Participants - Intéressés. Là, cliquez sur le bouton Message d'un de vos participants. Cette action ouvre la boîte de dialogue Message. Cochez les noms des personnes à qui adresser le message. Les noms apparaissent dans la section À. Tapez votre texte dans le champ Votre message, et cliquez sur le bouton Envoyer au groupe.

Gérer la liste des invités

Une fois que vos invités ont répondu à votre événement, utilisez la liste des invités pour supprimer (même exclure définitivement) des invités indésirables, nommer certains invités administrateurs ou retirer le statut d'administrateur à ceux en place.

1. **Dans la section affichant les vignettes des invités, cliquez sur Participants - Invités.**

   La fenêtre Invités s'ouvre, comme le montre la Figure 11.10. Les invités sont répartis dans les onglets Intéressés, Participants, et Invités.

FIGURE 11.10 : La liste des invités.

2. **Pour supprimer un invité d'une des listes de ces onglets, cliquez sur le bouton Supprimer à droite de son nom. Dans le message de confirmation, choisissez Confirmer.**

   Si vous choisissez cette option, vous bannissez définitivement la personne de l'événement. Elle ne pourra plus y accéder à l'avenir. Cette option est idéale pour ceux qui postent du contenu inapproprié ou créent des tensions.

Chapitre 12

Créer une Page commerciale

DANS CE CHAPITRE :

» **Le principe des Pages.**

» **Identifier vos besoins de créer une Page Facebook.**

» **Créer et administrer une Page Facebook.**

» **Vérifier l'impact de la Page sur votre entreprise en temps réel.**

Représentez-vous votre ville. Outre le parc et l'école, elle se compose principalement d'immeubles dans lesquels des gens vivent et d'immeubles dans lesquels les gens achètent des produits. Quand vous circulez dans votre ville, vous êtes témoin de toutes sortes d'activités : certains jouent au basket, d'autres discutent de politique autour d'une tasse de café et d'autres encore travaillent. Le monde dans lequel nous vivons est composé d'individus, de ce qu'ils font et de ce qu'ils veulent ou de ce dont ils ont besoin. Les gens sont en étroite relation avec ces éléments : les magasins, les marques, les groupes de musique, les stars, les activités, les passions, les restaurants et les bars ; tout ce qui est important. Facebook concerne les gens et leurs connexions dans le monde réel. Le réseau social ne serait pas complet sans ce genre de relations.

Facebook permet à ces éléments non humains d'être représentés comme faisant partie de notre vie, grâce aux *Pages Facebook*. Effectivement, « page » est un terme très courant sur Internet. C'est pourquoi nous utilisons une majuscule quand nous parlons de ces Pages officielles.

Ce chapitre tente de vous présenter l'univers des Pages. Si vous voulez savoir ce que sont ces éléments sur lesquels vous avez peut-être déjà cliqué et que vous avez certainement déjà aperçus dans votre Journal et votre fil d'actualité, lisez la prochaine section « Les Pages et vous ». Si vous cherchez à faire figurer votre petite entreprise, votre marque, votre groupe ou autre sur Facebook, passez directement à la section « Pourquoi créer une Page Facebook ? ».

Les Pages et vous

Interagir avec des Pages en tout genre revient à interagir avec le profil d'un ami, à la différence que lorsque vous devenez ami avec une Page, elle ne voit pas vos informations personnelles. Avec les Pages, vous pouvez réaliser les mêmes actions qu'avec vos amis ; écrire sur leur Journal, les taguer dans des posts, *etc.*

Structure d'une Page officielle

La structure d'une Page devrait vous être familière puisqu'il s'agit plus ou moins d'un profil. Si vous avez déjà lu le Chapitre 6, ce qui suit devrait être un simple rappel. La Figure 12.1 représente un exemple de Page Facebook, celle du journal *Le Monde*.

De haut en bas, et de gauche à droite :

- **Photos de couverture et de profil :** Comme vous et vos amis, les Pages ont une photo de profil qui les représente sur tout le site. Généralement, il s'agit d'un logo ou d'une photo de presse officielle. Il s'y ajoute également une page de couverture, qui peut faire office de bandeau publicitaire.
- **Acheter :** N'est présent que sur des pages qui ont quelque chose à vous vendre. Ainsi, sur celle du journal *Le Monde*, cliquer sur ce bouton donne accès aux formulaires d'abonnement à ce journal avec des formules qui permettent de disposer du journal sur papier et en version numérique, ou uniquement en version numérique.
- **Bouton Message ou Envoyer un message :** Cliquez sur ce bouton pour poster un message à l'administrateur de la Page.
- **Bouton J'aime :** Avant de devenir fan, vous disposez d'un bouton J'aime à côté du nom de la Page. Cliquez dessus pour vous connecter à la Page (lisez la prochaine section pour en savoir plus sur le sujet).
- **Bouton S'abonner :** Fonctionne comme pour un compte Facebook standard. En vous abonnant, vous recevrez des notifications sur l'actualité de la page.
- **Bouton Partager :** Permet de partager la page sur votre journal, celui d'un ami, dans un groupe, dans un évènement, ou via un message privé Facebook.
- **Le menu local trois petits points :** Donne accès à des fonctions supplémentaires comme Enregistrer (pour sauvegarder la page), Suggérer des modifications, Créer une page, Inviter des amis, Bloquer la page, ou bien encore Signalez ou donnez votre avis sur cette page.

Dans la colonne de gauche, vous disposez des éléments suivants :

- **Accueil :** Pour accéder à la page d'accueil.
- **À propos :** Cliquez sur cet onglet pour afficher les informations sur la Page ou sur le produit qu'elle représente, comme les horaires d'ouverture d'une entreprise ou son adresse.
- **Publications :** Donne accès aux publications de la page.
- **Vidéo :** Permet de voir les vidéos publiées sur la page.
- **Signaler un utilisateur :** Facebook est l'empereur de la délation. Ce bouton permet de signaler un utilisateur qui ne respecterait pas la charte de modération de la page.
- **Photos :** Pour afficher les photos publiées sur la page.
- **Règles de conduite :** Sorte de charte d'utilisation de la page. Ces règles doivent être validées par un certificat de sécurité, sans quoi Facebook refusera de les afficher.
- **Instagram Feed :** Pas présent sur toutes les pages. Sur celle du *Monde*, ce bouton permet d'accéder à des publications importantes faites sur Instagram.
- **Commentaires :** Anciennement Articles. Donne accès aux articles publiés sur la page.
- **Événements :** Liste des évènements auquel vous pouvez participer.
- **Groupes :** Donne accès aux groupes créés par le journal.
- **Infos et publicités :** Répertorie les publications sponsorisées.

Se connecter et interagir avec les Pages

Où que vous alliez sur Facebook et sur de nombreux sites, vous disposez de boutons ou de liens J'aime. Vous pouvez aimer des photos, des statuts, des commentaires, des articles, des sites Web, des vidéos... Si c'est en ligne, vous pouvez sûrement « l'aimer ».

Vous pouvez aussi aimer des Pages. Ce faisant, vous devenez *fan*, c'est-à-dire quelqu'un qui aime une Page spécifique. Être fan permet de réaliser certaines actions :

- **S'abonner au fil d'actualité :** Après avoir cliqué sur J'aime sur une Page, vous recevez ses mises à jour de statut et autres publications dans votre fil d'actualité. Si vous ne souhaitez plus les recevoir, vous pouvez, à tout moment, supprimer cette Page de votre fil d'actualité.
- **S'abonner aux mises à jour :** Quand vous aimez une Page, vous vous abonnez automatiquement à ses *mises à jour*. Elles sont stockées dans une

section spécifique de votre boîte de réception de sorte qu'elles n'interfèrent pas avec les messages de vos amis. Si les mises à jour ne vous intéressent plus, vous pouvez annuler l'abonnement.

» **Accéder au Journal :** Comme quand vous ajoutez un ami, le fait d'aimer une Page vous permet d'écrire sur son Journal, d'ajouter des photos, des liens et des vidéos.

» **Affichage sur le profil :** Notez que quand vous cliquez sur J'aime pour une Page, l'information se glisse automatiquement dans la section Mention J'aime de votre profil. Par défaut, cette section est visible par tout le monde. Si vous voulez rester en contact avec une Page sans que vos amis le sachent, vous pouvez masquer des Pages en modifiant votre profil (voir Chapitre 6 pour la marche à suivre).

Pour afficher le contenu Mentions j'aime, ouvrez le menu local Plus de votre profil et cliquez sur Mentions j'aime.

Qu'est-ce que cela signifie pour vous ? Concrètement, dès que vous cliquez sur J'aime, vous entamez une relation qui peut être plus ou moins interactive. Généralement, les utilisateurs aiment beaucoup de Pages pour le signifier sur leur profil. Ce n'est pas parce que vous aimez le disco que vous vous souciez de chaque article ou de chaque interview s'y rapportant. À vous de voir ! D'un autre côté, si vous aimez lire ce genre de choses ou interagir avec d'autres fans, c'est aussi possible. Le système est très flexible !

Pourquoi créer une Page Facebook ?

Avant de répondre à cette question, demandez-vous ce que vous pouvez faire pour que votre entreprise ait du succès :

» **Proposer un produit ou un service de qualité.** Les clients y sont fidèles.

» **Installer votre magasin dans une rue animée ou un centre commercial.** Les endroits très fréquentés attirent l'attention et sont faciles d'accès.

» **Arranger et décorer votre boutique et soigner votre site Web.** Une présentation de qualité permet de gagner la confiance du client.

Finalement, tous ces exemples ont le même objectif : attirer et fidéliser toujours plus de clients. Représenter son entreprise sur Facebook vise également à développer son activité.

Les méthodes pour développer une activité sont nombreuses. Distribuer des tracts dans la rue, placer des encarts dans un journal ou afficher un panneau publicitaire peut attirer des clients. Le tout est de savoir quelle méthode est la plus efficace et la moins coûteuse. Nous pensons connaître la réponse.

En parlant de budget, sachez que les Pages Facebook sont gratuites. Il suffit d'avoir accès à un ordinateur et à Internet, de connaître quelqu'un qui utilise Facebook et d'avoir un peu de temps. Créer votre Page peut prendre cinq minutes ou plusieurs heures, en fonction de vos exigences. Si ça vous effraie, estimez le temps que vous mettriez à concevoir, imprimer et distribuer des tracts, voire même à créer un site Web ou à filmer une publicité. Convaincu ?

Nous énumérons ci-après plusieurs objectifs pour votre activité. Au fil de ce chapitre, nous vous expliquons comment les Pages Facebook vous aident à les atteindre.

- » Interpellez régulièrement vos clients et fans. Quand ils pensent à votre entreprise, ils pensent à vous. Quand ils pensent à vous, ils pensent vous connaître. Même si vous représentez une grande société, ils pensent comprendre le côté humain de la chose.
- » Fournissez à vos clients potentiels des informations pratiques sur votre entreprise, comme une adresse e-mail, le détail des produits ou les heures d'ouverture.
- » Communiquez les offres spéciales, les nouveaux produits et les mises à jour à autant de clients que possible.
- » Incitez les clients à donner leur avis, positif ou négatif, et servez-vous-en pour améliorer votre entreprise.
- » Autorisez vos clients à communiquer entre eux sur l'entreprise, les produits ou le groupe de manière productive.
- » Impressionnez vos clients afin qu'ils reviennent et reviennent encore et disent à leurs amis d'en faire autant.

Les Pages Facebook proposent une série de fonctions qui coopèrent pour vous aider à atteindre ces objectifs. Si vous devez réaliser la promotion d'une entreprise et devez atteindre au moins l'un des objectifs précités, créer une Page Facebook est la solution.

Page, journal personnel ou groupe : que choisir ?

Dans la vraie vie, la manière dont les gens interagissent et communiquent avec leurs meilleurs amis, leurs groupes préférés ou des associations locales est unique. De plus, les besoins d'une personne en termes de contact et de partage sont différents par rapport à ceux du gestionnaire d'une société ou de l'organisateur d'un groupe. C'est pourquoi les individus, les entreprises et les groupes ont leur propre type de représentation sur Facebook. La façon d'interagir avec ces entités sur Facebook reflète les différences du monde réel. Comme les Pages, les profils ou Journaux personnels et les groupes proposent des fonctionnalités différentes, nous voulons nous assurer que vous comprenez bien chaque type de représentation. Ensuite, en fonction des objectifs spécifiques à votre entreprise, vous pouvez choisir la représentation la mieux adaptée. Avant de vous présenter les différences entre ces fonctionnalités sur Facebook, nous insistons sur les différences entre les individus, les entreprises et les groupes dans le monde réel :

» **Communication :** Communiquer avec un ami se traduit par une conversation au cours de laquelle vous échangez des propos, l'un après l'autre. Souvent, ces conversations sont très personnelles et chaque interlocuteur y participe à niveau égal. Dans le cas d'une entreprise ou d'une activité, la communication est souvent à sens unique. Par exemple, votre artiste préféré vous annonce la sortie de son nouvel album ou votre boutique préférée annonce une vente privée. En comparaison, la communication au sein de groupes se diffuse avec la même pertinence et le même intérêt parmi tous les membres.

» **Accès :** À toute heure de la journée (pendant les heures d'ouverture), vous êtes invité à entrer dans un café ou une librairie. Il n'en va pas de même quand il s'agit de rendre visite à un ami sans prévenir. Aussi, les groupes se réunissent généralement à des heures précises et convenues entre tous les membres (ou les administrateurs).

» **Informations :** Les individus sont très attentifs à qui peut consulter leurs informations. Les groupes disposent de différents niveaux de confidentialité, mais, souvent, ils optent pour deux niveaux de partage des informations : public ou entre tous les membres. À l'exception des stratégies pour l'avenir et de certains détails financiers, les entreprises souhaitent qu'un maximum de monde voie leurs informations et leurs produits.

Ces divergences du monde réel déterminent les différences en termes de design et de fonctionnalités pour la représentation d'un individu, d'un groupe et d'une entreprise sur Facebook.

Le Tableau 12.1 détaille les différences entre ces trois types de présences sur Facebook.

Tableau 12.1 : Différences entre profils personnels, groupes et Pages.

Profils personnels	Groupes	Pages
Ont un seul administrateur : vous.	Peuvent avoir plusieurs administrateurs nommés par le créateur ou les autres administrateurs.	Peuvent avoir plusieurs administrateurs nommés par la direction de l'entreprise.
Représentent une personne réelle.	Représentent tout, à l'exception de contenu protégé ou de discours raciaux.	Représentent une entreprise, une activité ou tout élément à promouvoir.

Tableau 12.1 : Différences entre profils personnels, groupes et Pages.		
Profils personnels	**Groupes**	**Pages**
Ont des amis. Le lien d'amitié doit être confirmé par les deux parties. Seuls les amis peuvent voir les informations privées.	Ont des membres. En fonction des paramètres du groupe, les demandes d'adhésion sont automatiques ou doivent être approuvées.	Ont des fans (c'est-à-dire des personnes qui aiment la Page). Les demandes de fans sont automatiquement approuvées. Les informations disponibles sont les mêmes pour tous.
Peuvent envoyer des messages à d'autres personnes. Si les individus sont amis, ils peuvent constamment échanger des messages.	Permettent aux administrateurs d'envoyer des messages aux membres. Les membres peuvent répondre aux administrateurs du groupe. Les membres doivent quitter le groupe pour ne plus recevoir de messages.	Permettent aux administrateurs d'envoyer des messages en masse à tous les fans. Les destinataires ne peuvent pas répondre à ces messages.
Décident de ce qui est visible dans leur profil.	Peuvent limiter la confidentialité aux membres ou être publics.	Peuvent limiter la confidentialité en fonction de l'âge, mais sont globalement visibles.
Doivent approuver toutes les demandes de contact.	Peuvent choisir d'étudier les demandes d'adhésion ou de les accepter automatiquement.	Acceptent automatiquement tous les fans.
Peuvent bloquer des personnes pour cause de comportement inapproprié.	Peuvent bloquer des personnes pour cause de comportement inapproprié.	Peuvent bloquer des personnes pour cause de comportement inapproprié.
Peuvent publier du contenu, utiliser des applications et ajouter des onglets supplémentaires.	Peuvent publier du contenu, utiliser des applications et ajouter des onglets supplémentaires.	Peuvent publier du contenu, utiliser des applications et ajouter des onglets et zones supplémentaires.
N'ont pas accès à l'intégralité des informations sur les profils et les interactions.	N'ont pas d'informations complètes sur la page et les interactions au sein du groupe.	Ont un aperçu détaillé de la manière dont les personnes voient et interagissent avec une Page Facebook spécifique, globalement et par zones géographiques.

Qui doit créer une Page Facebook ?

Pour faire court, toute personne souhaitant faire de la publicité peut créer une Page Facebook. Les chefs de petites entreprises, les promoteurs d'événements et les agences de publicité créent une Page Facebook pour attirer l'attention et cibler un maximum de personnes. Les Pages Facebook sont conçues et optimisées pour les entreprises motivées qui recherchent une attention légitime.

Les catégories les plus représentées par de tels profils sont :

- **Les entreprises locales :** Restaurants, bars, clubs et boutiques.

- **Les grands noms ou marques nationales :** Ceux qui distribuent des produits ou fournissent un service comme Starbucks, SFR et Coca-Cola...
- **Les organisations gouvernementales ou à but non lucratif :** Écoles et organisations caritatives par exemple.
- **Les produits spécifiques :** Comme certains modèles de voiture, mascottes (Ronald McDonald, par exemple) ou lignes de prêt-à-porter.
- **Les médias et les entreprises de divertissement :** Ces entités peuvent créer des Pages pour leur marque ou leurs offres, telles que des films, des émissions TV et des magazines.
- **Les artistes :** Support idéal pour fidéliser un public et pour donner à une Page le nom que vous souhaitez. Il sera alors possible de faire de la publicité pour vos travaux, vos expositions, ou bien encore vos concerts.

Cette liste montre que les Pages conviennent aussi bien aux entreprises qu'à leurs produits. La NBA, par exemple, possède une Page Facebook propre ainsi qu'une Page Facebook pour ses équipes. France Télévisions dispose d'une Page Facebook, tout comme chaque chaîne du groupe. Les entreprises optent pour cette méthode publicitaire fractionnée, car elles savent pertinemment que les gens s'identifient à certains éléments qui les constituent et non à l'ensemble. Créer différentes Pages pour les différentes entités auxquelles le public se connecte est idéal pour cibler plus de monde. En revanche, il ne faut pas trop fragmenter non plus. Inutile pour un parc d'attractions de créer une Page pour chaque manège ou pour un groupe de musique de créer une Page pour chaque album ou encore pour un restaurant de créer une Page pour chaque plat.

Qui ne doit pas créer de Page Facebook ?

Une Page, tout comme un profil d'utilisateur sur Facebook, représente une identité réelle et est gérée par le vrai dirigeant de cette entité. Par exemple, si vous n'êtes pas Chuck Norris (ni son manager), vous ne pouvez pas créer une Page Facebook appelée Chuck Norris. De même, si vous n'avez pas écrit ou publié *Fight Club*, il vous est impossible de créer une Page pour l'ouvrage. Même si vous adorez les *Big Mac*, vous ne pouvez pas créer de Page Facebook en leur honneur, à moins d'être en charge de la publicité pour McDonald's. Enfin, c'est possible, mais votre Page (et/ou votre compte) risque d'être désactivée.

Comprendre la zone d'ombre entre Page et Journal personnel

Nous espérons que vous avez noté la distinction entre représenter une personne et représenter une catégorie de personnes. S'il est désormais facile de choisir entre créer un profil pour Eddy Mitchell et les Chaussettes noires et créer une Page pour Eddy Mitchell et les Chaussettes noires, que faire si vous voulez créer quelque chose juste pour Eddy Mitchell ?

Les célébrités et les personnalités publiques doivent choisir le service qui correspond le mieux à leurs besoins. Dans le doute, posez-vous ces deux questions :

- **Devrais-je gérer ma présence en ligne seul ?** Autrement dit, avez-vous un assistant chargé d'effectuer les mises à jour vous concernant sur Facebook ? Ou devrez-vous le faire vous-même ?
- **Est-ce que je veux aussi partager en privé avec mes amis de la vraie vie ?** Certaines personnes veulent tout en un : elles veulent publier un album photo de leur dernière réunion de famille (même si cette famille s'appelle Norris) et le garder privé tout en publiant des articles, des pensées et des photos moins privés et accessibles à tout le monde.

Si la réponse à ces deux questions est oui, optez plutôt pour la création d'un profil personnel. Vous serez la seule personne autorisée à y accéder et pourrez utiliser les paramètres de confidentialité décrits au Chapitre 6 pour déterminer qui voit quoi.

Si la réponse à ces deux questions est non, créez plutôt une Page. Elle vous offrira un maximum de flexibilité en termes de gestion et le contenu publié sera public.

Si vous avez répondu non à la première question et oui à la seconde, nous vous conseillons de créer une Page Facebook que votre équipe gérera pour vous et un profil Facebook pour vous-même. La Page représente le « vous » public et le profil est l'espace dans lequel vous partagez uniquement avec vos amis et votre famille.

Si la réponse est un mélange de oui et de non, créer une Page est la solution la plus flexible, surtout si sa gestion vous prend du temps et que vous changez d'avis sur la réponse à la première question.

Créer et gérer une Page Facebook

Une Page Facebook n'est pas un compte. C'est une entité de Facebook qui peut être gérée par plusieurs personnes avec leurs comptes distincts. Cette section vous guide dans toutes les étapes de création, d'administration et de maintenance d'une Page.

Avant de vous lancer, nous vous conseillons de lire les conditions relatives aux pages Facebook sur `https://www.facebook.com/page_guidelines.php`. Elles apportent des précisions sur la création de Pages, notamment sur les règles à respecter pour le nom de la Page.

Créer une Page pour son entreprise

Si vous n'avez pas encore de compte Facebook, nous vous recommandons vivement d'en créer un (même si vous n'y êtes pas obligé). Si vous ne voulez pas créer de compte Facebook tout de suite, passez directement à l'Étape 2 de la démarche décrite ci-après. Notez toutefois que vous serez invité à le faire avant l'Étape 6. Le compte que vous créez dans ce cas est une version réduite d'un compte utilisateur Facebook classique. Mais c'est un compte quand même ! Vous devez indiquer votre adresse e-mail et votre date de naissance ainsi que des informations personnelles. De cette manière, le jour où vous vous déciderez à créer votre profil, il vous suffira de mettre ce compte à niveau plutôt que de recommencer de zéro.

Les Pages peuvent avoir plusieurs administrateurs. Si d'autres personnes sont amenées à gérer la Page que vous créez, elles peuvent le faire depuis leur compte. Inutile de partager votre adresse e-mail et votre mot de passe avec qui que ce soit. En fait, ce serait une violation des conditions d'utilisation. Nous espérons que vous nous faites assez confiance à ce stade du livre et que vous allez continuer : utilisez votre vraie adresse e-mail et votre vraie date de naissance. Ces informations ne seront révélées à personne et faciliteront vos futures interactions sur Facebook.

1. **Rendez-vous sur** `www.facebook.com` **et connectez-vous avec votre identifiant et votre mot de passe.**
2. **Dans la colonne de gauche de votre page d'accueil, localisez la section Pages.**
3. **Dans la partie supérieure droite, cliquez sur Créer une page.**

   La page Créer une Page s'affiche. Comme le montre la Figure 12.2, elle vous propose deux options :

   - Entreprise ou marque.
   - Figure locale ou publique.
4. **Cliquez sur le bouton Démarrer de l'option Entreprise ou marque.**
5. **Entrez le nom de l'entreprise.**

   Quand vous nommez votre Page Facebook, il est primordial d'utiliser le nom exact de votre entreprise, comme vous le faites avec votre nom pour créer un profil Facebook.
6. **Choisissez une catégorie.**

Pour notre exemple, nous optons pour Formation.

Vous accédez à une liste d'activités après avoir saisi la première lettre de celle que vous souhaiteriez utiliser. Mais celle-ci ne figure peut-être pas dans les propositions de Facebook. Le problème est que vous ne pouvez pas créer de catégorie. Donc, si votre activité n'est pas répertoriée, vous devrez en choisir une approchante. Ce n'est pas toujours simple.

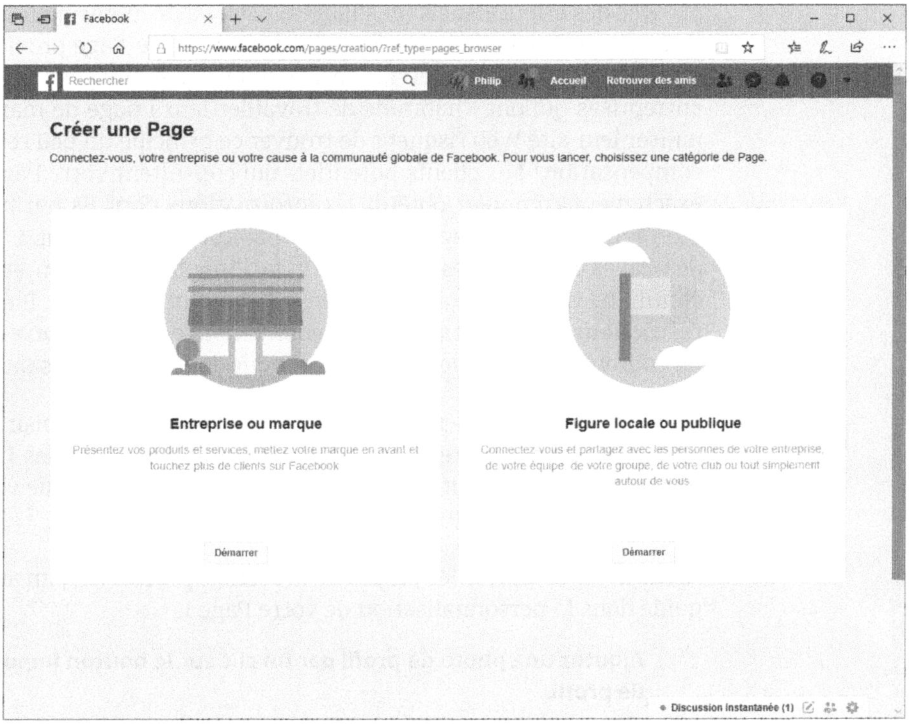

FIGURE 12.2 : Page Créer une Page.

7. **Cliquez sur le bouton Continuer.**

Vous êtes désormais l'heureux administrateur d'une Page Facebook. Mais vous n'en avez pas fini pour autant. À présent, vous devez configurer et personnaliser votre Page. Ces deux opérations sont relativement complexes.

Si vous êtes tout excité à l'idée de personnaliser votre Page tout de suite, lisez la section suivante qui vous indique la marche à suivre. Si vous voulez faire une pause, vous devez savoir comment revenir à ce stade.

Quand vous appliquez les étapes précédentes pour créer votre première page Facebook, une nouvelle application (Pages) s'ajoute automatiquement à votre compte. Ainsi, dès que vous voulez accéder, modifier et gérer votre Page, il vous suffit de cliquer sur le nom de votre Page qui figure dans la section Pages, dans la colonne gauche de votre page d'accueil.

Personnaliser sa Page

Depuis sa création, Facebook a des principes différents de ceux de ses concurrents. Beaucoup d'autres sites encouragent les utilisateurs à personnaliser leur profil avec des arrière-plans, des couleurs, des mises en page et des sons afin de souligner leur personnalité. À l'inverse, Facebook encourage les gens à exprimer leur personnalité à travers le contenu qu'ils publient sur leur profil plutôt qu'avec des effets visuels (et sonores). Il en va de même pour les Pages Facebook. Une grande partie de la personnalisation de votre Page provient de ce que vous dites, partagez, publiez et ajoutez, ce qui permet aux gens de communiquer. Les entreprises qui ont l'habitude de travailler leur image de marque et de personnaliser leur site Web risquent de trouver ce principe un peu restrictif. Pensez à la compensation ! Les clients potentiels qui consultent votre Page Facebook savent exactement comment obtenir les informations dont ils ont besoin et comment interagir avec votre Page, car ils ont l'habitude de ce format. L'aspect standardisé des Pages Facebook est conçu pour faciliter la navigation et s'inscrire dans la continuité de ce que connaissent les utilisateurs Facebook. Plutôt que de voir ces restrictions comme des inconvénients, tentez de mettre votre Page en avant avec du contenu riche et avenant et des fonctionnalités intéressantes.

Nous vous indiquions précédemment que vous deviez choisir une catégorie lors de la création de votre Page. Cette catégorie détermine les informations et les applications par défaut qui apparaissent sur votre Page, que vous découvrirez en poursuivant votre lecture.

Après avoir complété les étapes de la section précédente, un autre assistant vous guide dans la personnalisation de votre Page :

1. **Ajoutez une photo de profil par un clic sur le bouton Importer une photo de profil.**

   Une fois l'importation réalisée, vous accédez à votre page et tout un tas d'assistants contextuels s'affichent, comme sur la Figure 12.3.

3. **Soit vous exécutez les suggestions du guide, soit vous passez outre en cliquant sur le bouton X qui les ferme.**

4. **Ajoutez une photo de couverture par un clic sur le bouton éponyme situé dans le grand rectangle de couleur unie en haut de la page.**

5. **Dans le menu local qui apparaît, choisissez entre :**

   - **Sélectionner parmi les photos :** Vous choisissez alors la photo parmi vos photos Facebook.
   - **Choisir dans mes vidéos :** Permet de sélectionner une vidéo que vous avez publiée sur Facebook.

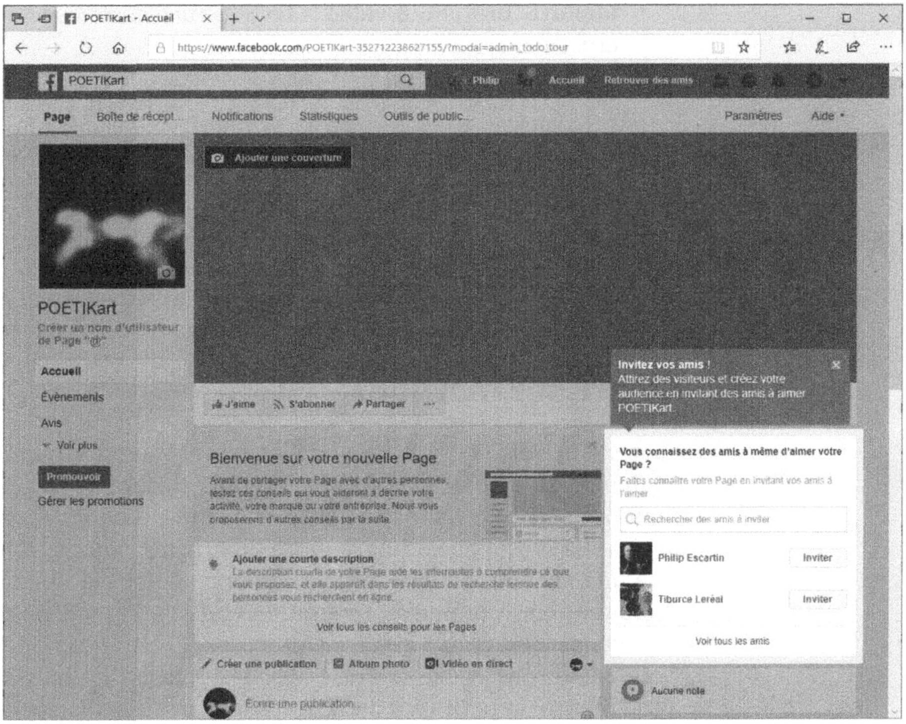

FIGURE 12.3 : Vous êtes guidé pour vos premiers pas sur votre page.

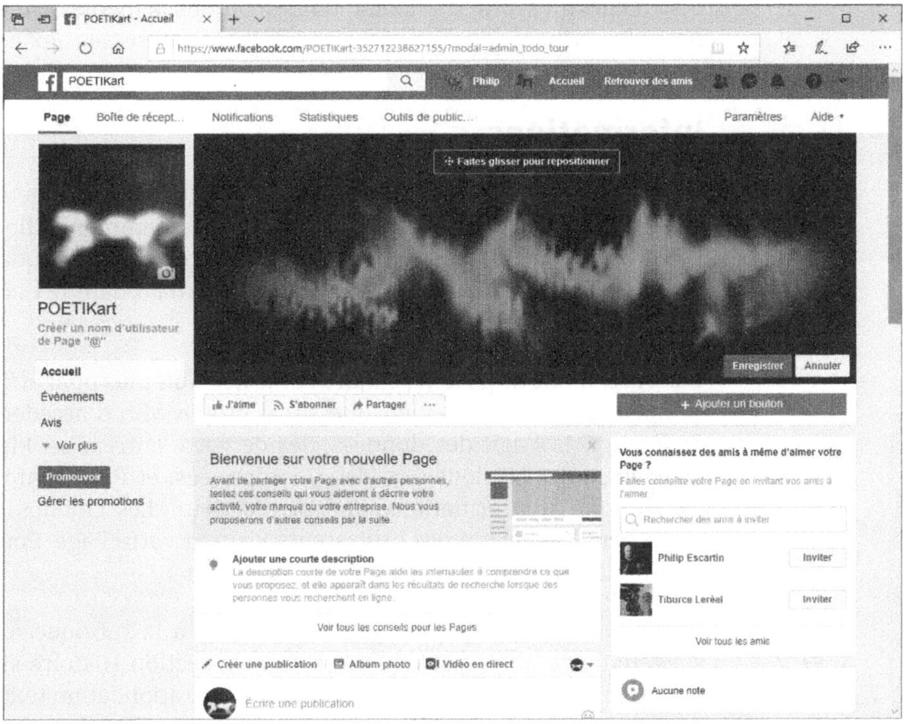

FIGURE 12.4 : Journal d'une nouvelle Page Facebook consacrée à des formations artistiques.

- **Importer une photo/vidéo :** Choisissez une photo ou une vidéo sur votre ordinateur.
- **Créer un diaporama :** Lance un assistant (en anglais au moment où nous rédigeons ces lignes) à partir duquel vous ajoutez des photos qui seront lues sous la forme d'un diaporama dans la zone d'affichage de la couverture de votre page Facebook.

6. **Une fois le choix opéré, cliquez sur le bouton Enregistrer.**

Le Journal de votre Page nouvellement créée s'affiche enfin, comme dans la Figure 12.4. Il va falloir maintenant faire connaître votre page.

Prendre ses marques

En observant votre Page nouvellement créée, vous devriez vous sentir à l'aise. Eh oui, elle ressemble beaucoup à un profil utilisateur ! La principale différence est que vous disposez dans la partie supérieure d'outils d'administration et de modification de la Page. Dans la partie inférieure, vous retrouvez un Journal, et même une zone de publication. La colonne de gauche donne accès à de nombreuses rubriques comme À propos. Un espace est réservé pour la photo de profil et des liens et boutons vous sont proposés, comme dans un profil utilisateur. Si vous n'êtes pas encore à l'aise avec le profil utilisateur, nous vous conseillons de refaire un petit tour au Chapitre 6, car nous allons aborder ici beaucoup d'éléments du profil. D'ailleurs, nous adoptons la même démarche et passons en revue les principales sections avant de nous intéresser aux actions sympas que vous pouvez réaliser avec votre Page.

Informations

La première chose à faire quand vous configurez votre Page est de lui attribuer une photo de couverture comme expliqué précédemment. Elle met de la vie dans votre Page et aide vos fans à identifier votre entreprise quand ils utilisent la recherche ou quand ils lisent un post la concernant dans le fil d'actualité de leurs amis.

Dans la colonne de gauche, cliquez sur le lien Voir plus pour afficher des rubriques supplémentaires. Cliquez ensuite sur À propos afin d'accéder aux informations de la page. Il s'agit des données clés de votre entreprise. Plus vous complétez de champs des sections Général, Coordonnées, et Plus d'informations, plus les gens auront d'informations sur votre activité. Les champs non complétés ne s'affichent pas quand des utilisateurs visitent votre Page. Pour chaque nouvelle information, cliquez sur le bouton Enregistrer

Lorsque vous accédez pour la première fois à la rubrique À propos, Facebook suggère de raconter votre histoire dans la section Histoire située sur la droite. Vous pouvez y inclure une photo ou une illustration, et un texte dans lequel vous décrirez votre entreprise.

Le Journal

Tandis que la rubrique À propos fournit des informations générales sur l'entreprise, le Journal permet aux utilisateurs d'en savoir un peu plus. Si vous avez déjà un compte Facebook, le Journal devrait vous être familier. Observez le Journal de la Figure 12.5 pour voir comment une Page peut utiliser son Journal afin d'afficher ce qui est nouveau et intéressant.

Le Journal est l'espace dans lequel les personnes se retrouvent quand elles visitent votre Page. Le contenu que vous publiez sur votre Journal s'affiche aussi dans leur fil d'actualité, si elles sont abonnées à vos publications. En d'autres termes, c'est ici que vous devez représenter votre entreprise de façon honnête et conviviale en effectuant régulièrement des mises à jour.

Au Chapitre 6, nous décrivons en détail tous les éléments du Journal et expliquons comment ils coopèrent pour raconter votre histoire. Reste à raconter cette histoire pour vous, même si vous représentez une entreprise. Les gens veulent entendre parler de vous et en savoir plus sur vous. Et c'est précisément votre Journal qu'ils vont consulter pour mieux vous connaître.

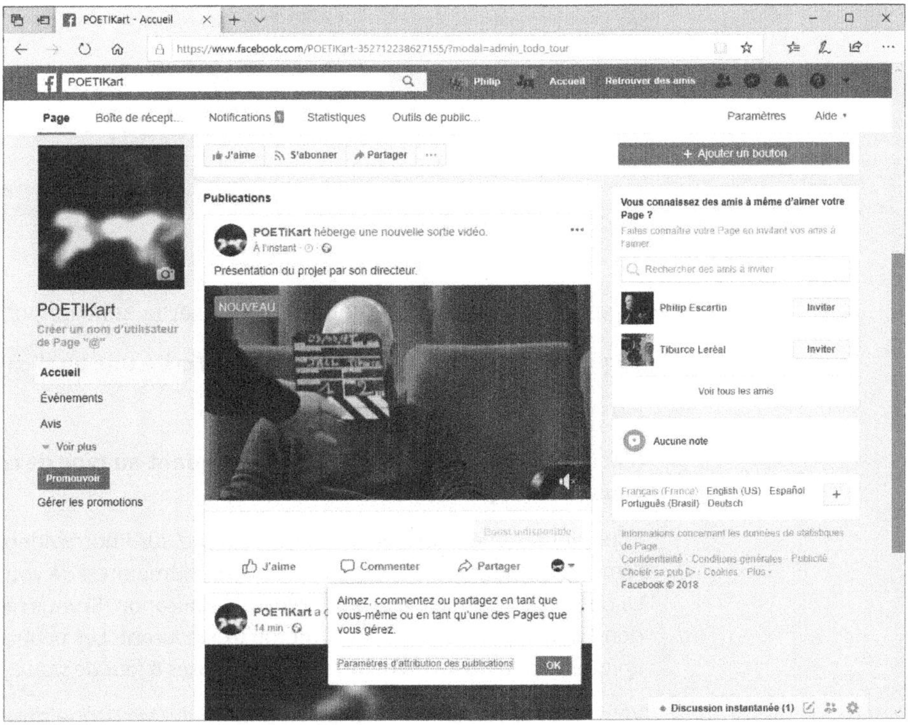

FIGURE 12.5 : Exemple de Page Facebook.

En tant qu'administrateur de la Page, vous devez bien comprendre la zone de publication. Comme le montre la Figure 12.6, la zone de publication vous permet, ainsi qu'à vos fans, de créer les posts qui s'affichent ensuite sur le Journal.

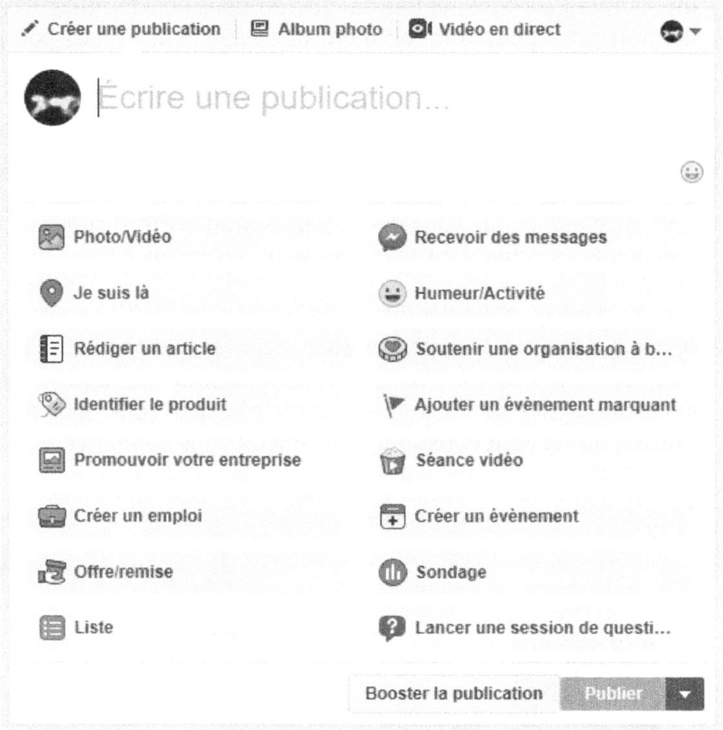

FIGURE 12.6 : Utilisez la zone de publication pour envoyer des posts à vos fans.

Les étapes ci-après décrivent comment utiliser la zone de publication :

1. **Cliquez dans la zone de saisie affichant Écrire une publication.**

   Plusieurs icônes sont à votre disposition.

2. **(Facultatif) Cliquez sur l'icône correspondant au type de contenu que vous voulez ajouter.**

   Pour ajouter une photo ou une vidéo, cliquez sur Photo/Vidéo. Cliquez sur l'émoticône pour insérer le smiley de votre humeur ou de votre activité. La dernière icône permet de localiser la publication. Si vous ne voulez rien ajouter, pas de souci. C'est même très courant. Les posts contenant uniquement du texte sont aussi appelés *mises à jour de statut*.

   Vous pouvez également localiser la publication *via* l'icône située à droite du smiley, mais aussi étiqueter le produit en cliquant sur la dernière icône. Un champ vous invite à entrer le nom du produit ou son numéro d'identification.

3. **Tapez votre commentaire dans la zone Écrivez quelque chose, soit pour expliquer la pièce jointe, soit pour vous exprimer.**

4. **Dans le menu local Publier (en bas à droite), choisissez entre Programmer, Antidater, et Enregistrer le brouillon.**

   - **Programmer :** Ouvre une boîte de dialogue dans laquelle vous différez la date de publication qui se fera alors automatiquement. Vous pouvez également programmer la fin de la publication au terme de laquelle le post sera supprimé.
   - **Antidater :** Permet de publier le post à une date antérieure.
   - **Enregistrer le brouillon :** Enregistre le post sous la forme d'un brouillon que vous modifierez et publierez ultérieurement.

5. **Cliquez sur Publier.**

Félicitations ! Votre Page présente une première publication officielle. Les posts que vous créez ici s'affichent aussi dans le fil d'actualité de vos abonnés.

Paramètres du Journal

En tant qu'administrateur de la Page, vous pouvez contrôler l'affichage par défaut du Journal. Cliquez sur l'onglet Paramètres en haut à droite. La section Général du panneau de configuration s'affiche (voir Figure 12.7) avec notamment les options suivantes :

- **Visibilité de la Page :** Ce paramètre vous permet d'activer et de désactiver la visibilité de votre Page. Vous ne voulez certainement pas publier la Page tant qu'elle n'est pas prête. En revanche, dès que vous y aurez ajouté quelques informations générales et quelques posts, pensez à décocher la case.
- **Publication des visiteurs :** Déterminez ici si vos fans sont autorisés à ajouter des photos et des vidéos. Vous pouvez aussi décider de leur permettre d'écrire ou de publier du contenu dans le Journal. Nous vous recommandons fortement de conserver cette option activée.
- **Audience du fil d'actualité et visibilité des publications :** Permet de préciser votre audience du fil d'actualité et de limiter la visibilité de vos publications.
- **Autoriser le partage des publications dans les stories :** Pour activer/désactiver le partage des publications dans des stories.
- **Messages :** Pour permettre aux visiteurs de contacter cette page en privé.
- **Possibilité d'identification :** Pour limiter les identifications aux seuls administrateurs de la page.
- **Identifications de cette page :** Permet ou non aux utilisateurs et aux autres pages d'identifier votre page.

- **Lieu de la page pour les décors :** Votre page pourra être utilisée comme lieu de décor pour d'autres utilisateurs.
- **Restrictions liées au pays :** Comme Facebook est un site international, il peut être utile de limiter la visibilité de votre Page aux pays qui utilisent la même langue que celle de votre Page. De plus, certains types de Pages, comme les films, peuvent avoir des noms différents ou des administrateurs différents dans différents pays. C'est pourquoi chaque Page peut être limitée à un ou plusieurs pays.
- **Restrictions liées à l'âge :** Spécifiez une limite d'âge si votre Page ne convient pas à un public en dessous d'un certain âge.
- **Modération de la page :** Spécifiez les termes qui excluront tout commentaire ou publication les contenant.
- **Filtre à injures :** Permet d'activer le filtre et de définir le niveau d'injures afin de bloquer les messages et publications contenant des insultes.
- **Suggestions de pages similaires :** Permet de recommander votre page à d'autres personnes.
- **Mises à jour de la page :** Une publication automatique indique que le contenu de la page a été actualisé.
- **Publier en plusieurs langues :** Pour autoriser de publier sur la page dans une autre langue que le Français.
- **Traduire automatiquement :** Permet une traduction automatique dans la langue du visiteur.
- **Classement des commentaires :** Pour n'afficher que les commentaires les plus pertinents.
- **Diffusion du contenu :** Pour autoriser ou non le téléchargement sur Facebook.
- **Télécharger la page :** Vous permet de télécharger une copie de vos publications, photos, vidéos, et info.
- **Diffusion du contenu :** Pour autoriser ou non le téléchargement sur Facebook.
- **Fusionner les pages :** Permet de fusionner les pages qui font doublon.
- **Supprimer la page :** Permet de supprimer votre page.

Certains types de Pages, comme les groupes, les artistes ou les personnalités publiques disposent d'un paramètre supplémentaire permettant de modifier le pronom personnel de la Page. Si vous êtes un groupe avec plusieurs membres, il convient d'utiliser *leurs* plutôt que *ses*, par exemple. Ce pronom est utilisé dans les phrases qui s'affichent dans les actualités récentes de votre Page.

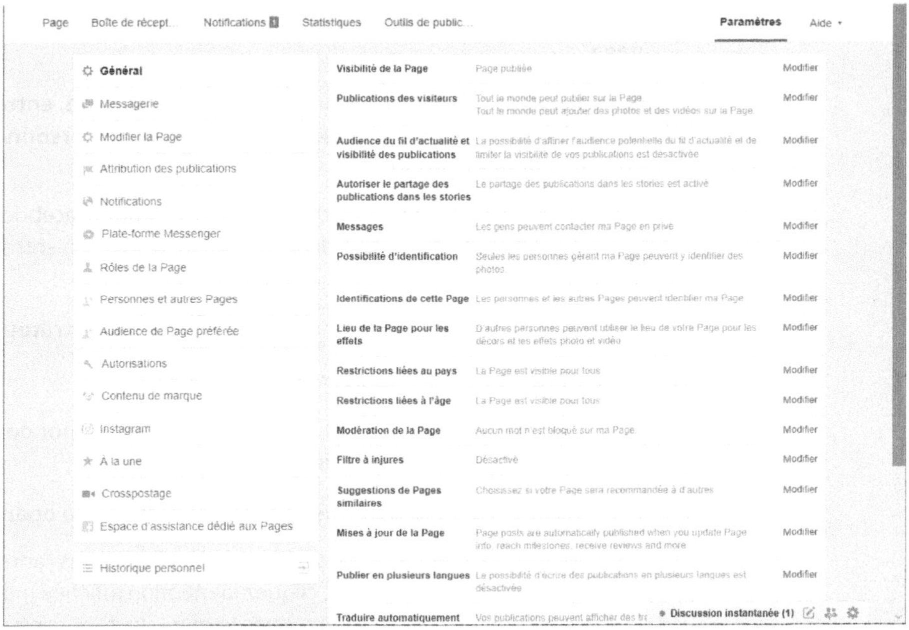

FIGURE 12.7 : Paramètres du Journal.

Applications

Dans ce livre, nous passons beaucoup de temps à expliquer comment les applications s'intègrent dans votre profil personnel. Souvenez-vous que, lorsque vous créez votre profil, vous disposez de quelques applications par défaut ainsi que d'autres applications que vous pouvez utiliser pour satisfaire des besoins spécifiques. C'est aussi le cas dans votre Page Facebook. La plupart des Pages Facebook disposent d'une série d'applications par défaut. En fonction de la catégorie de Page que vous choisissez, il se peut que vous ayez quelques options supplémentaires. Vous êtes libre de conserver les applications préinstallées ou de les supprimer et êtes encouragé à découvrir et à ajouter plus d'applications.

Administrateurs

La plupart des entreprises confient la responsabilité de leur promotion à plus d'une personne. Imaginez que vous êtes cogérant d'un restaurant ou membre d'une équipe de marketing pour plusieurs entreprises ou encore bassiste d'un groupe et que vous en avez assez que le chanteur gère tout. Bonne nouvelle : chaque Page Facebook peut compter plusieurs administrateurs qui peuvent administrer la Page *via* leur compte personnel. Inutile de partager un mot de passe ou de créer de faux comptes ! Le créateur de la Page doit simplement inviter les personnes souhaitées pour qu'elles l'aident à administrer la Page. Voici comment :

1. **Dans votre Page, cliquez sur l'onglet Paramètres, puis sur Rôles de la page.**
2. **Dans la section Affecter un nouveau rôle sur la page, entrez le nom du compte Facebook ou l'adresse électronique de la personne à nommer comme administrateur.**

   Vous pouvez inviter toute personne ayant un compte Facebook et avec qui vous êtes ami sur Facebook à devenir administrateur en entrant son adresse e-mail.

3. **Ouvrez le menu local Éditeur et optez pour Administrateur.**
4. **Cliquez sur le bouton Ajouter.**
5. **Dans la boîte de dialogue qui apparaît, saisissez le mot de passe d'accès à votre compte Facebook. Cliquez sur Envoyer.**
6. **Pour ajouter d'autres administrateurs, répétez cette opération.**

   Dans tous les cas, vérifiez bien qu'Admin est affiché sous l'adresse de ladite personne. Si ce n'est pas le cas, cliquez la mention affichée (par exemple Modérateur), et choisissez Admin dans le menu local qui apparaît.

Promouvoir sa Page

Pour bénéficier de la nature virale de Facebook, vous devez trouver des personnes souhaitant devenir fans de votre Page.

Informer les clients par voie électronique

Si vous avez un site Web ou une liste de diffusion, peut-être souhaitez-vous ajouter un lien ou envoyer un message à vos fans ou clients pour les avertir qu'ils peuvent désormais vous trouver sur Facebook. Ceux qui ont déjà un compte Facebook seront certainement ravis de l'apprendre, car c'est bien plus pratique pour eux de se connecter ainsi que de se souvenir de visiter régulièrement votre site. De plus, le fait qu'ils se connectent à votre Page Facebook ne les empêche pas de continuer à visiter votre site Web. Au contraire, une Page Facebook vous offre une opportunité supplémentaire pour leur communiquer les changements et les mises à jour de votre site.

Informer les clients physiquement

Si vous avez une boutique, collez une petite affiche dans la vitrine pour indiquer à vos clients qu'ils peuvent vous trouver sur Facebook. Il suffit qu'ils retiennent le nom de votre magasin et Facebook pour qu'ils se connectent à votre Page de temps en temps.

Au moment de la création de la Page, vous avez défini une URL pour cette dernière avec un nom d'utilisateur. C'est cette adresse, de la forme www.facebook.com/votre_page que vous devez diffuser à vos clients. Par exemple, la Page de la société Levrain et Cie est www.facebook.com/LevrainEtCie. Si vous n'avez pas encore défini de nom d'utilisateur, vous pouvez en obtenir un pour votre Page en vous rendant à l'adresse www.facebook.com/username. Réfléchissez bien quand vous demandez votre nom d'utilisateur. Vous voulez certainement un nom surprenant qui vous distingue, surtout si vous êtes une petite entreprise locale. Vous ne pouvez avoir qu'un seul nom d'utilisateur, alors soyez sûr qu'il vous plaît !

Informer ses amis

Si vous gérez une entreprise, vous avez sûrement déjà passé beaucoup de temps à la promouvoir auprès de vos amis. Nous allons un peu exagérer et supposer que vous n'aimez pas envoyer des messages en masse ou promouvoir votre entreprise auprès de vos amis et votre famille. Vous ne savez jamais qui est vraiment intéressé et qui est juste poli et vous écoute sans se plaindre. Diriger vos amis vers votre Page Facebook résout deux problèmes. Vos amis peuvent choisir de devenir fans de votre Page et de recevoir les mises à jour. Concrètement :

- Vous envoyez uniquement des mises à jour aux personnes qui le souhaitent.
- Vous offrez à votre Page quelques fans qui servent de référents passifs quand leurs amis lisent vos mises à jour dans leur fil d'actualité.

Pour inviter des amis à rejoindre votre Page :

1. **Ouvrez votre Page Facebook.**
2. **Cliquez sur le bouton orné de trois petits points sous la couverture de la Page et, dans le menu local qui s'ouvre, choisissez Inviter des amis.**

   La fenêtre Invitez vos amis à aimer <nom de la page> s'affiche, comme le montre la Figure 12.8.

   Vous pouvez aussi cliquer sur le bouton Inviter de la section Vous connaissez des amis à même d'aimer votre page. Vous avez aussi la possibilité de taper le nom des amis dans le champ de recherche de cette section.

3. **Cliquez sur le bouton Inviter situé à droite du nom de chaque personne.**

Vous pouvez aussi coller le lien de votre Page dans un e-mail. Nous vous conseillons de ne pas envoyer plus d'un message de ce genre à vos amis. S'ils veulent en savoir plus sur votre entreprise, ils choisiront d'être fans. Sinon, ce ne sont certainement pas de bons clients.

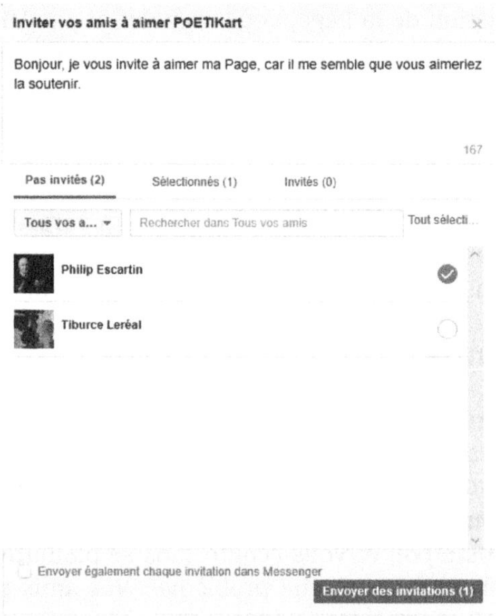

FIGURE 12.8 : Inviter des amis.

Faire de la pub

L'avantage de faire de la publicité pour votre Page sur Facebook est de cibler dès à présent votre public. De plus, du point de vue du public, il est plus simple de cliquer sur une publicité Facebook qui renvoie simplement à une autre page Facebook. C'est très différent des autres publicités sur le Web qui souvent ouvrent une nouvelle fenêtre dans un site différent dès que vous cliquez dessus.

Interpeller les fans

Si vous avez lu ce chapitre jusqu'ici, votre Page Facebook est personnalisée et vous êtes prêt à gérer le trafic commercial de votre entreprise. Vous avez réalisé toutes les étapes nécessaires pour permettre aux gens de se renseigner sur votre entreprise et de se connecter à votre Page.

Cependant, vous pouvez faire bien plus pour capter une réelle attention et favoriser l'interaction. **Rappel :** Plus votre Page est riche et plus vous interpellez vos fans, plus ils effectuent d'actions (et ont le sourire quand ils pensent à vous), ce qui génère des informations dans leur fil d'actualité que leurs amis voient. Résultat : plus de visibilité et d'attention pour votre entreprise.

Publier du contenu riche

Par riche, nous entendons informatif et récent. Plus vous ajoutez du contenu neuf et pratique à votre Page, plus vos fans ont des raisons de revenir et de le consulter. Voici quelques idées pour inciter vos fans (donc vos clients) à s'attarder sur votre contenu :

- **Publier des mises à jour de statut authentiques :** Ces posts s'affichent dans le fil d'actualité des fans et leur rappellent que vous existez. En revanche, si vos posts sont ennuyeux, ils risquent de vous supprimer de leur page d'accueil et d'autres listes. Soyez aussi réel que possible : les posts des utilisateurs vont de profonds et philosophiques à fous et excentriques. Les vôtres doivent être tout aussi variés. S'il pleut et que ça change tout pour votre entreprise, faites-le savoir à vos clients. Si vous êtes membre d'un groupe de musique et que vous venez d'arriver dans une nouvelle ville, dites-le à vos fans. Si vous avez trouvé un article intéressant pour vos fans, informez-les. Si vous écrivez un livre sur l'utilisation de Facebook, prévenez vos lecteurs. N'insérez pas un lien incitant à acheter vos produits ou services dans tous vos posts. Faites-le de temps en temps, surtout si vous proposez une réduction ou une offre spéciale.

  Si vous utilisez déjà Twitter pour publier des mises à jour de statut sur votre entreprise, vous pouvez importer automatiquement les tweets dans Facebook. Ainsi, vos fans, supporteurs et abonnés recevront vos réactions, quel que soit leur support préféré. Vous trouverez un bouton pour lier votre Page à un compte Twitter sur `www.facebook.com/twitter`.

- **Publier des photos, des vidéos, des articles et des liens :** C'est un moyen très efficace pour donner vie à votre Page et la développer, tout comme votre entreprise. Si vous vendez des produits, vous pouvez régulièrement ajouter des photos et des vidéos de vos nouveaux produits ou de personnes utilisant les produits existants. Si vous proposez un service, vous pouvez ajouter des vidéos de vous ou de vos employés en plein travail, par exemple un barman expert dans la préparation de cocktails, un sculpteur en pleine création ou un mécanicien en train de conseiller des clients. Si vos fans aiment ce qu'ils voient, ils vont utiliser les outils de communication Facebook pour le montrer à leurs amis et ainsi mettre votre entreprise en avant.

- **Créer des événements :** Les événements doivent impressionner vos clients. Utilisez la fonction Événements de Facebook pour inviter vos fans à des soirées spéciales, des ventes privées ou des galas de promotion. Certaines entreprises organisent sur Facebook des événements réservés à leurs fans. Quand vos fans répondent à votre invitation, leurs amis lisent l'information sur leur page d'accueil. Vos fans peuvent facilement inviter leurs amis ou les inciter à se renseigner sur vous, ce qui contribue à la notoriété de votre entreprise.

- **S'adresser aux fans au nom de l'entreprise :** Vos fans écrivent sur votre Journal et dans les discussions et donnent leur avis. Répondez-leur dès que possible. Si quelqu'un écrit sur votre Journal à quel point il est déçu par l'un de vos produits ou services, ne le supprimez pas. Répondez ! Vous pouvez tout aussi facilement commenter dans vos propres posts (ou ceux de vos fans) ou sur votre Page. Pour ce qui est du fan déçu, excusez-vous et offrez-lui un menu gratuit ou un service à prix réduit s'il revient. Les personnes qui verront l'échange seront impressionnées par la qualité de vos services.

Si vous vendez des chaussures et que quelqu'un vous demande comment trouver chaussure à son pied, répondez-lui. Ce dialogue public présente l'avantage d'informer les autres clients. Dès que vous écrivez sur le Journal d'une Page que vous administrez, vos commentaires sont listés au nom de votre entreprise. Cela aide les visiteurs à vous faire confiance et n'expose pas votre compte privé.

Envoyer des mises à jour

Il y a une différence entre les mises à jour que vous publiez et celles que vous envoyez. Celles que vous publiez sont souvent courtes et peuvent, pour certaines, inclure une notion de temps. Ces informations s'intègrent facilement dans le fil d'actualité des abonnés et s'il en manque une, ce n'est pas bien grave. Les mises à jour que vous envoyez ressemblent plus à des newsletters ou des bulletins d'informations. Il s'agit d'informations qui ne doivent pas se perdre en cours de route. Nous ne le répéterons jamais assez : veillez à envoyer des mises à jour pertinentes, sinon vos abonnés risquent d'annuler leur abonnement.

Les fans traitent différemment les mises à jour des entreprises et les e-mails promotionnels ou les publicités papier. Qu'est-ce que cela signifie pour vous? Que vous devriez vraiment envoyer des mises à jour à vos fans. Après tout, ils demandent à avoir de vos nouvelles, alors donnez-leur-en. Les messages que vous envoyez ne risquent pas d'être confondus avec des spams grâce à l'organisation du système. En outre, les utilisateurs ont tout loisir d'annuler leur abonnement.

Dans la prochaine section, nous vous expliquons comment vérifier l'impact de vos mises à jour sur l'implication de vos fans. Utilisez ces statistiques pour savoir quels types de mises à jour et quelle fréquence adopter pour optimiser l'attention de vos fans.

Voici encore quelques points clés sur les mises à jour :

- **Il est possible de joindre du contenu dans une mise à jour.** Si vous ajoutez une nouvelle photo, un album, une vidéo, un article, un événement ou tout autre contenu et voulez que vos fans le sachent, vous pouvez copier l'URL de la page sur laquelle se trouve le contenu et la coller dans le message. Dans la plupart des cas, le contenu est automatiquement transformé en pièce jointe à votre mise à jour, comme pour la fonction Partager que nous présentons dans le Chapitre 9. Notez que vous ne pouvez joindre qu'une seule pièce par mise à jour.
- **Vous pouvez cibler le public de vos mises à jour.** Quand vous écrivez votre mise à jour, cliquez sur Public pour cibler votre public.

- **Les fans qui souhaitent recevoir vos mises à jour ont accès à toutes les mises à jour que vous envoyez.** La première fois que quelqu'un reçoit une mise à jour de votre entreprise, elle est marquée comme non lue. Quand le destinataire clique dessus, il voit toutes les mises à jour que vous avez envoyées avant qu'il ne devienne fan. Sympa, non ?

Gérer facilement la vie de votre page

Votre page est dotée d'onglets qui vous permettent de gérer aisément son contenu. Ils sont localisés dans la partie supérieure de la page, comme le montre la Figure 12.9.

FIGURE 12.9 : Les onglets de gestion de la page.

- **Page :** Permet d'afficher purement et simplement la page.
- **Boîte de réception :** Affiche une sorte de client de messagerie. Vous y gérez vos messages privés.
- **Notifications :** Permet de gérer l'ensemble des notifications et de les afficher par catégorie : Tout, Mention J'aime, Commentaires, Partages, *etc.*
- **Statistiques :** Communique des statistiques sur l'activité de votre page.
- **Outils de publication :** Pour gérer vos publications et celles des personnes autorisées. Vous pouvez ainsi supprimer plusieurs publications en une seule opération, ou bien créer ici de nouvelles publications sans passer par le journal.

Tout savoir

Au début de ce chapitre, nous mentionnions les différents types d'actions que les gérants d'entreprise réalisent pour agrandir leur clientèle : spots publicitaires diffusés à la télévision ou la radio, affiches sur des bus, des panneaux, *etc.* Quand vous faites de la publicité, l'une des plus grandes interrogations consiste à évaluer l'impact de vos efforts sur votre entreprise. Les statistiques Facebook visent à ôter le voile sur ce mystère. Si vous avez déjà configuré votre Page, continuez votre lecture. Sinon, cette section va vous convaincre de le faire.

48 heures après la publication de votre Page, vous commencez à voir comment le public l'accueille. Ouvrez votre Page et cliquez sur Accueil. Cliquez sur l'onglet

Statistiques. Dans la colonne de gauche, choisissez Vue d'ensemble. Vous accédez aux données générales de votre page (voir Figure 12.10).

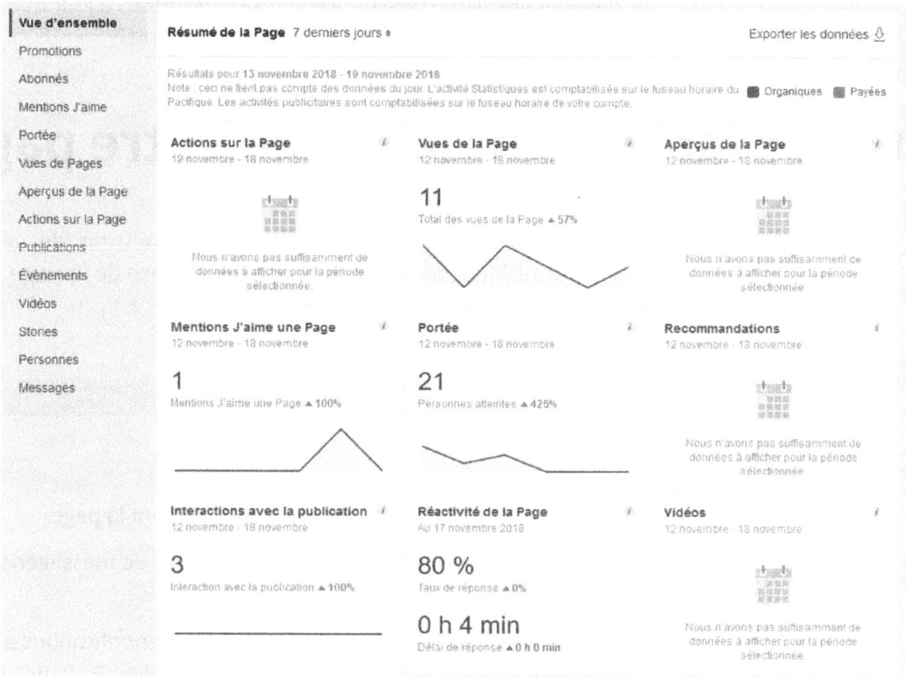

FIGURE 12.10 : Les statistiques de votre Page.

Dans la colonne de gauche, cliquez sur Mentions J'aime pour obtenir des statistiques sur les périodes où l'on a liké votre page.

Cliquez sur Portée afin d'afficher des données semblables, mais cette fois sur les personnes qui ont été atteintes par les publications de votre Page, c'est-à-dire aussi bien vos fans que leurs amis à qui ils ont relayé l'information, et ainsi de suite. C'est là que réside tout le pouvoir « viral » de Facebook et de son système de Page, donc ne négligez pas ces informations !

Choisissez Vues de pages pour afficher des données géographiques et démographiques détaillées sur les personnes qui ont indiqué aimer votre Page : pourcentage d'hommes et de femmes, tranches d'âge, ville et pays d'origine, langue. Vous avez même la possibilité de parcourir ces données par plages de dates. Un graphique indique comment vos visiteurs ont pris connaissance de vos publications : depuis la Page elle-même, depuis une recherche, par le télex, *etc.* Que rêver de mieux pour cibler vos campagnes d'information que de connaître ainsi votre public ?

IV

Dans les entrailles de Facebook

DANS CETTE PARTIE…

» Attention : comme vous êtes arrivé jusqu'ici, vos proches ne vont plus vous considérer comme un « Nul ». En fait, peut-être qu'ils vous appellent déjà pour avoir des conseils sur Facebook en nouveau gourou des réseaux sociaux que vous êtes. Maintenant que vous maîtrisez les bases de Facebook, nous vous invitons à les approfondir pour mieux l'intégrer dans votre vie. Nous allons vous montrer comment faire. C'est parti !

Chapitre 13

Facebook et le Web

DANS CE CHAPITRE :

- » **Comprendre la plate-forme Facebook et le graphe social.**
- » **Découvrir comment les applications peuvent améliorer votre rapport avec Internet sur Facebook et en dehors.**
- » **Quelques applications dignes de confiance.**

Quasiment tous les ouvrages *Pour les Nuls* sont structurés de la même manière : ils divisent le sujet global en plusieurs parties, présentent ces parties et expliquent comment elles s'intègrent dans l'ensemble. Dès que chaque partie est maîtrisée, l'ensemble (le sujet) est moins intimidant, moins complexe et plus praticable. Ce livre *Pour les Nuls* tente de respecter cette structure. Donc, jusqu'ici, vous maîtrisez beaucoup d'éléments Facebook. Vous connaissez le Journal, le concept d'amitié, les commentaires, les mentions J'aime, le fil d'actualité, les applications telles que Photos, Articles, ou Événements et vous savez comment tous ces éléments interfèrent dans l'utilisation de Facebook.

Il y a une subtilité : ces éléments interviennent dans l'utilisation de Facebook, mais pas seulement comme nous l'avons décrit jusqu'à présent. Ils servent pour l'utilisation de Facebook dans bien d'autres cas et depuis d'autres endroits sur le Web. Par exemple, il est possible de commenter un article sur un blog, de vous connecter à un nouveau site en utilisant votre profil Facebook, de trouver des applications qui vont au-delà des applications Événements et Groupes. Nous utilisons le terme *plate-forme Facebook* pour désigner le système qui permet de combiner tous ces éléments en dehors de l'univers Facebook.

Dans ce chapitre, nous analyserons brièvement ce qu'est une plate-forme et comment elle fonctionne. Ensuite, nous étudierons les différents types d'applications sur Facebook et sur le Web et vous indiquerons comment elles peuvent vous être utiles. Enfin, nous aborderons la confiance vis-à-vis de la plate-forme Facebook et vous aiderons à identifier les bonnes applications.

Comprendre la plate-forme Facebook

L'exemple le plus simple pour illustrer une plate-forme est une caisse en bois. Il y a très, très longtemps, les gens prenaient une simple caisse en bois, la plaçaient au milieu de la rue, montaient dessus et criaient ce qu'ils avaient à dire à la foule. Dans cette histoire, il y a trois éléments : la caisse en bois, la personne et la foule. Si vous continuez votre lecture, notez les points suivants :

- **La caisse en bois ne crée pas les idées.** Les idées proviennent de la personne qui crie et la caisse en bois lui fournit juste une plate-forme lui permettant de partager ses idées. Si la personne se tient au milieu de la foule, au même niveau que les autres et se met à crier, personne ne l'entendra.
- **La caisse en bois n'est rien sans la foule.** Quelle que soit la hauteur à laquelle la caisse vous propulse et vous permet de projeter votre voix, s'il n'y a personne pour vous écouter, vos idées ne se répandront pas.

Si vous avez toujours utilisé un PC, vous avez certainement testé plusieurs versions de Microsoft Windows (comme Windows XP, Windows Vista, Windows 7, Windows 8, Windows 8.1, et enfin Windows 10). Windows est un *système d'exploitation*. C'est l'interface graphique utilisée pour accéder aux fichiers et aux programmes de votre ordinateur. Techniquement, vous n'avez pas besoin d'un système d'exploitation. Vous pourriez entrer des commandes manuellement pour accéder aux différents fichiers et systèmes, mais c'est bien plus complexe que d'utiliser l'interface que Microsoft met à votre disposition. Le système d'exploitation vous fournit des fonctionnalités clés qui peuvent être utilisées par diverses applications.

De plus, vous avez certainement déjà utilisé l'une des versions de Microsoft Word. Et vous disposez sans doute sur votre ordinateur de programmes qui n'ont pas été conçus par Microsoft, comme des jeux par exemple. Comme Microsoft et d'autres fournisseurs peuvent concevoir des applications ou des programmes qui fonctionnent dans Microsoft Windows, Windows est une plate-forme pour les applications, qu'elles soient ou non créées par Microsoft.

La *plate-forme Facebook*, comme une caisse en bois ou un système d'exploitation, fournit également des fonctionnalités clés disponibles pour créer des applications. Facebook désigne ces fonctionnalités clés comme le graphe social. Le *graphe social* est un ensemble de connexions (profils associés à d'autres profils par les liens d'amitié) qui forme Facebook. Les informations se diffusent au travers du graphe social par tous les moyens décrits dans les chapitres précédents : messages, posts et des milliers d'interactions qui vous délivrent les informations récentes sur tous vos amis, en fonction de la confidentialité et de la pertinence des informations.

Pendant longtemps, Facebook a été la seule entreprise pouvant créer des applications pour sa propre plate-forme. Elle a donc conçu Photos, Articles, Événements et Groupes. Toutes ces applications utilisent les connexions qui existent entre les individus sur le site pour diffuser plus d'informations. Ces connexions distinguent les applications Facebook de celles des autres sites, même ceux spécialisés dans les applications.

L'exemple classique est l'application Photos. Facebook possède l'application de partage de photos numéro un du Web. L'application Photos ne dispose pas de toutes les fonctionnalités des sites de partage de photos, mais elle est plus populaire que les autres. Notamment grâce à la possibilité de taguer vos amis sur les photos. Dès que vous taguez un ami, il en est notifié et peut voir la photo. L'information figure aussi dans le fil d'actualité où vos amis peuvent voir la photo et éventuellement la commenter. Sachant cela, vos amis auront envie d'utiliser l'application Photos la prochaine fois qu'ils voudront en partager.

Puisque Facebook a ouvert sa plate-forme, les développeurs du monde entier peuvent créer des applications qui s'intègrent dans Facebook aussi facilement que l'application Photos. À l'image de la caisse en bois, la plate-forme Facebook permet aux développeurs d'applications de présenter rapidement et facilement leurs idées et créations à la foule.

La caisse en bois (plate-forme) ne crée pas les idées ou applications et la plate-forme n'est rien sans la foule. Vous et vos amis représentez la foule. C'est pourquoi les applications Facebook vous sont utiles.

Applications intégrées dans Facebook

Aux Chapitres 8, 10 et 11, nous détaillons quelques applications Facebook, créées par Facebook et intégrées dans Facebook. La principale différence entre ces applications et celles proposées par des développeurs externes (que vous allez utiliser et adorer) est que Photos, Articles, Groupes et Événements sont présentes dès votre inscription sur Facebook. Tous les éléments qui leur permettent de fonctionner (tags, notifications, posts, *etc.*) étaient déjà à l'œuvre en arrière-plan.

Quand vous utilisez des applications, vous devez un peu gérer leur fonctionnement. Vous vous êtes déjà entraîné lorsque vous avez défini la confidentialité et d'autres paramètres relatifs aux différentes applications Facebook. Maintenant que le rideau va s'ouvrir, vous êtes prêt à prendre les commandes de tous ces aspects pour chaque application.

Pourquoi utiliser des applications dans Facebook ?

Il n'est pas absolument nécessaire d'utiliser les applications Facebook pour s'épanouir sur Facebook. Si vous n'êtes pas à l'aise avec les applications ou n'en avez trouvé aucune qui est utile ou pertinente, rien ne vous oblige à les utiliser. Beaucoup d'experts Facebook utilisent peu ou pas d'applications. Cela étant dit, voici quelques bonnes raisons d'utiliser les applications :

- **Elles offrent des fonctionnalités que Facebook ne propose pas.** Facebook a des règles pour la création de profil qui empêchent de créer un faux profil. Nous ne comptons plus le nombre de personnes dont le faux profil créé pour leur animal de compagnie a été désactivé. Les applications liées à la musique ou aux cours pour les étudiants ont comblé des manques pour des groupes spécifiques sur Facebook.
- **Elles peuvent être très divertissantes.** Vous aimez les associations de mots ? Vous aimez gérer virtuellement un restaurant ? Vous aimez jouer au poker ? Tous les jeux possibles et imaginables sont proposés sous forme d'applications Facebook. Ce type d'application allie le plaisir de jouer à un jeu que vous aimez à la compétition avec vos amis. Par exemple, un simple jeu de saisie comme Typing Maniac est bien plus divertissant si l'objectif est de battre le score de vos meilleurs amis !
- **Elles vous connectent différemment à ceux qui importent pour vous.** Toutes les applications sur Facebook vous aident à en savoir plus sur les gens et à rester en contact avec eux de différentes manières. Que vous sachiez à quels concerts vos amis ont assisté ou que vous découvriez que Carolyn est, en fait, Jane Eyre *via* l'application quizz « Quelle héroïne de littérature êtes-vous ? », toutes ces informations enrichissent vos relations de manière subtile.

De plus en plus d'applications ouvrent leur propre page Web lorsque vous cliquez sur le bouton Annuler. À la suite de cela, vous devez créer un compte sur le site pour profiter de ses avantages.

Et maintenant ? Utiliser les applications

Il y a tant d'applications et d'utilisateurs différents qu'il est difficile de vous indiquer comment continuer. Nous vous proposons donc quelques actions courantes que vous serez amené à réaliser avec les applications. À vous de décider ce que vous allez faire.

Page d'accueil de l'application

Dans la plupart des cas, quand vous autorisez une application à accéder à vos informations ou quand vous cliquez sur son icône ou son lien, vous basculez dans sa page d'accueil. Tout comme la page d'accueil Facebook ou celle des applications comme Photos ou Groupes, de nombreuses pages d'accueil d'applications sont une sorte de passerelle d'accès à différentes actions. C'est ce que nous voulons signifier quand nous disons que les applications sont « intégrées » dans Facebook : elles se présentent sous le menu principal Facebook (grande barre bleue en haut de la page) et ne vous dirigent pas vers un autre site.

Les pages d'accueil varient d'une application à l'autre, mais, généralement, elles vous invitent à réaliser une action. L'application Causes, par exemple, vous informe sur les causes populaires et celles soutenues par vos amis. Vous êtes aussi invité à choisir celles que vous voulez soutenir. Par ailleurs, vous pouvez créer vos propres causes, faire un don à d'autres causes, *etc.*

Publier sur le Journal d'amis

Étant donné que les applications vous aident souvent à communiquer avec vos amis sur des sujets, des jeux ou du contenu spécifique, beaucoup d'entre elles vous demandent de publier un post sur le Journal d'un ami. Elles ne peuvent pas le faire tant que vous ne cliquez pas sur Publier un message.

Raccourcis

En fonction de ce qui est important pour vous, vous choisissez les onglets que les gens peuvent voir dans la section Raccourcis de votre page d'accueil. Dans cette page, vous avez la possibilité d'ajouter la vignette d'une application dans les raccourcis. Voici comment procéder :

1. **Affichez la page Accueil de votre compte Facebook.**
2. **Dans la colonne de gauche, placez le pointeur de la souris sur la mention Raccourci et cliquez sur le lien Modifier qui apparaît.**
3. **Dans la boîte de dialogue Modifier les favoris qui apparaît, ouvrez le menu local de l'application affichant Masqué des raccourcis, et cliquez sur Trié automatiquement comme sur la Figure 13.1.**
4. **Cliquez sur le bouton Enregistrer.**

L'icône de l'application apparaît désormais dans la section Raccourcis de la colonne de gauche. Pour supprimer une application de vos raccourcis, survolez l'icône de cette application, puis cliquez sur les trois petits points qui apparaissent à sa droite. Dans le menu local qui apparaît, exécutez la commande Supprimer des raccourcis (voir Figure 13.2).

FIGURE 13.1 : Ajoutez une application à vos raccourcis, c'est-à-dire vos favoris.

Imaginez que les applications que vous utilisez et affichez dans votre profil soient controversées. Peut-être ne voulez-vous pas que vos collègues, certains amis ou les personnes qui visitent votre profil pour la première fois les voient. Facebook vous permet d'utiliser la confidentialité pour déterminer qui voit les publications et l'activité liées à vos applications. Souvenez-vous que les paramètres de confidentialité ne s'appliquent pas aux posts que vous créez et qui s'affichent dans le fil d'actualité de vos amis. Par défaut, tous ceux qui accèdent à votre Journal peuvent voir les posts relatifs aux applications. Pour définir la confidentialité d'une application, agissez comme suit :

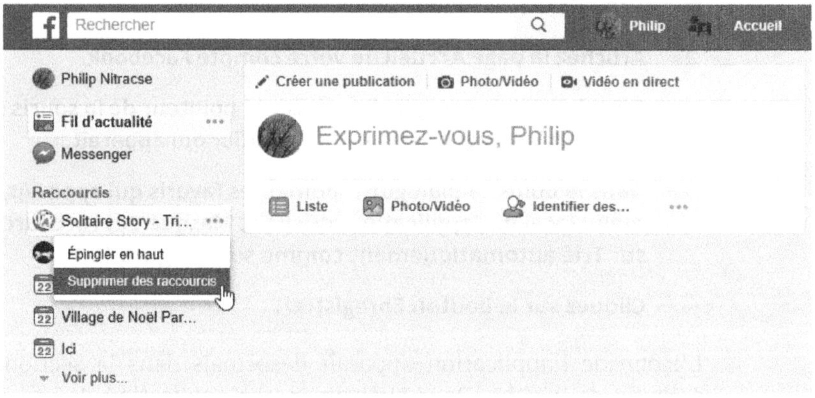

FIGURE 13.2 : Retirer une application des favoris ou la supprimer.

1. **Cliquez sur le petit triangle situé à droite de la grande barre bleue.**
2. **Dans le menu local qui apparaît, choisissez Paramètres.**

3. **Dans la colonne de gauche, cliquez sur Apps et sites Web (ou sur Jeux instantanés).**

Cette action ouvre la page Paramètres des applications que nous étudierons dans la section « Gérer ses applications », plus loin dans ce chapitre.

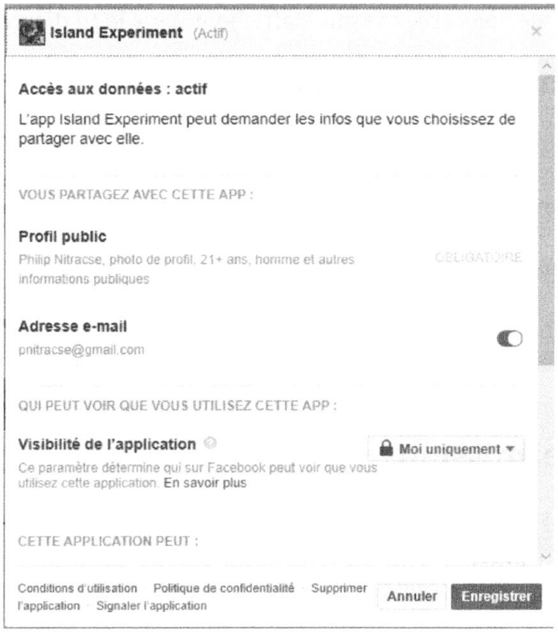

FIGURE 13.3 : Modifiez les paramètres de votre application.

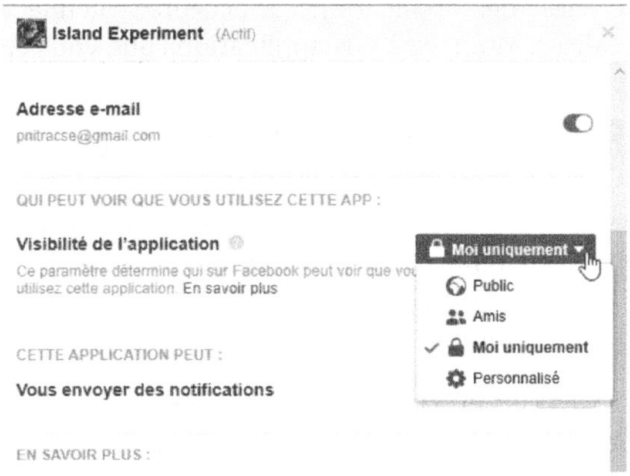

FIGURE 13.4 : Modifiez le niveau de confidentialité de l'application.

4. **Trouvez l'application à modifier, et cliquez sur Voir et modifier.**

Une section semblable à celle de la Figure 13.3 s'affiche.

5. **Cliquez sur le menu déroulant de la section Visibilité des applications (App visibility pour certaines), et choisissez un niveau de visibilité ou personnalisez la confidentialité (Figure 13.4).**

Le paramètre de confidentialité que vous sélectionnez ici s'applique aux publications et aux activités liées à l'application sélectionnée. Il ne concerne pas les publications que vous créez et qui s'affichent dans le fil d'actualité de vos amis.

Invitations et demandes

Vous pouvez inviter des amis à participer à des événements, à jouer à des jeux ou à soutenir des causes. Ces actions ont toujours un but précis, que ce soit ou non une application créée par Facebook.

Les invitations à utiliser une application sont bénéfiques pour tout le monde. L'application augmente son nombre d'utilisateurs, les personnes invitées découvrent une nouvelle application et en apprennent un peu plus sur vous et vous bénéficiez d'interlocuteurs privilégiés pour discuter de l'application et de ses objectifs.

Autres permissions

Certains types d'applications envoient des demandes de permission très spécifiques. Par exemple, une application de bureau peut demander une permission spéciale pour accéder à vos informations, même si vous n'êtes pas sur le Web.

Les applications sont très diverses. Certaines publient du contenu très souvent, d'autres insistent beaucoup pour que vous invitiez des amis. Sachez que vous contrôlez les activités des applications. N'acceptez aucune action que vous ne souhaitez pas réaliser. Montrez à vos applications que vous êtes le chef !

Utiliser Facebook en dehors de Facebook

Pensez à tout ce que vous faites sur le Web. Vous achetez des cadeaux à vos amis sur Amazon.com, vous tenez un blog ou aimez commenter le blog des autres, vous lisez des avis sur des films, *etc.* Vous faites des tas de choses que vous apprécieriez certainement plus si vous pouviez les partager avec vos amis.

Envie de savoir si les avis que vous lisez sont fiables ? À la recherche d'un conseil de qualité sur un film ? Marre de ne côtoyer que des étrangers sur le Web ? Bienvenue aux *modules sociaux*.

Nous utilisons le terme *module social* pour désigner les applications intégrées dans d'autres sites Web. Ces modules peuvent être (ou ne pas être) semblables aux applications que vous utilisez dans Facebook. Il est plus juste de dire que ces modules utilisent un lien Facebook que vous employez pour apporter un aspect social à votre action.

Aucune application spécifique ne peut expliquer tous les points d'intégration des modules sociaux, car la plupart des applications ont besoin d'un ou deux de ces points pour être considérées comme des modules sociaux. Le point qu'il faut retenir est qu'il est possible de se connecter à un autre site en utilisant Facebook. C'est l'étape qui précède la plupart des implémentations que nous étudions. (Certaines implémentations utilisent des *cookies* ou un moyen de marquer les sites que vous avez visités, donc vous n'avez pas besoin de vous connecter.)

Se connecter

Le bouton Se connecter peut optimiser votre rapport au Web en ce sens qu'il vous épargne de créer un nouveau compte pour chaque site Web. Les formulaires Web qui requièrent votre nom, votre e-mail et vous invitent éventuellement à télécharger une photo de profil et trouver des amis appartiennent désormais au passé. Pour l'exemple, nous allons créer un nouveau compte sur Spotify, un site d'écoute de musique.

Allez sur la page de connexion de Spotify, sur `www.spotify.com/fr`, et cliquez sur le bouton S'inscrire. Sur la page d'inscription, cliquez sur le bouton S'inscrire avec Facebook. Si vous êtes actuellement connecté à Facebook, Spotify vous demande si vous souhaitez continuer avec votre compte Facebook, comme sur la Figure 13.5. Avant d'accepter, prenez connaissances de la section Spotify recevra. Si vous n'êtes pas d'accord pour partager toutes ces informations avec Spotify, cliquez sur le lien Modifier ça. Désactivez les informations que vous ne souhaitez pas porter à la connaissance de ce site, comme votre liste d'amis. Ensuite, cliquez sur le bouton Continuer en tant que <votre nom>.

Spotify vous demande alors auprès de qui vous souhaitez qu'il publie sur votre Journal. Dans le menu local, choisissez la confidentialité des publications. Pour que personne n'ait connaissance des publications Spotify, choisissez Moi uniquement. Enfin, cliquez sur OK.

Vous serez alors basculé sur le Windows Store pour télécharger l'application Spotify afin de mieux bénéficier de ce réseau musical sur votre ordinateur.

Si vous partagez avec vos amis, ils sauront, en consultant votre profil, ce que vous avez écouté et quand vous l'avez écouté.

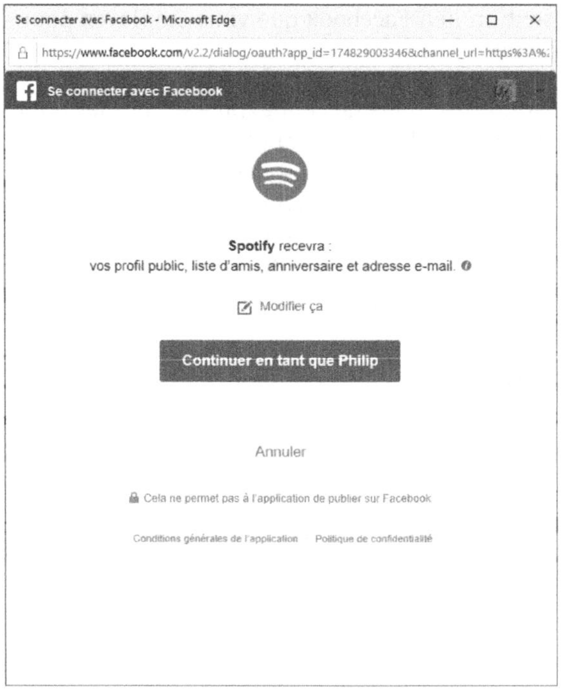

FIGURE 13.5 : Connectez votre compte Facebook à Spotify.

Modules courants

Il existe beaucoup de modules sociaux que les sites Web peuvent ajouter facilement. D'ailleurs, nombreux sont ceux qui en ont ajouté quelques-uns voire tous. De nos jours, difficile de trouver un site Internet sur lequel Facebook n'est pas présent. Les sections suivantes mettent en évidence quelques modules courants que vous avez certainement déjà croisés sur le Web.

J'aime

Avec les modules sociaux, vous pouvez tout « aimer » virtuellement, partout sur le Web. Facebook offre aux entreprises une solution facile pour ajouter des boutons J'aime à leur contenu en ligne. Par exemple, de nombreux blogs disposent de boutons J'aime en face de leurs articles. Souvent, le bouton J'aime est accompagné de statistiques sur ceux qui ont aimé. Ainsi, si certains de vos amis ont aimé un contenu du Web, vous pouvez voir leur nom. Dès que vous cliquez sur le bouton J'aime n'importe où sur le Web, l'information est diffusée sur Facebook *via* le fil d'actualité.

Tout contenu que vous aimez en dehors de Facebook s'affiche sur votre Journal et dans le fil d'actualité de vos amis. Si vous pensez qu'aimer un article controversé peut vous mettre des amis à dos, choisissez plutôt de le partager sous forme de lien et configurez le niveau de confidentialité du partage.

Sur certains sites, la zone contenant le bouton J'aime affiche un échantillon des autres personnes qui aiment la Page Facebook. Cette zone peut également afficher les mises à jour récentes de la Page Facebook du site.

Sur certains sites, vous accéderez à ce bouton J'aime en cliquant préalablement sur un bouton Partager.

Commentaires

En théorie, tout blog, d'une personnalité ou d'un de vos amis, peut ajouter une zone de commentaires pour que les lecteurs puissent se connecter rapidement et poster des commentaires. Cette action est généralement précédée d'un écran de connexion.

Activité récente

Sur les sites Web, ce module affiche les actions récentes effectuées par vos amis sur le site Web en question.

Recommandations

Ce module affiche des informations similaires à celles du module précédent, sauf qu'il ne privilégie pas le caractère récent, mais ce que les visiteurs ont aimé.

Envoyer

Nous nous répétons, mais c'est tellement vrai : tout est mieux quand nos amis sont de la partie. Alors, faites profiter vos contacts Facebook de vos découvertes sur le Web. Un bouton Envoyer présent sur une proportion croissante de pages Web vous permet ainsi de partager du contenu sur Facebook avec des amis de votre choix.

Personnalisation instantanée

Cette catégorie de modules sociaux Facebook permet de connecter des comptes à des partenaires au nom de ses utilisateurs. Par exemple, Yelp, Pandora et Microsoft Docs sont des sites partenaires.

L'idée de la personnalisation instantanée est d'intégrer totalement l'aspect social dans ces sites Web. Par exemple, quand vous utilisez Pandora, vous voyez quels amis aiment les artistes et les morceaux qui s'affichent à l'écran. Sur Yelp, vous pouvez instantanément trouver toutes les personnes qui partagent votre avis : vos amis.

La Figure 13.6 montre la page d'accueil de Yelp où vous pouvez créer un compte.

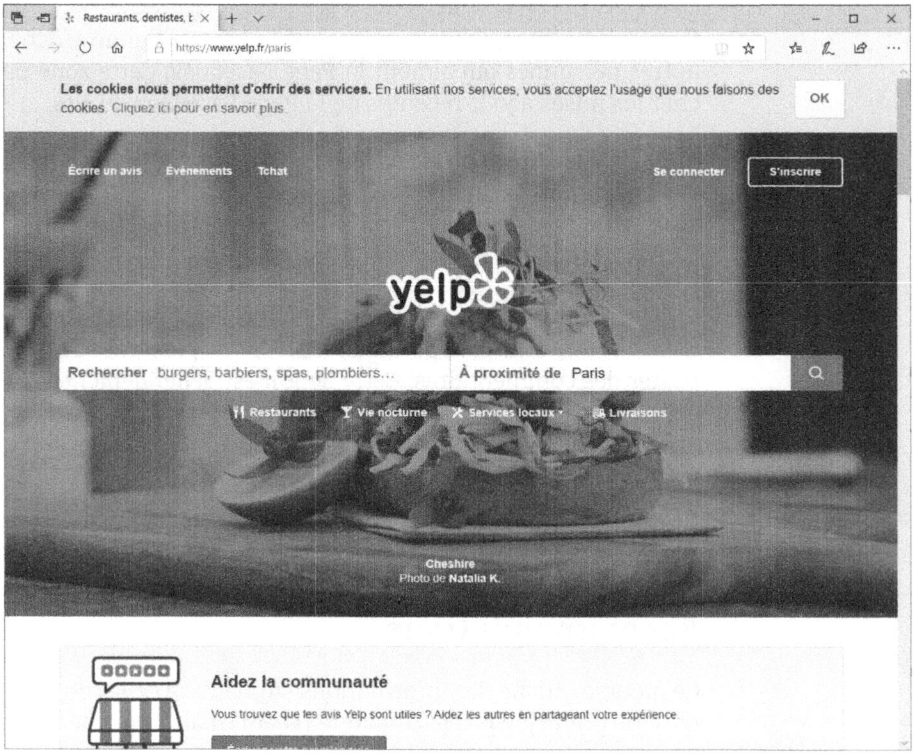

FIGURE 13.6 : Yelp !

Découvrir d'autres applications

Les applications que vous rencontrez le plus souvent sur Facebook sont celles qui sont intégrées dans Facebook et les sites Web de connexion qui proposent ces fonctionnalités. Cependant, il existe beaucoup d'autres catégories d'applications qui peuvent vous être utiles.

Applications pour l'entreprise

Si vous êtes propriétaire d'une Page, beaucoup d'applications sont conçues pour s'intégrer dans votre Page et fournir des fonctionnalités supplémentaires à votre entreprise.

Applications pour le bureau

Les applications de bureau impliquent que vous téléchargiez quelque chose sur votre ordinateur (au lieu de simplement permettre à l'application d'accéder à vos informations). Ces applications proposent souvent des fonctionnalités qui vous permettent de lire votre fil d'actualité et de commenter les publications sans ouvrir de navigateur Web. Elles peuvent aussi rassembler vos événements Facebook et les importer dans l'agenda électronique que vous utilisez. En résumé, elles vous permettent d'utiliser Facebook en dehors de la fenêtre de votre navigateur.

Trouver ses applications préférées

Avec autant d'applications, difficile de savoir quelles sont celles que vous allez utiliser et qui sont drôles, pratiques et adaptées à vos besoins. Nous vous avons déjà proposé quelques exemples, mais nous savons pertinemment que vous avez vos propres goûts. Alors, faites vos recherches personnelles pour trouver les applications qui vous conviennent.

Vous allez certainement découvrir beaucoup d'applications par le biais de vos amis : les posts qu'ils créent et les invitations qu'ils envoient vous renseignent sur celles que vous devriez apprécier.

Page Apps et sites Web

Comme son nom l'indique, la Page Apps et sites Web contient les applications et les sites Web que vous utilisez. Pour y accéder rapidement, cliquez sur le petit triangle bleu situé à droite de la barre de titre bleue de Facebook. Dans le menu local qui apparaît, choisissez Paramètres. Cliquez sur Apps et sites Web dans la colonne gauche. La Figure 13.7 propose un exemple de Page Apps et sites Web. Notez que dans la page Apps et sites Web, où les applications sont classées dans l'ordre chronologique inverse, l'application la plus récemment utilisée figure en haut de la page tandis que la plus ancienne se trouve en bas de page.

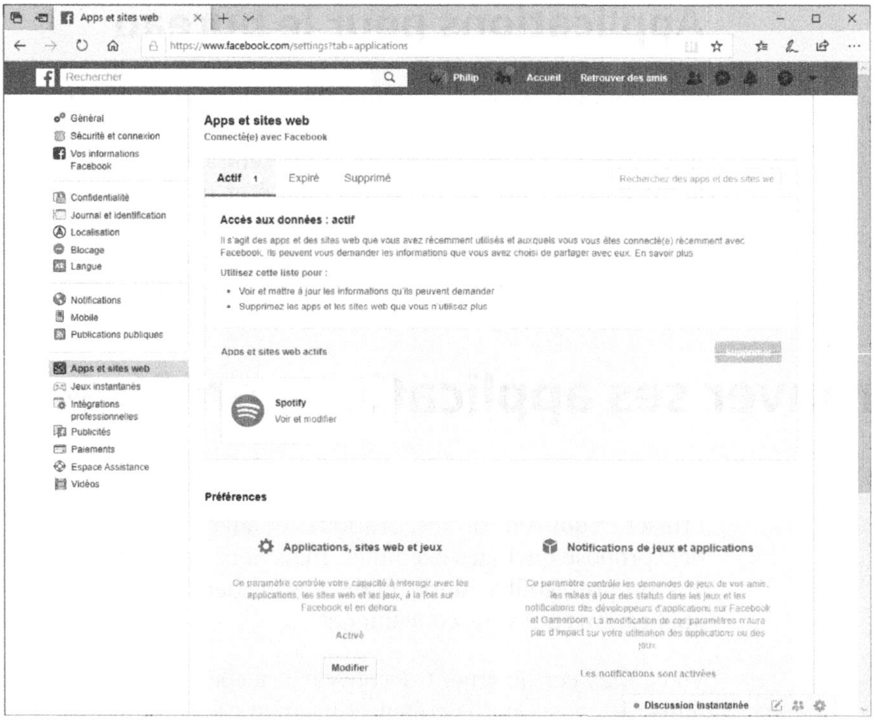

FIGURE 13.7 : Page Applis et sites Web.

Signes d'une application fiable

Au fil de vos explorations en quête de nouvelles applications, vous devrez fréquemment faire face à des autorisations d'accès et des demandes de permission. Avant de les accepter, assurez-vous que l'application est fiable. Pour le déterminer, consultez la page d'accueil de l'application.

Cette page est une source intéressante d'informations qui vous aide à déterminer si l'application se comporte de manière respectueuse avec vos informations et avec vos amis. Personne ne souhaite qu'une application fasse mauvais usage de ses photos ou spamme ses amis à tout bout de champ. Voici quelques indicateurs à observer :

» **Vos amis utilisent l'application :** Le fait que vos amis utilisent l'application est un excellent indicateur pour repérer une bonne application. C'est souvent le signe qu'elle est distrayante, utile et intéressante. Petite clarification, dans ce cas, le terme *vos amis* désigne ceux avec qui vous interagissez le plus souvent sur Facebook. Si ce fameux type que vous avez rencontré un jour (appelons-le Tony) vous envoie une invitation, et si vous vous dites « Bizarre, je n'ai pas parlé à Tony depuis des lustres », il y a de fortes chances pour que l'application soit mauvaise et utilise des méthodes néfastes pour envoyer des invitations.

- **Les avis sur l'application sont plutôt positifs :** Dans la colonne gauche de la page d'accueil de l'application, vous disposez d'une note globale attribuée à l'application. De plus, il suffit de cliquer sur Avis pour consulter les avis des utilisateurs. Des commentaires tels que « Spamme mes amis » ou « Trop lente » devraient vous dissuader d'utiliser l'application.
- **L'application fournit un support :** Les bonnes applications respectent leurs utilisateurs et tentent de les aider quand ils sont en difficulté, soit par le biais d'une FAQ, soit en répondant aux posts publiés sur leur Journal. Certaines applications sont développées par des amateurs qui exercent cette activité dans leur garage pour passer le temps. Leur niveau de support risque donc de ne pas être aussi élevé que celui des grandes entreprises. À vous de voir !

Gérer ses applications

À force d'ajouter des applications et des jeux, vous allez rapidement vous retrouver avec des tas d'applications à gérer. Pas de panique, Facebook met à votre disposition les outils nécessaires pour vous faciliter la tâche. Ces outils sont regroupés dans la page Paramètres des applications.

Page Paramètres des applications et des jeux

La page Apps et sites Web vous permet de contrôler beaucoup d'aspects de vos applications, que nous avons déjà abordés dans ce chapitre.

Pour accéder à cette page, cliquez sur l'icône du triangle située à droite de la grande barre bleue, et sélectionnez Paramètres. Cliquez ensuite sur Apps et sites Web dans la colonne de gauche.

Cette page compte trois paramètres dédiés aux applications, jeux et sites Web :

- **Applications, Sites Web, et jeux :** Permet d'utiliser vos applications, vos jeux, et les sites Web sur Facebook et partout ailleurs.
- **Notifications des jeux et applications :** Contrôle les requêtes de jeux provenant des autres utilisateurs et des mises à jour desdits jeux. Vous pouvez être notifié de ces requêtes. Si vous désactivez les notifications, vous pouvez tout de même continuer à jouer à ces jeux.
- **Anciennes versions de Facebook pour mobile :** Ce paramètre permet de contrôler la confidentialité de votre activité avec des versions anciennes de Facebook pour dispositifs mobiles.

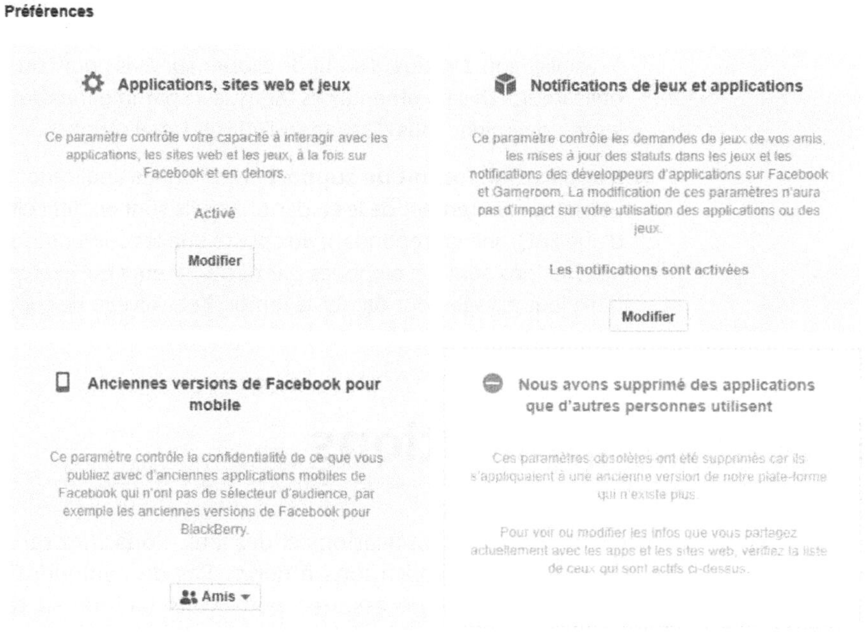

FIGURE 13.8 : Fenêtre détaillant les paramètres d'une application.

Par défaut, les applications de la section Applications que vous utilisez s'affichent en tête de liste. Chaque application est associée à une icône (crayon) Modifier et à une croix (x). Cliquez sur la croix pour supprimer complètement une application, et confirmez votre intention dans le message qui apparaît. Cette action supprime non seulement les références à l'application dans votre page d'accueil, mais annule aussi les autorisations. Ainsi, l'application n'a plus accès à vos informations. Si vous voulez la réutiliser, vous devrez une nouvelle fois accepter la demande de permission.

Tout l'intérêt de cette page se trouve dans le lien Modifier qui ouvre la fenêtre illustrée dans la Figure 13.8.

La plupart des paramètres qui y figurent concernent des aspects des applications que nous avons déjà étudiés.

Contrôler l'affichage du contenu de ses amis

Nous avons tous une grand-tante ou une cousine éloignée qui s'illustre systématiquement aux fêtes de famille en portant des chapeaux excentriques et en parlant un peu trop fort. Mais si, cherchez bien ! Tous les membres de la famille ont déjà subi son discours sur les vertus dépuratives de la tisane au fenouil et ont répondu « Chacun son truc ». De la même manière, nous avons sûrement des amis sur Facebook qui n'ont pas les mêmes goûts que nous en matière d'applications. Certains adorent les quizz qui envahissent votre page d'accueil avec des informations que vous ne trouvez pas vraiment intéressantes. D'autres vous défient sans cesse à des jeux auxquels vous ne jouez plus depuis que vous avez 15 ans. Voici quelques conseils pour conserver le Facebook que vous aimez :

» **Bloquer une application :** Sur votre compte, cliquez sur Accueil. Ensuite, dans la colonne de gauche, cliquez sur l'icône des trois points située à droite de l'application concernée. Dans le menu local qui apparaît, choisissez Modifier les paramètres. Dans le volet gauche, cliquez sur Apps et sites Web. Ensuite, dans la partie droite, cliquez sur le lien Voir et modifier d'une de vos applications. Dans la partie inférieure de la boîte de dialogue des paramètres de l'application, cliquez sur le lien Signaler l'application. Dans la boîte de dialogue qui demande des explications sur ce signalement (Figure 13.9), activez l'option Je signale comment cette application utilise mes informations. Ensuite, cliquez sur Continuer. Dans la nouvelle boîte de dialogue qui apparaît, choisissez Bloquer <nom de l'application>.

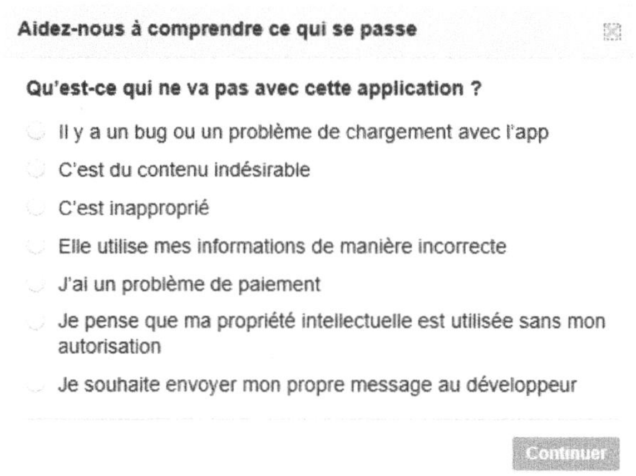

FIGURE 13.9 : Signaler l'application.

» **vIgnorer les invitations d'un ami :** Vous vous souvenez de cette grand-tante un peu folle ? Il se peut qu'elle vous envoie des invitations ou des demandes pour des applications relatives à l'univers du chapeau excentrique. Dans les invitations, vous disposez d'un lien vous permettant d'ignorer toutes les invitations de cette personne. Vous restez amis, mais ne recevez plus d'invitations farfelues.

» **Masquer le fil d'actualité :** Pour ne plus recevoir de notifications d'un ami, c'est-à-dire d'un compte Facebook, affichez son profil. Ensuite, cliquez sur le bouton Déjà Abonné(e). Dans le menu local qui apparaît, cliquez sur Se désabonner de <nom du compte>.

Chapitre 14

Facebook sur smartphone

DANS CE CHAPITRE :

- » **Installer Facebook sur votre smartphone.**
- » **Publier des stories.**
- » **Effectuer une publication.**
- » **Liker, Commenter, partager.**
- » **Suivre un profil.**
- » **Discussion instantanée avec Messenger.**

Il existe une version mobile de Facebook que vous installerez sur votre smartphone ou votre tablette. Elle vous permet, sous condition de disposer d'un accès à Internet en Wi-Fi ou en 4G, d'utiliser Facebook lorsque vous n'êtes pas à proximité de votre ordinateur. Ainsi, vous pouvez continuer à publier des textes, des photos, et des vidéos, tout en restant informé des activités de vos amis. De plus, avec la version mobile de Messenger, vous pourrez envoyer des messages privés et discuter en temps réel.

Dans ce chapitre, nous allons montrer les différences qui existent entre la version bureau de Facebook et sa version mobile. Il s'agit en général de techniques différentes du fait d'un écran plus petit et d'une approche tactile de l'interface.

Télécharger et installer Facebook pour votre smartphone

Facebook existe aussi bien pour les smartphones Android que pour les iPhone iOS. *De facto*, vous pourrez également utiliser ces versions sur votre tablette Android ou votre iPad.

Voyons comment télécharger et installer Facebook sur un smartphone Android :

Sachez que pour les iPhone, il suffit d'effectuer une recherche dans l'App Store.

1. **Lancez l'application Play Store de votre smartphone.**
2. **Dans le champ de recherche qui affiche Google Play, tapez Facebook.**
3. **Dans la liste des propositions, touchez Facebook.**
4. **Dans la fiche de l'application Facebook qui apparaît, touchez le bouton Installer, comme sur la Figure 14.1.**

   Le téléchargement et l'installation peuvent prendre un peu de temps en fonction de la vitesse de votre connexion Internet.

5. **Une fois l'installation terminée, touchez le bouton Ouvrir.**

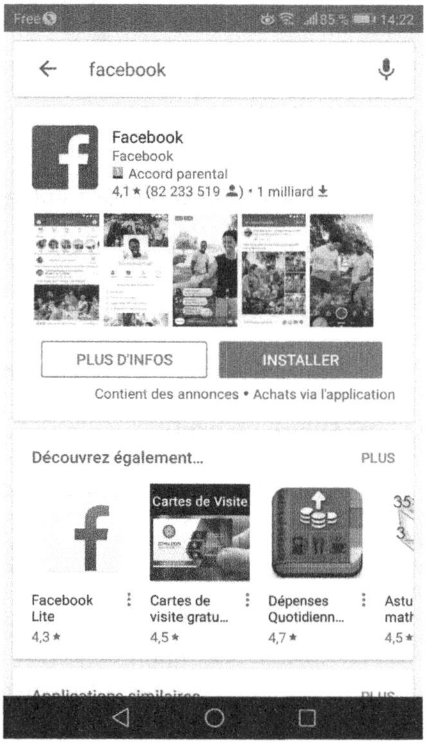

FIGURE 14.1 : Téléchargez et installez Facebook sous Android.

Vous aurez alors la possibilité de créer un compte ou d'ouvrir un de vos comptes existants. La création du compte depuis un smartphone s'effectue en suivant un assistant qui vous demande d'accéder à vos contacts et de passer des coups de fil. Autant le refus d'accéder au contact permet de préserver une certaine confidentialité, autant je vous conseille d'autoriser les appels téléphoniques afin de pouvoir parler en visiophonie avec vos proches. Conformez-vous ensuite aux demandes de l'assistant pour créer votre compte.

Pour vous connecter à un compte existant, il suffit d'entrer l'adresse e-mail (ou le numéro de téléphone) utilisée lors de la création du compte, puis le mot de passe. Ensuite, touchez le bouton Connexion. Facebook demande de mémoriser le mot de passe. Décidez ou non de l'opportunité d'une telle proposition. Enfin, Facebook vous demandera l'autorisation de localiser votre appareil. Ne donnez pas cette information à la légère, car chaque publication que vous effectuerez avec votre smartphone sera localisée. En d'autres termes, vos amis Facebook sauront où vous vous trouviez au moment de cette publication. Enfin, vous arrivez dans l'interface de Facebook pour mobile décrite dans la prochaine section.

Interface Facebook sur smartphone

La Figure 14.2 montre l'interface en question. Voici une explication de ses icônes et de ses champs de saisie :

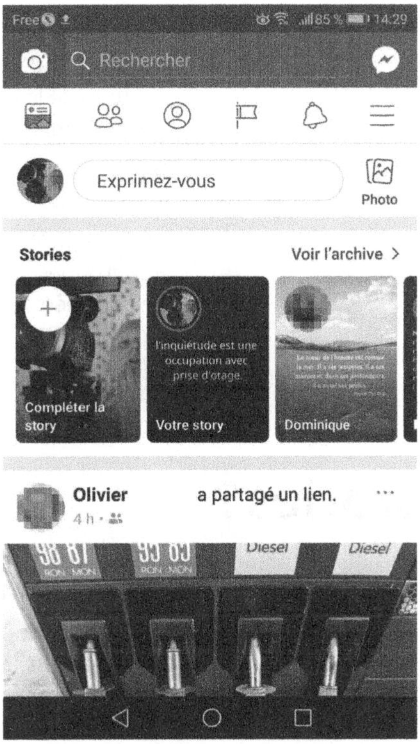

FIGURE 14.2 : Facebook sur smartphone.

- **Appareil Photo :** L'icône de l'appareil photo en haut à gauche lance une application Appareil photo qui va permettre bien évidemment de se photographier, mais aussi de diffuser une vidéo en direct, ou bien encore de prendre une photo sur laquelle s'incrusteront des décors, des accessoires, ou des animations. En fait, vous aurez accès à d'innombrables trucages plus ou moins heureux, et surtout plus ou moins utiles.
- **Rechercher :** Ce champ s'utilise comme celui de la version pour ordinateur. Il permet de trouver des amis, des pages, des groupes, des événements, des publications, *etc.*
- **Messenger :** L'icône de la bulle de B.D. lance l'application Messenger qui permet, notamment, de discuter en temps réel avec vos amis. Vous en saurez plus à son sujet en fin de chapitre.

Sous cette barre bleue, vous trouvez les cinq icônes suivantes (de la gauche vers la droite) :

» **Fil d'actualité :** La première icône située sur la gauche donne accès au fil d'actualité. Le contenu proposé est assez aléatoire, mais correspondra toujours à une publication plus ou moins immédiate d'un de vos amis. Pour mettre à jour ce fil d'actualité, contentez-vous de toucher cette icône (ou de faire rapidement glisser votre doigt de haut en bas).

» **Ami :** L'icône représentant deux avatars l'un derrière l'autre permet de trouver des amis. Facebook vous fait un certain nombre de propositions. Pour accepter une proposition, touchez le bouton Ajouter. Pour la refuser, touchez Supprimer. Vous pouvez aussi saisir un nom dans le champ Rechercher. Dans ce cas, Facebook y affichera toujours le contenu de votre dernière recherche.

» **Accès au compte :** Il s'agit de votre compte Facebook. Touchez cette icône pour vous retrouver chez vous parmi toutes vos publications.

» **Pages :** L'icône du drapeau est présente si vous avez créé des pages.

» **Notifications :** L'icône de la cloche renferme les notifications. Elles sont classées en deux catégories : Nouveau et Antérieures. Pour consulter le contenu de la notification, il suffit de la toucher. Elle ouvre une page, une publication, des photos, *etc.*

» **Paramètres :** Les traits horizontaux (à droite) donnent accès aux éléments que vous trouvez dans la colonne de gauche de votre page d'accueil sur ordinateur. Vous pourrez accéder à votre profil et à vos pages, à vos favoris, aux groupes, aux fils, aux applications, aux centres d'intérêt, et aux rubriques de paramétrage de votre compte Facebook.

Sous ces icônes, le contenu affiché dépend entièrement de l'icône sélectionnée au-dessus.

Stories ?

Les *stories* ou « histoires » sont les nouvelles coqueluches des réseaux sociaux. Sensiblement à la traîne au début, les stories ont fait leur apparition sur Facebook. Au sens où les réseaux les entendent, c'est sur smartphone que les stories Facebook présentent un intérêt. Mais qu'est-ce que c'est que ces histoires me demanderez-vous ? Attention, car vous n'allez pas en revenir (hein ? Moi ? Cynique ? C'est pas mon genre).

Une story est une publication temporaire qui indique nommément ceux qui l'ont vue. Bonjour la confidentialité de vos déambulations sur Facebook. La story prend la forme d'un texte, d'une photo, d'une vidéo, ou d'un diaporama. Au bout de 24 heures, la story ne sera plus visible.

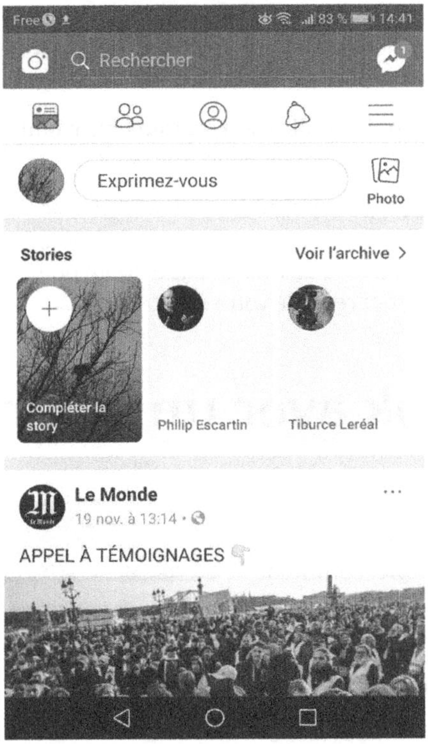

FIGURE 14.3 : Ajoutez une story de 24 heures !

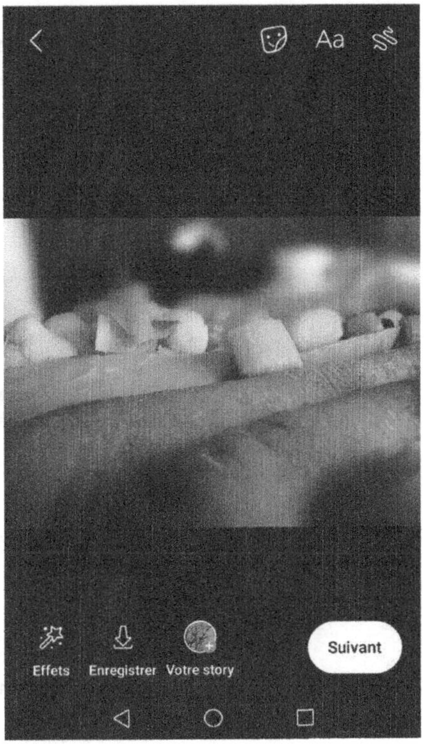

FIGURE 14.4 : La story prête à être modifiée et publiée.

Comme vous piaffez d'impatience, voici comment créer une story avec votre smartphone :

1. **Accédez au fil d'actualité de votre compte Facebook.**
2. **Dans la section Stories, touchez l'icône de votre profil sous laquelle est indiqué Compléter la story comme sur la Figure 14.3.**

   Facebook bascule en mode appareil photo. Vous avez alors tout loisir d'expérimenter une vidéo en direct, une photo instantanée, mais aussi d'accéder au contenu de la galerie de votre appareil pour y choisir une photo ou une vidéo.

   Une fois la photo prise ou sélectionnée, une interface permet d'y appliquer des effets, de l'enregistrer sur votre téléphone, ou bien de la publier, comme le montre la Figure 14.4.

   En fonction de l'application Galerie de votre version d'Android, d'autres icônes en haut à droite permettent d'ajouter des hashtags, du texte, voire de dessiner sur l'image.

3. **Une fois votre story prête, touchez la flèche Suivant.**

Vous avez alors la possibilité de publier cette story dans Votre story, de la publier dans le fil d'actualité, comme story d'évènement, de groupe, ou encore l'envoyer directement à un ami via Messenger.

4. **Choisissez votre option de publication, et touchez le bouton Partager maintenant.**

   Il vous suffira de toucher la story dans la section Stories de Facebook pour pouvoir la compléter d'un autre contenu, comme une photo, un texte, ou une vidéo en direct. Touchez l'icône de l'œil en bas à droite pour afficher le nom et la vignette des amis qui ont regardé votre story.

Publier sur Facebook avec un smartphone

La publication sur la version smartphone est sensiblement identique à celle de la version ordinateur. Voici comment publier depuis le fil d'actualité :

1. **Touchez simplement la zone où est écrit Exprimez-vous.**

   Vous basculez dans un mode illustré à la Figure 14.5.

2. **Tapez votre texte et agrémentez-le d'un arrière-plan en touchant un des carrés affichés sous ce message.**

3. **Ensuite, utilisez les icônes de la section Compléter votre publication pour ajouter une photo, diffuser en direct, indiquer votre localisation, ajouter une émoji de votre humeur ou de votre activité, identifier des amis, vous prendre en photo, créer un diaporama, identifier un événement, etc.**

   Lorsque vous ajoutez une photo, touchez Modifier en bas à gauche, afin d'appliquer un filtre, de la recadrer, de coller un sticker, d'ajouter un texte ou un dessin.

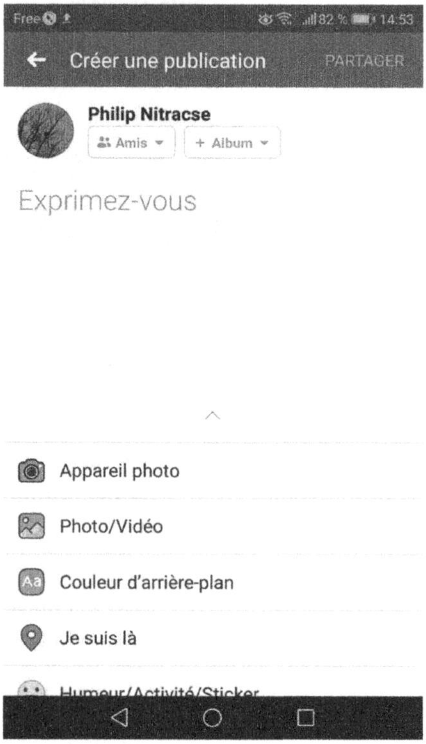

FIGURE 14.5 : Exprimez-vous sur Facebook mobile.

4. **Dans la partie supérieure droite, choisissez la confidentialité de la publication en touchant le menu local.**

   Pour en savoir davantage sur la confidentialité, consultez le Chapitre 5.

5. **Enfin, touchez Partager en haut à droite.**
6. **Choisissez entre Partager sur le fil d'actualité et/ou sur Votre story, mais aussi avec des amis directement dans Messenger, puis touchez Partager maintenant.**

Suivre un ami sur Facebook

Suivre un ami permet de recevoir des notifications de ses publications. Voici comment y procéder sur smartphone :

1. **Accédez à votre compte depuis un smartphone.**
2. **Affichez le journal d'un ami.**

   Pour cela, il suffit de saisir son nom dans le champ Rechercher, ou bien d'afficher votre profil et de toucher l'onglet Amis. Recherchez l'ami dans cette liste et touchez son nom pour afficher son profil.

3. **Sur le profil de cet ami, touchez le bouton Suivre.**
4. **Dans la boîte de dialogue Dans votre fil d'actualité illustrée à la Figure 14.6, choisissez si l'affichage des publications de ce profil se fera par défaut ou en premier.**
5. **Pour masquer cette boîte de dialogue, touchez une autre partie de votre écran.**

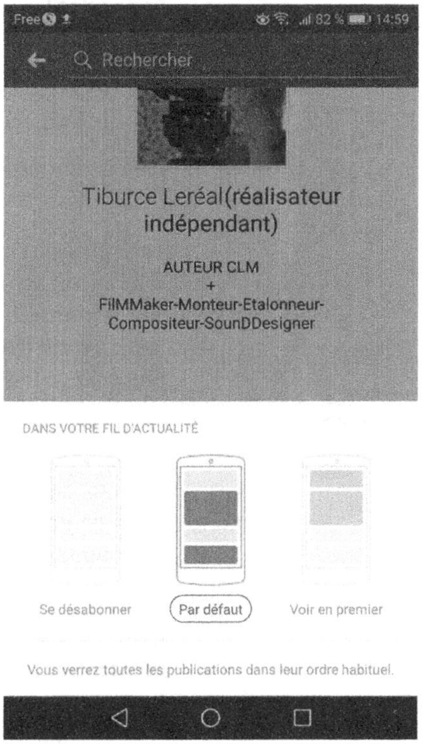

FIGURE 14.6 : Suivre un ami.

Dès lors, vous constatez que le bouton Suivre est devenu Abonné(e). *De facto*, pour ne plus suivre cet ami si ses publications ne présentent plus d'intérêt pour vous, il suffit de toucher ce bouton puis Ne plus suivre.

Liker, commenter, partager

Sur smartphone, vous effectuerez les mêmes opérations que sur la version ordinateur. Soit vous réagirez aux publications du fil d'actualité, soit en consultant le profil d'un ami (ou d'un compte public).

J'aime

La mention J'aime de Facebook ne se limite plus à l'ajout d'un pouce levé. Au fil des années, ce réseau social a permis de préciser l'émotion que l'on ressent face à une publication. Voyez plutôt :

1. **Faites défiler le contenu du fil d'actualité ou du profil d'un compte.**
2. **Lorsqu'une publication attire votre attention, utilisez les trois icônes placées en dessous pour indiquer que vous aimez, pour commenter, ou pour partager.**

   Bien entendu, vous pouvez effectuer ces trois opérations pour une même publication.

3. **Pour choisir l'icône de votre like, maintenez votre doigt appuyé sur la mention J'aime jusqu'à l'apparition d'une rangée d'émojis illustrées à la Figure 14.7.**

   Eh oui ! J'aime ne veut pas dire que je suis d'accord avec le contenu. Ainsi, les deux derniers emojis témoignent d'une compassion ou d'un certain mécontentement.

4. **Touchez l'emoji qui exprime le mieux votre sentiment sur la publication.**

   La mention de votre like apparaît sous la publication ainsi que votre nom d'utilisateur Facebook, et l'auteur de la publication en est averti par une notification.

5. **Pour supprimer une mention J'aime, il suffit de la toucher.**

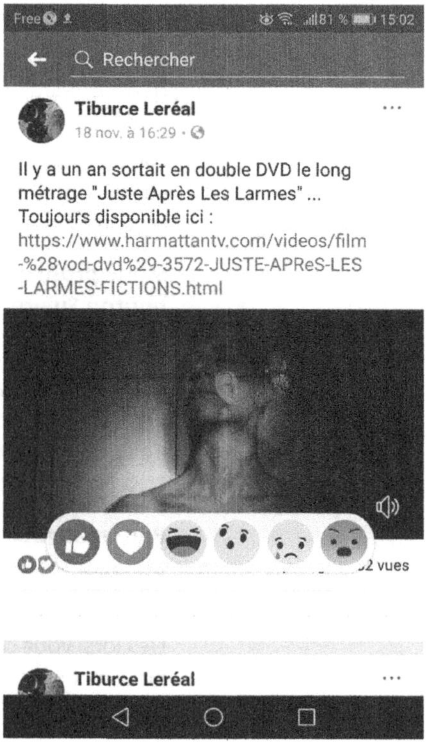

FIGURE 14.7 : Exprimez vos sentiments.

Commenter

Vous pouvez aussi commenter une publication sans pour autant la liker, sachant que rien ne vous empêche de faire les deux. Voici comment faire part de vos observations :

1. **Sous la publication, touchez la mention Commenter.**
2. **Dans la zone Votre commentaire, tapez votre texte.**
3. **(Facultatif) Touchez l'icône de l'appareil photo pour ajouter une image à votre commentaire.**
4. **(Facultatif) Touchez l'icône GIF afin d'insérer une animation GIF choisie parmi des propositions faites par Facebook.**
5. **Pour publier votre commentaire, touchez le bouton dont l'icône représente une sorte d'avion en papier.**

   Dès cet instant, l'auteur de la publication et tous ceux qui y ont accès pourront liker et répondre à votre commentaire.

   Sous la publication figure la mention « 1 commentaire ». Il suffit de la toucher pour afficher votre commentaire.

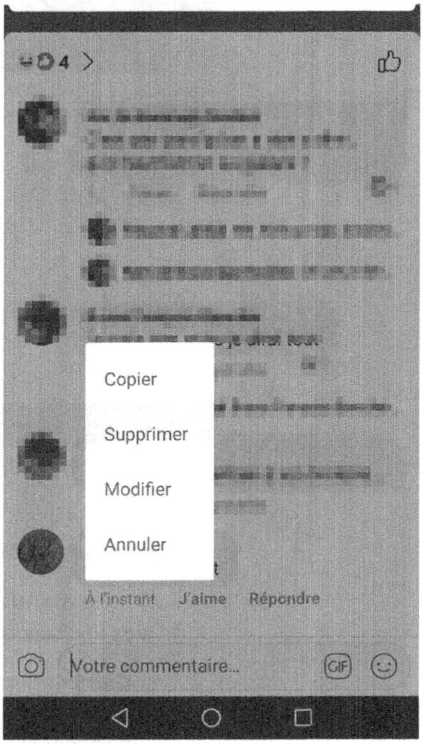

FIGURE 14.8 : Agissez sur votre commentaire après sa publication.

6. **Vous pouvez modifier, copier, supprimer votre commentaire. Pour cela, laissez votre doigt appuyé dessus jusqu'à l'ouverture d'un menu contextuel illustré à la Figure 14.8. Choisissez la commande à exécuter.**

L'auteur de la publication peut supprimer un commentaire qu'il juge inopportun.

Partager

Le partage consiste à essayer de porter une publication à la connaissance du plus grand nombre. Voici comment procéder sur smartphone :

FIGURE 14.9 : Décidez du partage de votre publication.

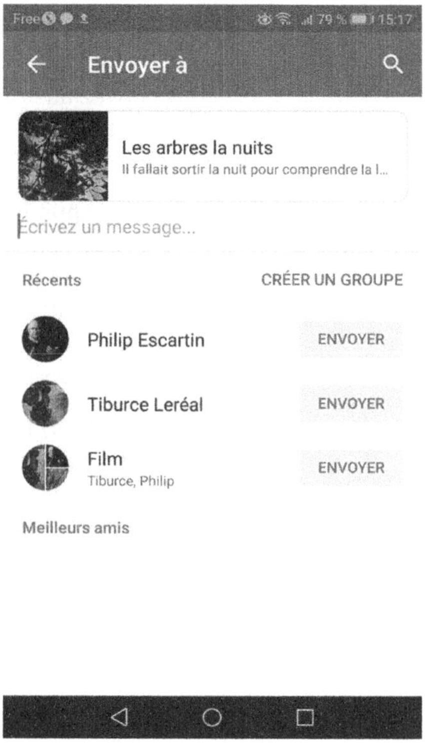

FIGURE 14.10 : Partager une publication via Messenger.

1. **Sous la publication, touchez la mention Partager.**
2. **Dans le menu contextuel qui apparaît comme sur la Figure 14.9, vous avez le choix entre :**
   - **Dites quelque chose à propos de ceci :** Tapez votre message. Définissez la confidentialité, mais aussi touchez le menu contextuel Facebook pour partager sur Facebook, dans le journal d'un(e) ami(e), sur votre Page, ou bien encore dans un groupe. Touchez le bouton Partager maintenant pour publier.
   - **Envoyer dans Messenger :** Ouvre la liste de vos conversations Messenger récentes. Commencez par écrire le message accompagnant cette publication partagée, puis touchez le bouton Envoyer situé à droite des profils des personnes à qui vous souhaitez adresser cette publication, comme sur la Figure 14.10. Pour envoyer plus rapidement ce message à plusieurs personnes, touchez Envoyer à un nouveau groupe. Cochez ensuite les amis Facebook à ajouter au groupe. Écrivez votre message, puis touchez la flèche en bas à droite.

Discussion instantanée avec Messenger

Au Chapitre 9, nous avons vu comment se comportait l'application Message (ou Messenger) de Facebook sur ordinateur. Sensiblement équivalent au système SMS, force est de constater que les utilisateurs de Facebook échangent plus facilement en discussion instantanée avec leur téléphone *via* l'application Messenger que depuis leur ordinateur. Voici comment cela fonctionne :

1. **Depuis votre profil, touchez l'icône située en haut à droite et qui représente une sorte de bulle de B.D.**

   Comme le montre la Figure 14.11, elle donne accès à l'ensemble des conversations existantes. Quatre onglets permettent respectivement d'afficher les discussions en cours, uniquement les amis actifs (c'est-à-dire susceptibles de pouvoir discuter en temps réel), les groupes, et enfin les appels reçus, c'est-à-dire téléphonie et visiophonie *via* Facebook.

   L'onglet Actifs permet de voir tous les amis qui sont actuellement disponibles pour la conversation instantanée. Touchez la vignette d'un profil et engagez directement la conversation.

FIGURE 14.11 : Discussion instantanée.

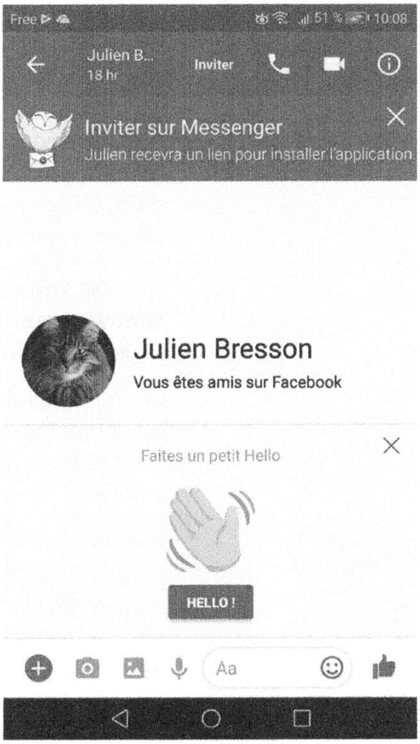

FIGURE 14.12 : Commencer une nouvelle conversation.

2. **Touchez une conversation en cours afin de poursuivre le dialogue.**

   Si la personne n'est pas connectée, elle prendra connaissance de votre message dès qu'elle ouvrira une session Facebook.

3. **Pour créer une conversation, tapez dans le champ Rechercher, et saisissez le nom de la personne à qui écrire un message.**

4. **Touchez son nom dans la liste des résultats.**

   Messenger lance la conversation. Comme le montre la Figure 14.12, Facebook peut vous suggérer d'inviter cet ami à utiliser Messenger. Dans ce cas, cela signifie qu'il n'utilise pas encore ce moyen de communication sur son téléphone.

5. **(Facultatif) Touchez Hello ! si vous ne savez pas quoi dire afin que cette personne remarque votre demande de discussion.**

6. **Touchez le champ indiquant Aa, et tapez un message.**

7. **(Facultatif) Touchez l'icône de l'appareil photo pour envoyer une photo que vous allez prendre immédiatement, ou celle du paysage de montagne afin de transférer une photo stockée sur votre téléphone.**

   Avez-vous remarqué l'icône d'un micro ? Elle permet d'envoyer un clip vocal. Maintenez le doigt enfoncé sur l'icône et enregistrez votre voix. Dès le message terminé, retirez le doigt. Le message vocal est immédiatement envoyé. Pour l'entendre, touchez sur bouton de lecture.

8. **Envoyez votre message en appuyant sur l'icône de l'avion en papier (à droite).**

   Dès que la personne aura lu (ou écouté) ce message, une coche blanche sur fond bleu apparaîtra sur sa droite.

   Vous ne pouvez plus revenir en arrière ! Un message envoyé est envoyé ! Même si vous le supprimez en maintenant le doigt appuyé dessus puis en exécutant la commande Supprimer. Il disparaîtra de votre conversation, mais pas de celle de votre interlocuteur.

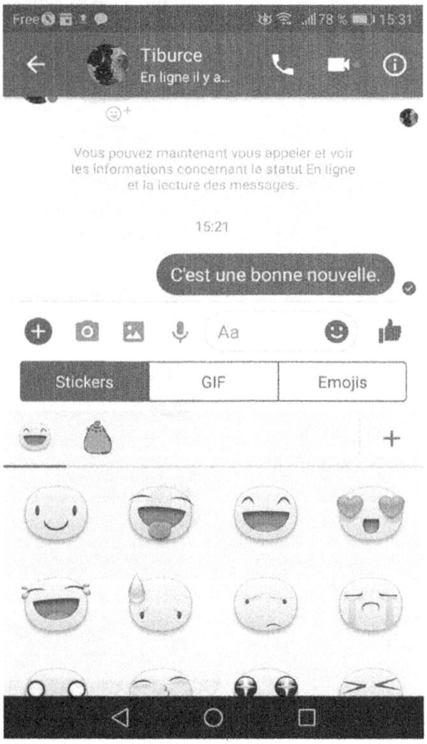

FIGURE 14.13 : Une collection de stickers.

Lorsque la personne vous répond, trois petits points formant des vagues apparaissent en bas à gauche.

Vous pouvez aussi réagir à un message en envoyant un autocollant (*stickers*) qui est souvent une petite animation humoristique, une vidéo GIF, ou un émoji. Il suffit de toucher l'icône du smiley située dans la zone de saisie de votre message. Une galerie s'ouvre comme sur la Figure 14.13. Choisissez l'objet qui exprimera le mieux votre réaction à message. Il s'insère immédiatement dans la conversation.

Index

V

W

Z